《集韻》引《說文》考（上）

黃桂蘭　著

作者簡介

黃桂蘭，1946 年生，台灣師範大學國文系學士，政治大學中國文學研究所碩士。早年曾留意於文字學與晚明小品之探討，其後則專注於明清之際遺民詩及清初涉臺詩文之研究。所著專書有《集韻引說文考》、《張岱生平及其文學》、《白沙學說及其詩之研究》、《吳嘉紀陋軒詩之研究》；單篇論文有〈白沙詩論及詩之風格〉、〈白沙詠物詩之探討〉、〈晚明文士風尚〉、〈論張岱小品文的雅趣與諧趣〉、〈試論明清之際詩人的詩史意識〉、〈明末清初社會詩初探〉、〈從諷諭詩看明季亂政〉、〈方其義與時術堂遺詩〉、〈從泊水齋詩文看晚明現象〉、〈試窺千山詩集的明遺民心境〉、〈從赤崁集看清初的台灣風貌〉、〈存故國衣冠於海島──盧若騰詩文探析〉等十餘篇。

提　　要

　　《說文》今世無傳，惟徐鉉、徐鍇二本，世稱大、小徐本。然二徐本經後人竄亂增刪，亦非其舊矣。《說文》原書既不可得，今見存於經史百家疏注音義中稱引《說文》者，如鄭康成注《考工記》、《禮記》等，仍存十餘種之多，而宋世韻書，如《廣韻》、《集韻》並徵引《說文》，雖在徐鉉校定之後，亦足資取證，尤以《集韻》收字最為賅博，其韻例又首揭「凡字訓悉本許慎《說文》」，其所引《說文》計九千二百四十一字，於《說文》一書，幾援載殆盡。是則欲參訂二徐，上窺唐、宋以前《說文》原貌，鉤稽《集韻》引《說文》，庶幾可得矣。

　　本文於《集韻》引《說文》與二徐同而是者，從略不論。其與二徐同而非者及與二徐異者，計二千九百三十三字，乃大別為以下十二類：（一）《集韻》是，大徐、小徐非者。（二）《集韻》與大徐是，小徐非者。（三）《集韻》與小徐是，大徐非者。（四）《集韻》、大徐、小徐詞異而義得互通者。（五）《集韻》、大徐、小徐互有是非者。（六）大徐、小徐是，《集韻》非者。（七）大徐是，《集韻》與小徐非者。（八）小徐是，《集韻》與大徐非者。（九）大徐、小徐、《集韻》竝非者。（十）《集韻》引大徐新附字者。（十一）《集韻》引《說文》而今不見者。（十二）存疑。至論其是非之詳，具見於案語中。

目

次

壹、緒　言

　　《說文解字》，中國文字學之寶典也。吾人處千載下，猶能窺古人造字之精意奧旨者，惟賴是書之存。第以其書起于東漢，「自《切韻》、《玉篇》之興，《說文》之學湮廢泯沒。」（見《繫傳・袪妄》）唐大曆間李陽冰刊正《說文》，雖「頗排斥許氏，自爲臆說」（見徐鉉《進說文表》），然中興之功不可沒。南唐徐鍇撰《說文解字繫傳》四十卷，其《通釋》三十卷，析《說文》十五篇爲二，疏證闡微，有述作之功，凡所發明及徵引經傳，悉加「臣鍇曰」、「臣鍇案」字以別之。宋太宗雍熙三年，鍇兄徐鉉奉詔與句中正、葛湍、王惟恭等校定《說文》，以《說文》經歷代傳寫，謬誤實多，又其時學者多從陽冰新義，故詔取《說文》，精加詳校，凡字本有正體，而流俗書寫謬變者，辯於註中，其乖戾六書之體者二十八文，則別列卷末，如註義未備，則更爲補釋，亦題「臣鉉案」以別之，是鉉於《說文》有諟正之功。鉉另就《說文》註義序例所有之字，而諸部闕載者，補錄新修十九文；又有經典相承，時俗常用，而《說文》未載之字，補入相屬之部末，謂之新附。《說文》今世無傳，惟徐鉉、徐鍇二本，世稱大小徐本。鍇書宋時已無完本，王應麟《玉海》云：「《說文繫傳》舊闕二十五卷，今宋鈔本以大徐本補之。」二十五卷即十三篇系部至卵部，今所見小徐本該諸部篆注音切全是大徐。鉉書後成，多引徐鍇說，而徐鍇所引經文，鉉或誤入許注；又諧聲讀若之字，鉉本多刪，誤爲會意。二徐本經後人竄亂增刪，或一文之繁簡有無不同，或部居移掇，或說解佚亡，亦非其舊矣！

　　《說文》原書既不可得，覗見於經史百家疏注音義中稱引《說文》者，如鄭康成注《考工記》、《禮記》，應劭《風俗通義》，晉灼《漢書注》，呂忱《字

林》，顧野王《玉篇》，顏之推《顏氏家訓‧書證篇》，裴松之《三國志注》陸德明《經典釋文》，歐陽詢《藝文類聚》，虞世南《北堂書鈔》，孔穎達、賈公彥《五經正義》，李善《文選注》，顏師古《漢書注》，《匡謬正俗》，徐堅《初學記》，玄應、慧琳《一切經音義》，苟一一擷摭，可考正今本《說文》之訛誤。宋世韻書，如《廣韻》、《集韻》並徵引《說文》，雖在徐鉉校定之後，亦足資取證，尤以《集韻》收字最為賅博，其韻例又首揭「凡字訓悉本許慎《說文》，慎所不載，則引它書為解」，檢《集韻》所引《說文》計九千二百四十一字（去大徐新附），於《說文》一書，幾援載殆盡。然則，欲參訂二徐，上窺唐宋以前《說文》原貌，鉤稽《集韻》所引《說文》，庶幾可得矣！

宋仁宗景祐四年，宋祁、鄭戩建言陳彭年、邱雍所定之《廣韻》多用舊文，繁略失當，因詔祁、戩、賈昌朝、王洙同加修定，丁度、李淑為之典領，別撰《集韻》。是書所撰，務從該廣，以經史諸子及小學書，更相參定。《廣韻》、《集韻》體為韻書，而意兼存字，若《廣韻》本於陸法言《切韻》，《切韻》之作，意在審音，及郭知玄以下，遞有增益，至於孫愐，加至二萬六千一百九十四字；《集韻》字數五萬三千五百二十五，視舊增二萬七千三百三十一，兩書皆兼登正隸，時舉譌俗，雖以韻排列，其實字書也（參見《制言半月刊》十五期黃季剛《說文略說》）。段玉裁《手校集韻自跋》云：「丁度等此書，兼綜條貫，凡經、史、子、集，小學、方言、音釋之存者，采擷殆編，雖或稍有紕繆，然以是資博覽而通古音，其有用最大。」（見清蔣光煦《東湖叢記》卷六）《集韻》蒐挍博稽，雖不免駁駁，然後儒多據以斠正群書，鉤沈輯佚，其書遂為小學家所寶重。孫詒讓《集韻考正後記》云：「自李登《聲類》以來，音韻書之賅博，無有及之者，且其時唐以前古籍存者尚眾，其所徵引，若呂忱《字林》、蕭該《漢書音義》之屬，今並亡佚，采輯家據以鉤沈補逸，誠韻書之總匯也。」元明之際，鮮究小學，《集韻》一書亦不顯，顧炎武作《音論》遂疑其不存。迨至清初，朱彝尊自汲古閣毛扆家得景宋本，康熙四十五年屬曹寅刊於揚州。其本雕鍥雖精，而讎校殊略，陶陰互出，烏焉溷淆，治小學者弗慊於心。乾嘉以還，經學大師於此書，率多綜涉，如余蕭客、段玉裁、鈕樹玉、嚴杰、陳奐、汪遠孫、陳慶鏞等，無慮十餘家。瑞安方成珪初據曹刻本，以羣籍校正譌字，後又得江、段、嚴二家手校本，重加釐訂，於形之點畫，音之翻紐，悉心讎對，孫詒讓偁其書「非徒刊補曹本之譌奪，實能舉景祐修訂之誤」，誠非溢美之辭。

　　《集韻》爲官修書，所據《說文》蓋爲雍熙官校，段玉裁《說文解字注》「桂」字下有「《集韻》據鉉本」云云。今考《集韻》平聲微韻「頄」字注引「頭佳兒」，平聲先韻「挈」字注引「摩也」，上聲琰韻「酓」字注引「酒味苦也」，去聲證韻「郠」字注引「地名」，竝鍇本所有，而鉉本不載；平聲支韻「碑」下引「徐鍇曰：紀功德」，平聲先韻「寡」下引「徐鍇曰：室無人也」，入聲屋韻「遺」下引「徐鍇曰：不以禮自近」，亦竝鉉本所無。此或其時鉉本未逸脫之文，或鍇本所有，而爲徐鉉所刪者，是丁氏二徐兼采，亦未可知。平聲歌韻「乁」下引「徐鍇曰：气已舒」，此非《繫傳》文，見鍇著《說文韻譜》，然則，丁氏尚旁及鍇所作他書也。宋仁宗嘉祐年間，張次立撰《說文繫傳補》，蘇頌神宗熙寧中謂《繫傳》「舊闕卷廿五、三十」竝在丁度撰《集韻》後，或丁氏所見之鍇本猶未如張、蘇時斷爛不完。二徐互有優絀，已如前述，陳鑾曰：「鉉頗簡當，間失穿鑿……鍇加明贍，多巧說衍文。」（見《說文繫傳敍》）故茲編所作，刺取《集韻》所引《說文》，與二徐逐字比勘，覈其異同是非。

　　《說文》「一曰」以下之文，今本奪去者頗夥，如《集韻》平聲元韻「幡」字下「一曰：幟也」，上聲蕩韻「駔」字下「一曰：市儈」，上聲姥韻「苦」字下「一曰：急也」，入聲緝韻「襲」字下「一曰：因也」，平聲虞韻「誅」字下「一曰：責也」之訓竝是，而《集韻》不奪；惟有清一代，董理《說文》者，誤以《集韻》兼采他說而附益之「一曰」，或《韻會》本《集韻》所增之「一曰」爲《說文》者，亦屢見不鮮：如《集韻》入聲屋韻「族」字下有「一曰：从㫃，㫃所以標衆，衆，矢之所集」之語，係丁度等增，非《說文》本有，段氏誤爲《說文》之別解，率爾取以增入《說文》；如平聲東韻「㙱」字下，有「一曰：不耕而種」之訓，此亦丁度等所益，《韻會》一東承之，而王筠、桂馥誤以《說文》本有。《集韻》又有於引《說文》兩「一曰」間，屬入他書之訓詁，亦加「一曰」二字，文例相近，易滋淆惑，如平聲齊韻「婗」字下屬入「一曰：啼聲」之義，此《釋名》所有，非《說文》；上聲賄韻「儽」字下屬入「一曰：儽儽，疲也」之義，此《廣雅》所有，非《說文》，是茲編於丁度所增益之「一曰」，如可考者，考其出處，如不可考者，明言非《說文》本有。丁度於引《說文》下，每有演釋之語，如平聲微韻「暉」字引《說文》曰「光也」，下又申之曰「日之光」，《韻會》五微沿之，嚴可均《校議》則誤以爲《說文》本有。此皆不免蹈「以數見爲非，罕見爲喜」之弊，抑由不明丁氏引《說文》例，未加深考耳？

　　丁度等既修《集韻》，寶元二年奏言所添字與《玉篇》不相參協，乞委脩韻官，別爲《類篇》，與《集韻》相副施行。《類篇》之部首字，依《說文》次序，部中字依見於《集韻》爲先後，其《序》曰：「字書之於天下，可以爲多矣，然而從其有聲也，而待之於《集韻》。天下之字以聲相從者，無不得也。從其有形也，而待之《類篇》，天下之字以形相從者，無不得也。」《類篇》收字五萬三千一百六十五，以偏旁爲綱，以韻爲目，檢尋甚便，然其中舛謬亦不可枚舉。嚴元照評曰：「其書繼《集韻》而作，奉《集韻》爲規矩，未有出入。援引經典，無不相合者，注釋少緜，故卷袠視《集韻》較多，漢儒故訓之學，至宋而盡晦，今人讀此二書，聊以備參證耳，非以其有裨於小學。然其病特在承譌，而不能是正。」（見《悔菴學文》卷七）嚴說墢爲的論。唯後人考證《集韻》，仍多備《類篇》以作參稽。此書，中研院史語所藏有光緒二年歸安姚覲元據曹棟亭《五種本》重栞之《姚刻三韻》。

　　《集韻》一書，前人每苦浩繁，其所引《說文》多至九千三百二十六字（含大徐新附及今《說文》不見者）之夥，今復與二徐辨析正訛，紕漏舛誤，自知不免，祈大雅君子幸垂敎焉。茲編自民國六十年十月起撰寫，承高師仲華諄誨指導，得以發凡起例，中以高師受聘星島講學，又承林師景伊殷切督敎，而底於成，謹此誌謝。

中華民國六十二年六月　黃桂蘭識於國立政治大學中文研究所

貳、凡 例

一、茲編所據之《集韻》，爲嘉慶十九年顧廣圻補刊之曹楝亭本（臺灣商務印書館景印，收入《國學基本叢書》）。

二、茲編所據之方成珪《集韻考正》，爲光緒五年孫詒讓校刊本（臺灣商務印書館景印，收入《國學基本叢書》）。

三、茲編所據之大徐本《說文》，以日本岩崎氏靜嘉堂藏本（藝文印書館景印）爲主，輔以上海涵芬樓輯印之《續古逸叢書》本。

四、茲編所據之小徐本《說文》，爲道光十九年壽陽祁寯藻刻本（上海商務印書館景印，收入《小學彙函》）。

五、茲編與《集韻》並列之《說文》爲大徐本，小徐本則於案語中說明。

六、爲醒眉目，所考各字標出其本字之篆體及眞書，另立一行；《集韻》所列古籀或別體悉移入子注中，如說解但云「从某」者，則於其下加一（ ），寫出全文，以見原貌。

七、《集韻》字義下登錄各體重文，《四庫》病其不主辨體，重文複見，繁所不當繁，今止節取二徐本所有者，或足訂正二徐者。

八、《集韻》字以聲類從，與《說文》以形從者不同，其引《說文》，或一字而同韻兩見，或一字而隔韻兩見、三見，或併二字爲一，或析一字爲二、爲三，今皆薈萃一處，取便稽考。

九、《集韻》引《說文》與二徐同而是者，計六千三百零八字，囿於篇幅，從略不論。

十、《集韻》引《說文》與二徐同而非者及與二徐異者，計二千九百三十三字，茲編又與二徐覈校，析分條例時，頗滋困擾，爲恐概括難全，止大別爲目錄中所列之十二大類，至論其是非之詳；已具見於案語中。

十一、《集韻》韻例雖明揭「凡字訓悉本許慎《說文》，慎所不載，則引他書為解」，今仍考得大小徐有而《集韻》未引者，計一百六十八字；大徐新附字《集韻》未引者，計三百二十二字，此中有字義盡同者，或其初亦為丁氏所引《說文》，後傳寫脫去「說文」二字耳，惟不敢遽斷，姑具列廁之篇末，以為附錄。

參、《集韻》引《說文》之分析

一、《集韻》是，大徐、小徐非者
（計一百二十六字）

鬠 髶（當作鬠──髶）

《集韻》平聲鍾韻：「《說文》：亂髮也。或从耳（髶）。」

《說文》九上髟部：「亂髮也。从髟茸省聲。」

案：「髶」字，二徐竝訓「亂髮也。」又云：「从髟茸省聲。」《集韻》「髶」
　　注引《說文》「亂髮也。」其下又云「或从耳」，鈕氏《校錄》曰：「則
　　《說文》當是鬠，不當云省。」王筠《句讀》曰：「蓋篆既挽䒑，說乃
　　增省字。茸髶字義相近，不然，何不曰耳聲乎？」考《廣韻》上平三
　　鍾曰：「髶，髮多亂皃。」周祖謨《校勘記》云：「髶，《故宮王韻》作
　　鬠，與《玉篇》合。」足徵《集韻》以「鬠」為本字不誤也。

邛 邛

《集韻》平聲鍾韻：「《說文》：地名，在濟陰。一曰：水名，在蜀。一曰：
　　病也。」

《說文》六下邑部：「邛地，在濟陰縣。从邑工聲。」

案：「邛地，在濟陰縣」，二徐竝同。段氏改「地」為「成」，注云：「《外
　　戚侯表》：邛成，屬濟陰縣。」然「成」與「地」形非近，或不致有
　　此誤也。鈕樹玉《段氏說文注訂》曰：「《集韻》《韻會》引作『地名』，
　　當不誤。」又《集韻》引「濟陰」下，無「縣」字，嚴氏《校議》云：
　　「濟陰乃郡國，非縣也。」《韻會》引亦無「縣」字。兩「一曰」義，
　　非引《說文》，《漢書·地理志》：「臨邛僕千水東至武陽入江。」《廣

雅釋詁》：「邛，病也。」

橦 橦

《集韻》平聲江韻：「《說文》：帳極也。一曰：木名。」

《說文》六上木部：「帳柱也。从木童聲。」

案：二徐竝作「帳柱也」，《集韻》引「柱」作「極」。鈕氏《校錄》云：《玉篇》，《類篇》作「帳極也」，段氏《汲古閣說文訂》云趙本、《五音韻譜》亦作「帳極也」，段氏改「柱」作「極」，注云：「極，棟也。帳，屋高處也。」然則《集韻》引「柱」作「極」是也。「一曰」者，非引《說文》，丁度等增。橦華者，樹名，橦，其花柔毳可績爲布也，見《文選‧蜀都賦》注。

離 離

《集韻》平聲支韻：「《說文》：離黃，倉庚也。鳴則蠶生。一曰：別也。麗也。大琴也。」

《說文》四上隹部：「黃倉庚也，鳴則蠶生。从隹离聲。」

案：二徐竝作「黃倉庚也」，無「離」字。《釋鳥‧釋文》、《藝文類聚》卷九十二、《廣韻》上平五支引皆「離黃」連文，故知二徐「黃」上之「離」爲後人誤刪，《集韻》引未誤。「一曰」下三義，非引《說文》，《呂覽‧誣徒》「合則弗能離」，高注：「離，別也。」《易‧序卦傳》：「離者，麗也。」《爾雅‧釋樂》：「大琴謂之離。」

旇 旇

《集韻》平聲支韻：「《說文》：旌旗旇靡也。」

《說文》七上㫃部：「旌旗披靡也。从㫃皮聲。」

案：「披靡」二徐竝同，《集韻》引「披」作「旇」。桂氏《義證》云徐鍇《韻譜》引作「旇」，是小徐舊本當作「旇」也。又云《類篇》非引作「旇」。王筠《繫傳校錄》曰：「《說文韻譜》披作旇，《五音韻譜》同，是也。」又「也」字，小徐作「兒」。

陴 陴

《集韻》平聲支韻：「《說文》：城上女垣俾倪也，籀作𡻛。」

《說文》十四下自部：「城上女牆俾倪也。从自卑聲。𩫏，籀文陴从𩫖。」

案：二徐竝作「城上女牆俾倪也」，《集韻》引「牆」作「垣」。周雲青曰：「唐寫本《玉篇》陴注引《說文》：城上女垣也。」此希馮節引，非完文也，然可證古本「牆」作「垣」，《集韻》引不誤。

𤘈 犄

《集韻》平聲支韻：「《說文》：虎牙也。」

《說文》二下牙部：「武牙也。从牙。从奇、奇亦聲。」

案：《玉篇》「犄」訓「虎牙也」，《廣韻》上平五支注亦同，知《集韻》引是也。二徐本竝訓「武牙也」，蓋沿唐人諱。《玉篇》亦訓「虎牙也」。

𢫾 摩

《集韻》平聲支韻：「《說文》：旌旗所以指摩。」

《說文》十二上手部：「旌旗所以指麾也。从手靡聲。」

案：「指麾」二字，大小徐竝同。《集韻》引「麾」作「摩」。《廣韻》上平五支引《玉篇》注竝作「指摩也」，可證《集韻》是也。

𨛍 鄈

《集韻》平聲支韻：「《說文》：地名，一曰：阪名。」

《說文》六下邑部：「地名。从邑爲聲。」

案：嚴可均《說文校議》曰：「自部隃，襄七年《經》、《傳》作鄈，杜云：鄭地。疑鄈隃只是一字。」王筠《說文句讀》曰：「阜部隃下云：鄭地，阪也。引《春秋傳》『將會鄭伯于隃』，今本襄七年《經》作鄈者，阜邑二字，古不以左右爲別，猶邟作防，耶作陬也，不知者据今本經文，于《說文》增鄈字。《玉篇》鄈下引《春秋》，隃下第云：鄭地，阪名。《廣韻》五支、四紙，皆分收隃鄈，故嚴氏知爲重出而不敢作斷詞也。」今二徐本「鄈」注竝止作「地名」二字，《集韻》引又增「一曰：阪名」四字，蓋以「鄈」「隃」爲一字，三說可得佐證。另《集韻》支韻「于嬀切」下，《集韻》收「隃」字，注云「阪名，在鄭。或从邑」，知《集韻》以「鄈」「隃」爲一字也。

𦬊 茈

《集韻》平聲脂韻：「《說文》：茅莠。」

《說文》一下艸部：「茅秀也。从艸私聲。」

案：二徐本均作「茅秀也」。《集韻》「秀」作「莠」，《廣韻》六脂引亦同。「秀」，光武帝諱也，故鄭注《周禮》「掌荼」曰：「荼，茅莠也。」又注《考工・鮑人》曰：「尚如茅莠之色。」皆作「莠」。桂馥《說文義證》云：「漢諱秀，《周禮》注作莠，本書亦應有借字。」然則《集韻》引乃古本原貌。

𧼼 趀

《集韻》平聲脂韻：「《說文》：倉卒也。」

《說文》二上走部：「蒼卒也。从走𠂔聲。讀若資。」

案：「倉卒也」，大小徐竝作「蒼卒也」。「倉」《說文》訓「穀藏也」，本「倉黃取而藏之」意，「蒼」《說文》訓「艸色也」，故知《集韻》引作「倉」是也。《玉篇》注、《廣韻》上平大脂「趀」下注引正作「倉」，可證。

㹬 狋

《集韻》平聲脂韻：「《說文》：犬怒貌。一曰：犬難附。代郡有狋氏縣。」

《說文》十上犬部：「犬怒皃。从犬示聲。一曰：犬難得。代郡有狋氏縣。讀又若銀。」

案：二徐竝作「一曰：犬難得」，《集韻》引「得」作「附」。嚴章福《說文校議議》云：「下文，猥，犬猥猥不附人也。獷，犬獷獷不可附也。疑附是。」段氏亦改作「附」，段云：「附，各本誤得，今依《集韻》、《類篇》正。附，猶近也。」王筠《句讀》亦依《集韻》引改作「附」。

黴 黴

《集韻》平聲脂韻：「《說文》：物中久雨青黑。一曰：敗也。」

《說文》十上黑部：「中久雨青黑，从黑微省聲。」

案：二徐竝作「中久雨青黑」，《集韻》引「中」上有「物」字，《類篇》、《韻會》竝同。《類篇》、《韻會》或承《集韻》之說解，然二徐作「中久雨青黑」，語亦難解。王筠《句讀》即依《韻會》引補「物」字。「一曰：敗也」，非引《說文》，見《廣雅・釋詁》三。

裾 裾

《集韻》平聲魚韻：「《說文》：衣裏也，一曰：衣後裾。」

《說文》八上衣部：「衣袍也。从衣居聲。讀與居同。」

案：鍇本作「衣袍」，無「也」字。段本作「衣裏也」，注云：「裏，各本作袍，今依《韻會》正。上文云：裏，裏也。裏物謂之裏，因之衣前襟謂之裏。」是《集韻》引作「裏」不誤也。王筠《句讀》亦作「衣裏也」，注云：「依《集韻》、《韻會》改。」「一曰」者，非引《說文》，《爾雅·釋器》：「袡謂之裾。」《方言》：「袿謂之裾。」郭璞注云：衣後裾也。」

䮤 驀

《集韻》平聲魚韻：「《說文》：馬行徐而疾，引《詩》馼牡驀驀。」

《集韻》入聲覺韻：「《說文》：馬行徐而疾也。一曰：馬腹下聲。」

《說文》十上馬部：「馬行徐而疾也。从馬學省聲。」

案：小徐「疾」下無「也」，《集韻》引同。二徐均未引《詩》，段氏《注》、王筠《句讀》竝依《集韻》、《類篇》增「《詩》曰：四牡驀驀」六字，嚴氏《校議》云「王伯厚《詩考》亦引之」，段氏云：「今《詩》無此句，《小雅·車攻》、《大雅·韓奕》皆云：四牡奕奕。古音奕之平聲，讀弋魚切。蓋即其異文。」《集韻》入聲覺韻未引《詩》，而有「一曰：馬腹下聲」句，此非引《說文》，見《玉篇》。

䱑 鰸

《集韻》平聲虞韻：「《說文》：魚名，狀如蝦、足長寸大如叉股，出遼東。」

《說文》十一下魚部：「魚名。狀似蝦、無足、長寸大如叉股。出遼東。从魚區聲。」

案：大徐作「狀似蝦」，小徐「蝦」作「鰕」，《集韻》引同，「似」作「如」，義得兩通。「足」上，二徐有「無」字，桂氏《義證》曰：「『無』字衍。」王筠《句讀》依《集韻》刪「無」字，云：「蓋謂其足之長則寸，大則如釵股，此其異於鰕者也。」《類篇》亦無「無」字。

駒 駒

《集韻》平聲虞韻：「《說文》：馬二歲曰駒。」

《說文》十上馬部：「馬二歲曰駒。三歲曰駣。从馬句聲。」

案：「曰駒」下，大徐有「三歲曰駣」句，小徐作「三歲曰駥」，許書無「駣」

字，又「駓」訓「驂也」，亦非此用。《周禮》庾人「教駣攻駒」，鄭司
農云：「馬三歲曰駣，二歲曰駒。」疑今二徐本乃後人依鄭注誤增。《集
韻》、《類篇》、《韻會》引竝止作「馬二歲曰駒」，《玉篇》注亦同。

犓 犓

《集韻》平聲虞韻：「《說文》：从芻莝養牛。引《春秋》《國語》犓豢幾何。」
《說文》二上牛部：「以芻莝養牛也。从牛，芻亦聲。」
案：二徐本竝作「以芻莝養牛也」。沈氏《說文古本考》曰：「《初學記》獸
　　部引作『以芻莝養牛也』，《文選》枚乘《七發》注引作『以芻莝養國
　　牛也』，是古本『莝』作『莝』，『莝，斬芻也』，莝字無義。《選》注『國』
　　字疑有誤。」依此，則《集韻》引當不誤也。

誅 誅

《集韻》平聲虞韻：「《說文》：討也。一曰：責也。」
《說文》三上言部：「討也。从言朱聲。」
案：二徐竝止作「討也」，玄應《一切經音義》卷二十三《攝大乘論》「誅
　　國」下引「《說文》：誅，罰也。亦責也。」沈氏《古本考》云：「疑古
　　本有『一曰：責也。』四字。」今《集韻》引「討也」下，即有「一
　　曰：責也」四字，沈說可得佐證矣。

壚 壚

《集韻》平聲模韻：「《說文》：黑剛土也。」
《說文》十三下土部：「剛土也。从土盧聲。」
案：《書·禹貢》「下土墳壚。」《釋文》、《正義》引皆作「黑剛土也」，以「埴」
　　下訓「赤剛土也」例之，知古本有「黑」字，《集韻》引不謬。《韻會》
　　七虞引亦作「黑剛土也」，二徐竝止作「剛土也」，脫「黑」字。

萋 萋

《集韻》平聲齊韻：「《說文》：艸盛皃。引《詩》萋萋萋萋。」
《說文》一下艸部：「艸盛。从艸妻聲。《詩》曰萋萋萋萋。」
案：二徐竝作「艸盛」，無「皃」字，然《廣韻》十二齊，《韻會》八齊皆
　　作「草盛貌」，《玉篇》：「萋萋，草茂皃。」蓋古本有「皃」字，今本

已奪，《集韻》引尙不誤也。

睍 睨

《集韻》平聲齊韻：「《說文》：病人視也。」

《說文》八下見部：「病人視也。从見氏聲。讀若迷。」

案：《廣韻》上平十二齊有「睨」訓「病人視兒」。鈕氏《校錄》云：「蓋
《說文》本作睍，唐人諱民改從氏，後又譌爲氏。」段氏云：「各本
篆作睨，解作氏聲。氏聲則應讀若低，與讀若迷不協。」《集韻》正
文原以「睍」爲本字，以「睨」爲或體，是也。

啫 喈

《集韻》平聲皆韻：「《說文》：鳥鳴聲。一曰：喈喈，和聲。」

《說文》二上口部：「鳥鳴聲。从口皆聲。一曰：鳳皇鳴聲喈喈。」

案：《繫傳》「鳥鳴聲」下有「也」字，亦有「一曰：鳳皇鳴聲喈喈」八字，
段《注》云：「此八字蓋後人所增，鳳皇亦鳥耳。」《集韻》引止作「鳥
鳴聲」，「一曰」以下，文字與二徐異，且非引許也。知段氏疑爲後增，
是也。《詩·葛覃》「其鳴喈喈」，毛《傳》：「喈喈，和聲之遠聞也。」《集
韻》「一曰」之義，或節引於此。

曟 曟

《集韻》平聲眞韻：「《說文》：日月合宿爲曟。」

《說文》五下晶部：「日月合宿爲辰。从晶从辰、辰亦聲。」

案：二徐竝作「日月合宿爲辰」，《集韻》引「辰」作「曟」，是也。《玉篇》：
「曟，日月會也。今作辰。」許書「辰」訓「震也。三月陽氣動」，知
正字當作「曟」，「辰」借字也。

珣 珣

《集韻》平聲諄韻：「《說文》：醫無閭珣玗璂。引《周書》：所謂夷玉。一曰
器也。」

《說文》一上王部：「醫無閭珣玗琪。《周書》所謂夷玉也。从玉旬聲。一曰
器。讀若宣。」

案：小徐本「醫無閭」下有「之」字，「一曰」下有「五」字。《集韻》說

解本大徐，唯「琪」作「瑌」，又「器」下有「也」字。《說文》無「琪」，許書之舊或當作「瑌」；有尾詞「也」，讀之語氣較舒緩不迫，似《集韻》引爲長。

櫕　榆

《集韻》平聲諄韻：「《說文》：毋杶也。」

《說文》六上木部：「毋杶也。从木侖聲。讀若易卦屯。」

案：「毋杶也」，二徐竝同，《集韻》引「杶」作「杶」。《爾雅·釋》木：「榆，無疵。」《玉篇》：「杶，無杶。木名。」段注云：「古毋、無通用，故許作毋。」《廣韻》上平五支曰：「杶，無杶木。一名榆。」（今本作「一名榆。」周祖謨《校勘記》云：故宮所藏王仁昫《刊謬補缺切韻》作「櫕」。）是《集韻》作「毋杶也」，不誤。

幡　幡

《集韻》平聲元韻：「《說文》：書兒拭觚布也。一曰：幟也。」

《說文》七下巾部：「書兒拭觚布也。从巾番聲。」

案：《太平御覽》三百四十一兵部引作「幡，幟也」，是古本有此一解，二徐本竝奪，《集韻》引猶存。沈氏《古本考》曰：「本部『帑，幡幟也。』或疑《御覽》傳寫奪『帑』字，然此引在幡條下，則非帑字之解可知。」王筠《句讀》亦依《御覽》補此一訓，唯作「識也。」

楎　楎

《集韻》平聲魂韻：「《說文》：六叉犂。一曰：犂上曲木。」

《說文》六上木部：「六叉犂。一曰：犂上曲木犂轅。从木軍聲。讀若渾天之渾。」

案：「犂上曲木」下，二徐竝有「犂轅」二字。段云：「《集韻》、《類篇》皆無犂轅二字，似可刪。許云耕上曲木爲耒，此云犂上曲木爲楎者，正謂耒耑也，故《廣韻》云：楎，犂頭。《玉篇》云：楎，犂轅頭也。」又《廣韻》上平二十三魂注亦但有「一曰：犂上曲木也」句，而無「犂轅」二字。

寒　寒

《集韻》平聲寒韻：「《說文》：凍也。从人在宀下，从艸薦覆之，下有仌。」

《說文》七下宀部：「凍也。从人在宀下、以茻薦覆之，下有仌。」

案：大徐作「以茻薦覆之」，小徐作「從茻上下爲覆」，王筠《繫傳校錄》：「以訛从，因訛從，爲即薦之訛也。」其《句讀》作「以艸上下薦覆之」，注云：「艸字依《集韻》，上艸覆之，下艸薦之。」今依從之。

奸 奸

《集韻》平聲寒韻：「《說文》：犯也。」

《說文》十二下女部：「犯婬也。从女、从干、干亦聲。」

案：大徐作「犯婬也」，小徐「婬」作「淫」。《集韻》引則止作「犯也」。《五經文字》：「奸，犯也。」《小爾雅·廣言》「奸，犯也。」宣十二年《左傳》「事不奸矣」，杜注：「奸，犯也。」王筠《句讀》曰：「婬義自屬姦字。……僖七年《傳》：子父不奸之謂禮；宣十二年《傳》：事不奸矣；襄十四年《傳》：君制其國，臣敢奸之；《漢書·溝洫志》：使神人各得其所而不相奸。是經典所有奸字，未有涉及淫者也。」王氏旁徵博引，足徵《集韻》作「犯也」是。

黬 黬

《集韻》平聲桓韻：「《說文》：黬姍，下色。」

《說文》十上黑部：「黬姍，下哂。从黑般聲。」

案：大徐作「黬姍，下哂」，小徐作「黬姍，一色」，竝誤。汲古閣毛本作「黬姍，下色」。《玉篇》注：「黬姍，下色皃也。」《廣韻》上平二十八桓：「下色。」合諸書以觀，當如毛本所作爲是。《集韻》引同毛本，不誤也。

懣 懣

《集韻》平聲桓韻：「《說文》：忘也。一曰：懣㤉也。」

《說文》十下心部：「忘也。懣㤉也。从心㒼聲。」

案：「懣」上，二徐竝無「一曰」。王筠《句讀》依《集韻》引補此二字，曰：「蓋言忘謂之懣，亦謂之懣㤉也。」是「懣㤉」爲別稱也。

韉 韉

《集韻》平聲桓韻：「《說文》：車衡三束也。曲轅𩍓縛直轅纍縛。或作轐。」

《說文》三下革部：「車衡三束也。曲轅𩍓縛、直轅纍縛。从革爨聲。讀若《論語》鑽燧之鑽。𩍓，𩍓或从革贊。」

案：「曲轅𩍓縛」二徐竝同，《集韻》引「𩍓」作「𩍓」，是也。許書以「𩍓」為正文，以「轐」為重文，當用「𩍓」也。段《注》、王氏《句讀》竝改作「𩍓」。大徐作「直轅纍縛」，小徐「纍」作「纍」，《集韻》引同。許書車部曰：「纍，直轅車轐也。」然則，大徐作「纍」誤也。

貒 貒

《集韻》平聲桓韻：「《說文》：獸也，似豕而肥。」

《說文》九下豸部：「獸也。从豸耑聲。」

案：二徐竝止作「獸也」，無「似豕而肥」四字。《爾雅・釋獸釋文》引作「獸似豕而肥」，《韻會》十四寒引作「獸也，似豕而肥」，《玉篇》注但云「似豕而肥」，《廣韻》上平二十六桓注同。據上所引，足徵《集韻》引不誤，而二徐本奪「似豕」等四字。

鸞 鸞

《集韻》平聲桓韻：「《說文》：赤神靈之精，赤色五彩，雞形，鳴中五音。」

《說文》四上鳥部：「亦神靈之精也，赤色五采，雞形，鳴中五音。頌聲作則至，从鳥䜌聲。周成王時，氐羌獻鸞鳥。」

案：二徐竝作「亦神靈之精也」，《集韻》引「亦」作「赤」，是也。《藝文類聚》九十九〈祥瑞部〉、《御覽》九百十六〈羽族部〉引皆作「赤」，知今本作「亦」誤。又《集韻》止節引至「鳴中五音」，非完文也。

挈 挈

《集韻》平聲山韻：「《說文》：固也。引《詩》赤舄挈挈。」

《說文》十二上手部：「固也。从手臤聲。讀若《詩》赤舄挈挈。目鉉等曰今別作鏗，非是。」

案：大徐作「讀若《詩》：赤舄挈挈」，小徐作「讀若《詩》曰：赤舄挈挈」，許書己部㔟下引作「赤舄几几」，今《詩・豳風・狼跋》作「几几」，《呂氏家塾讀詩記》引董氏云：「崔靈恩集注：几几作挈挈。」許氏此處所引或係三家異文。又「讀若」二字，蓋衍。許書宀部㝨下曰：「凡云讀若，

倒不用本字。」又小徐「讀若」下，有「《詩》曰」二字，亦啓人疑竇，《集韻》作「引《詩》：赤舄掔掔」，可證許氏之舊，原無「讀若」二字。

 臱

《集韻》平聲先韻：「《說文》：宀宀不見也。謂人處深室。」

《說文》四上自部：「宮不見也。闕。」

案：大徐作「宮不見也，闕」，小徐作「宂宀不見也，闕」，竝有譌誤。目部「矏」下云：「目旁薄緻宀宀也。」「宀宀」正所以說从臱也。「宀」，許君訓「交覆深屋也」，《集韻》「謂人處深室」是也。

 篅

《集韻》平聲僊韻：「《說文》，判竹圜以盛穀也。一曰：竹器。」

《說文》五上竹部：「以判竹圜以盛穀也。从竹耑聲。」

案：二徐竝作「以判竹圜以盛穀也」，然玄應《音義》卷四、卷十二、卷十四、卷十六、卷十七、卷卄、卷卄四引「判竹」上皆無「以」字，《集韻》引亦無，當非脫。「一曰：竹器」，非《說文》本有，丁度等增。

 幺

《集韻》平聲蕭韻：「《說文》：小也，象子初成之形。」

《說文》四下幺部：「小也，象子初生之形。凡幺之屬皆从幺。」

案：「象子初生之形」，二徐竝同，《集韻》引「初生」作「初成」。《六書故》引蜀本中亦有「象子初成之形」語，則《集韻》作「成」是也。王筠《句讀》依《集韻》改「生」作「成」，其《釋例》並云：「《集韻》引生作成，是也。包部云：巳在中，象子未成形也。兩成字正相應。包中之，蓋胎尚未成，故其體不備。幺則成胎三四月時，其體已備，但在胞中，四體不能展布，故象其拳曲而作呂也。若是已生，豈有此上下皆圓之子乎？」王氏之說甚有理，可從。

 鱻

《集韻》平聲僊韻：「《說文》：新魚精也。从三魚不變。」

《說文》十一下魚部：「新魚精也。从三魚不變魚。徐鍇曰：三衆也。衆而不變是鱻也。」

案：「从三魚不變」下，大徐有「魚」，小徐作「鱻」。王筠《句讀》曰：「文義不完，似有挩字。」《繫傳》徐鍇曰：「三，眾也。眾而不變，是鱻也。」細玩鍇語似謂从三魚不變即是鱻，「不變」下，毋須再贅「魚」或「鱻」字，《集韻》引意已足矣。

轪　連

《集韻》平聲僊韻：「《說文》：負連也。一曰：連屬。」

《說文》二下辵部：「負連也。从辵从車。」

案：大徐本作「負連也」，小徐「負」作「員」。《集韻》引作「負連也」，《類篇》同。嚴氏《校議》曰：「連即輦人所負以行，《管子》作服連即負連也。」王筠《繫傳校錄》云《五音韻譜》亦作「負連也」，又云：「《一切經音義》卷十一出負捵字，而說之曰：力剪反，《淮南子》：捵載粟米而至，許叔重曰：捵，擔之也。今皆作輦也。筠案：此知負連即是負捵，又即是負輦，其義則擔負牽挽之義，而非車輦之謂也，故字屬辵部，不屬車部。」據此，知《集韻》作「負連」古義也。「一曰」者，非引《說文》，《楚語》「雲連徒州」，注：「連，屬也。」

捎　捎

《集韻》平聲爻韻：「《說文》：自關而西，凡取物之上者爲撟捎。」

《說文》十二上手部：「自關已西，凡取物之上者爲撟捎。从手肖聲。」

案：大徐作「自關已西」，小徐「已」字作「以」。《集韻》引作「而」，《方言》：「撟，捎選也。自關而西，秦晉之間，凡取物之上謂之撟捎。」《集韻》蓋是。

疴　疴

《集韻》平聲歌韻：「《說文》：病也。引《五行傳》時即有口疴。」

《說文》七下疒部：「病也。从疒可聲。《五行傳》曰：時即有口痾。」

案：引經，小徐作「則有口痾」，《五行傳》者，《伏生鴻範·五行傳》也，《傳》曰：「言之不從，是謂不乂，時則有口舌之疴。」《漢書·五行志》「即」作「則」，古則、即通用。又《說文》無「痾」，《五行傳》作「疴」，《漢書·五行志》作「痾」，是知二徐本爲後人所改，《集韻》引不誤也。

嗟　嗟

《集韻》平聲戈韻：「《說文》：殘薉田也。引《詩》：大方薦嗟。」

《說文》十三下田部：「殘田也。《詩》曰：天方薦嗟。从田差聲。」

案：二徐竝作「殘田也」，《集韻》引「殘」下有「薉」字。段本依改爲「殘薉田也」，注云：「薉字，依《集韻》、《類篇》、《韻會》所據補。殘而且蕪之田是曰嗟。」王筠《句讀》亦依補「薉」字。

袈　袈

《集韻》平聲麻韻：「《說文》：敝衣。」

《說文》八上衣部：「弊衣。从衣奴聲。」

案：「弊衣」，二徐竝同，《集韻》引「弊」作「敝」。許書：「敝，敗衣。」《易・既濟》：「繻有衣袽。」虞翻曰：「袽，敗衣也。」《玉篇》注：「敝衣也。」蓋本《說文》，《廣韻》下平九麻注：「衣敝。」足證《集韻》作「敝」不誤也。嚴氏《校議》曰：「弊，俗獘字，非此義。」是二徐本誤矣。

陙　陙

《集韻》平聲諄韻：「《說文》：小自也。」

《說文》十四下自部：「水自也。从自辰聲。」

案：二徐竝作「水自也」，《集韻》引「水」作「小」。《玉篇》注作「小阜也」，《廣韻》上平十八諄注作「小阜名也」，是可證《集韻》引不誤。

驤　驤

《集韻》平聲陽韻：「《說文》：馬之低印也。一曰：馬後石足白。」

《說文》十上馬部：「馬之低仰也。从馬襄聲。」

案：「馬之低仰也」，二徐竝同，《集韻》引「仰」作「印」。《韻會》七陽引作「低昂」，鈕氏《校錄》云「昂，古作印。」《玉篇》注正作「低印也」，《集韻》引蓋是。「一曰」者，非引《說文》，《爾雅・釋畜》：「馬後右足白驤。」《集韻》「右」訛作「石」，當改。

恇　恇

《集韻》平聲陽韻：「《說文》：怯也。」

—21—

《說文》十上心部：「怯也，从心匡，匡亦聲。」

案：二徐竝作「怯也」，《集韻》引「怯」作「狂」，是也。許書心部無怯，犬部狂訓：「多畏也。」其下收「怯」字，曰：「杜林說狂从心。」故知《集韻》引爲本字。段注本亦改作「狂也」。

牂 牂

《集韻》平聲唐韻：「《說文》：牝羊也。」

《說文》四上羊部：「牡羊。从羊爿聲。」

案：二徐竝作「牡羊也」，然《初學記》卷廿九、《御覽》卷九百二、《韻會》七陽引皆作「牝羊也」，蓋古本如是。《爾雅·釋畜》：「羊牝牂。」許書角部「䍣」訓「牝牂羊生角者也」。《詩·苕之華》傳云：「牂羊，牝羊也。」玄應《音義》卷十四引《字林》云：「牂，牝羊也。」是古無以「牂」爲牡羊者。《集韻》引作「牝羊也」，正是許意。

耕 耕

《集韻》平聲耕韻：「《說文》：犂也。一曰：古者井田。故从井。古作畊。」

《說文》四下耒部：「犂也。从耒井聲。一曰：古者井田。」

案：「古者井田」下，二徐竝無「故从井」三字，《韻會》八庚引有，或小徐舊本原未奪。又慧琳《音義》卷四十一，希麟《音義》卷一「耕」注引有「或作畊，古字也」一語，《集韻》引亦云「古作畊」，與《音義》合，故知古本有重文「畊」字，今本奪。

硜 硜

《集韻》平聲耕韻：「《說文》：餘堅也。」

《說文》九下石部：「餘堅者。从石堅省。」

案：二徐竝作「餘堅者」，然《廣韻》下平十三耕引作「餘堅也」，《集韻》、《類篇》引竝同，是「者」當作「也」，段氏本即依改爲「餘堅也」。《玉篇》注作「堅也」，可爲旁證。

宖 宏

《集韻》平聲耕韻：「《說文》：屋深也。」

《說文》七下宀部：「屋深響也。从宀厷聲。」

案：二徐本竝作「屋深響也」，嚴可均《校議》云：「《韻會》八庚引作『屋
深也。』無『響』字。按『響』涉下文而加。」段本作「屋深也」，注
曰：「各本『深』下衍『響』字。此因下文『屋響』而誤。今依《韻會》、
《集韻》、《類篇》正。」《韻會》或承《集韻》，然由段、嚴二氏之說，
知《集韻》不誤。

霝 霝

《集韻》平聲青韻：「《說文》：雨零也。引《詩》霝雨其濛。」

《說文》十一下雨部：「雨零也。从雨ⅢⅢ。象霝形。《詩》曰：霝雨其濛。」

案：「雨零也」，二徐竝同，《集韻》引「零」作「霝」，是也。《廣韻》八聲
十九鐸引作「雨霝也」，《玉篇》注作「落」也，田氏《二徐箋異》以
為「落即霝，通用字」，是二徐「零」字係「霝」之譌。大徐「从雨ⅢⅢ」
下云「象霝形」，尚遺其跡。

桱 桱

《集韻》平聲青韻：「《說文》：桱桯也。東方謂之簜。」

《說文》六上木部：「桱桯也。東方謂之簜。从木至聲。」

案：「東方謂之簜」，二徐竝同，《集韻》引「簜」从竹作「簜」，《類篇》引
亦同。段氏云：「桱、簜皆牀前几之殊語也，而《方言》不義。」傅雲
龍《古語考補正》云：「簜疑當依《類篇》、《集韻》引作簜。今驗几有
目竹為者，簜乃牀前几之殊名，可補《方言》之闕。」然則《集韻》
从竹，似較長。

鋞 鋞

《集韻》平聲青韻：「《說文》：溫器也。圓而直上。」

《說文》十四上金部：「溫器也。圓直上。从金至聲。」

案：《廣韻》下平十五青引作「溫器也。圓而直上」，《集韻》引亦同。今二
徐本「圓」下奪「而」字，語氣甚促。段氏《注》、王筠《句讀》即依
補「而」字。

臄 臄

《集韻》平聲蒸韻：「《說文》：臄也。或从骨（臄）。」

《說文》四下肉部：「𦞠也。从肉雁聲。」

案：慧琳《音義》卷十四「膺」注引《說文》云「或從骨作𩪋」，丁福保曰：「考漢《繁陽令陽君碑》『𩪋天鐘慶』，蓋古本有或體𩪋字。」《集韻》亦曰：「或从骨。」知二徐本逸或體。

蓲 蓲

《集韻》平聲尤韻：「《說文》：水邊艸也。一曰：臭艸。」

《說文》一下艸部：「水邊艸也。从艸猶聲。」

案：二徐竝作「水邊艸也」，無「一曰」之別義。慧琳《一切經音義》卷九十七「蓲」注引《說文》，云「臭草也」，八十六卷引《左傳》杜注：「蓲，臭艸也，水邊細艸也。」據此，知許書原有二訓，《集韻》引未奪，而二徐奪「臭艸也」句，宜補。

齺 齺

《集韻》平聲尤韻：「《說文》：齒搣也。一曰：齰也。一曰：馬口中蹙也。」

《說文》二下齒部：「齒搣也。一曰：齰也。一曰：馬口中蹙也。从齒芻聲。」

案：「馬口中蹙也」，二徐同，《集韻》引「蹙」作「蹙」，是也。司馬相如《諫獵書》「猶時有銜橛之變」，張揖曰：「橛，騑馬口長銜也。」，又《玉篇》引亦作「馬口中蹙也」，可證。

厹 厹

《集韻》平聲侵韻：「《說文》：厹厹銳意。」

《說文》八下厹部：「朁朁，銳意也。从二厹。」

案：《玉篇》「厹」下注：「厹厹，銳意也」，二徐竝作「朁朁，銳意也。」苗夔《繫傳校勘記》云：「朁朁，當作厹厹。」今《集韻》引亦作「厹厹」，苗說是也。段氏《注》、王筠《句讀》竝依《玉篇》、《集韻》引改作「厹厹」。

訧 訧

《集韻》平聲侵韻：「《說文》：燕代東齊謂信曰訧。」

《說文》三上言部：「燕代東齊謂信訧。从言尤聲。」

案：《方言》卷一「允訧，信也。齊魯之間曰允，燕代東齊曰訧。」許書說

解蓋本《方言》。大徐本作「燕代東齊謂信訰」，無「曰」字，語氣頗
嫌迫促。小徐本作「燕代東齊謂信訰也」，亦無「曰」字。然《廣韻》
下平二十一侵「訰」下引作「燕代東齊謂信曰訰」，《集韻》引「信」
下亦有「曰」字，知有曰為宜。

棽 棽

《集韻》平聲侵韻：「說文：木枝條棽儷也。」

《說文》六上林部：「木枝條棽儷皃。从林今聲。」

案：「木枝條棽儷皃」，二徐竝同，《集韻》引「皃」作「也」。段氏依《集
韻》改，注云：「人部儷下云：棽儷也。棽儷者，枝條茂密之皃。」是
「棽儷」為狀皃之詞，不必更言「皃」也。

覃 覃

《集韻》平聲覃韻：「《說文》：長味也。引《詩》：實覃實訏。或省覃，古作
𢍜。」

《說文》五下𣇃部：「長味也。从𣇃、鹹省聲。《詩》曰：實覃實吁。𢍜古文
覃。覃，篆文覃省。」

案：二徐引《詩》竝作「實覃實吁」，《集韻》引「吁」作「訏」，是也。今
《大雅‧生民篇》文作「訏」。段注亦云：「《傳》曰：覃，長也。訏，
大也。許作吁，疑轉寫誤。」

蘫 蘫

《集韻》平聲談韻：「《說文》：瓜菹也。一曰：水清。」

《說文》一下艸部：「瓜菹也。从艸監聲。」

案：二徐篆作「藍」，解云「从艸監聲」，誤。《御覽》八百五十六〈飲食部〉
所引字義同，而字作「蘫」，《廣韻》下平二十三「談」云：「蘫，瓜菹。」
又去聲五十四「闞」云：「蘫，瓜菹也。」是可證古本篆文作「蘫」，
不作「藍」也。若如今本，則與染青艸之「藍」無別矣。《集韻》正文
作「蘫」，不誤也。段氏篆文改作「蘫」，解作「从艸濫聲」，注云：「各
本篆作藍，解誤作監聲，今依《廣韻》、《集韻》訂。」「瓜菹」之「菹」，
《集韻》引作「葅」，俗字也。許書艸部有「葅」，訓「酢菜也」。「一
曰：水清」，非引《說文》，丁度等所增。

犄 掎

《集韻》上聲紙韻：「《說文》：偏引也。」

說文十二上手部：「偏辟也。从手奇聲。」

案：《文選‧琴賦》「時劫掎以慷慨」，李善《注》引作「偏引也」，小徐作「偏引」不誤，唯挩一「也」字。《集韻》引亦不誤也。大徐作「偏辟也」，非。另小徐有「一曰：踦也」四字，《廣韻》上聲四紙引亦止作「偏引也」，而無「踦」之訓，《韻會》引亦無，今小徐本蓋後人誤沾。

誺 誺

《集韻》上聲旨韻：「《說文》：謚也。」

《說文》三上言部：「謚也。从言耒聲。」

案：二徐竝作「謚也」，《集韻》引「謚」作「謚」，是也。說見「謚」字考。段氏《注》、桂氏《義證》、王氏《句讀》亦皆作「謚」也。

屺 屺

《集韻》上聲止韻：「《說文》：山無艸木也。引《詩》：陟彼屺兮。」

《說文》九下山部：「山無草木也。从山己聲。《詩》曰：陟彼屺兮。」

案：「山無草木也」，二徐竝同，《集韻》引「草」作「艸」，是也。

簴 簴

《集韻》上聲語韻：「《說文》：飤牛筐也。方曰筐圜曰簴。」

《說文》五上竹部：「飲牛筐也。从竹豦聲。方曰筐。圜曰簴。」

案：二徐竝作「飲牛筐也」，《集韻》引「飲」作「飤」。鈕氏《說文校錄》云：「《集韻》引飲作飤，當不誤。」沈氏《古本考》云：「《御覽》七百六十〈器物部〉引作飼牛筐也。」蓋古本作飤。《篇韻》亦皆作飤，飼即飤字之俗。筐非飲器，今本之誤顯然。」《廣韻》上聲八語「簴」注亦作「飤牛筐」，可為旁證。

㦿 㦿

《集韻》上聲嘯韻：「說文：撫也。一曰：愛也。」

《說文》十下心部：「㦿撫也。从心某聲。讀若侮。」

案：二徐竝作「㦿撫也」，《集韻》引但作「撫也」，非脫。《玉篇》、《廣韻》

上聲九麌引亦止作「撫也」，段云：「㦖乃複字未刪者」是。「一曰：愛也」，非引《說文》，見《爾雅·釋詁》。

橆 㮞

《集韻》上聲曠韻：「《說文》：豐也。从林奭、或說規模字。从大冊、數之積也。林者木之多也。冊與庶同意。引《商書》：庶艸繁㮞。」

《說文》六上林部：「豐也。从林奭、或說規模字。从大冊、數之積也。林者木之多也。冊與庶同意。《商書》曰庶草繁橆。徐鍇曰：或說大冊爲規模之模，諸部無者，不審信也。」

案：「冊與庶同意」，小徐「意」下有「也」字。引《商書》，大徐作「庶草繁橆」，小徐作「庶艸繁橆」，《集韻》亦作「艸」，「橆」作「㮞」，此引經證字說，作「㮞」，是也。《爾雅·釋詁》：「橆，茂，豐也。」釋文云：「橆，古本作㮞。」今《書·洪範》作「蕃廡」。

斞 斞

《集韻》上聲曠韻：「《說文》：量也。引《周禮》：㯻三斞。」

《說文》十四上斗部：「量也。从斗臾聲，《周禮》曰：求三斞。」

案：引《周禮》，二徐並云「求三斞」，嚴可均《校議》曰：「求當作㯻，形近而誤也。《弓人職》：漆三斞。漆即㯻之假借。」故知《集韻》引作「㯻」，不誤也。

苦 苦

《集韻》上聲姥韻：「《說文》：大苦苓也。一曰：急也。」

《說文》一下艸部：「大苦。苓也。从艸古聲。」

案：二徐並作「大苦。苓也」，《文選》劉峻《廣絕交論》李善注引云「苦猶急也」。沈濤《說文古本考》曰：「此一曰以下之脫文，與苛字玄應書引『尤劇也』同例，唐本尙有之，今皆爲二徐妄刪去矣。」今考《集韻》十姥、《類篇》、《韻會》七麌引並有「一曰急也」，知二徐脫「一曰」之義，《集韻》所引則爲許書原貌。王筠《說文句讀》即據上述諸家所引，增補爲：「大苦。苓也。從艸古聲。一曰：急也。」

岵 岵

《集韻》上聲姥韻：「《說文》：山有艸木也。引《詩》：陟彼岵兮。」

《說文》九下山部：「山有草木也。从山古聲。《詩》曰：陟彼岵兮。」

案：「山有草木也」，二徐竝同，《集韻》引「草」作「艸」，是也。段本亦
　　作「山有艸木也」，注云：「艸，舊作草，誤，今正。」

雠 雠

《集韻》上聲準韻：「鳥名。《說文》：祝鳩也。或作隹。一曰：鶉子。」

《說文》四上鳥部：「祝鳩也。从鳥隹聲。恩允切。雀，雠或从隹，一曰：鶉
　　字。」

案：重文「隹」下，大徐作「一曰：鶉字」，小徐作「一曰：鶉字」，《詩‧
　　四月》「匪鶉匪鳶」，許書鶉字下引作「匪鶉匪鳶」，是「鶉」、「鶉」字
　　通。王筠《句讀》：「一曰：鶉字。」下注云：「此四字，文不成義。玄
　　應曰：隹，又作鶉。同思尹反。蓋即據此文也。《廣雅》：隹，鶉也。
　　則是一物而非一字。《集韻》引作鶉子，顏師古亦作子。」是《集韻》
　　引作「鶉子」，不謬也。

鷗 鷗

《集韻》上聲阮韻：「《說文》：鳥也。其雌皇。」

《說文》四上鳥部：「鳥也。其雌皇。从鳥匽聲。一曰：鳳皇也。」

案：二徐竝有「一曰：鳳皇也」句，《集韻》引無。小徐本楚金案語云：「《爾
　　雅》注即鳳一名。」王筠《句讀》以為「一曰：鳳皇也」，為校者詞也，
　　其說曰：「彼見別本鳥也作鳳也，故記之，特衍一皇字耳。」然則，《集
　　韻》所見蓋未經妄增之舊本也。

繭 繭

《集韻》上聲銑韻：「《說文》：蠶衣也。从糸、从虫、芇聲。古作緷。」

《說文》十三上糸部：「蠶衣也。从糸从虫。芇省。緷，古文繭从糸見。」

案：大徐作「从糸从虫。芇省」，小徐作「從糸從虫。芇省」，段云：「各本
　　作芇省，芇不得繭會意。」王筠《句讀》改作「從糸從虫。芇聲」，注
　　云：「《字鑑》引如此。」又云：「蒼頡《解詁》曰：繭，未繅也。字從
　　虫從糸，芇聲。」然則，《集韻》引是也。

翩　翦

《集韻》上聲槤韻：「《說文》：羽生也。一日：矢羽。」

《說文》四上羽部：「羽生也。一日：夭羽。从羽前聲。」

案：「一日：夭羽」，二徐竝同，《集韻》引「夭」作「矢」。考《玉篇》、《廣韻》上聲五旨皆以「夭」爲「矢」之俗字，然則《集韻》引用本字也。

㜺　嬌

《集韻》上聲獼韻：「《說文》：順也。引《詩》：婉兮嬌兮。或作變。」

《說文》十三下女部：「順也。从女喬聲。《詩》曰婉兮嬌兮。變，籀文嬌。」

案：重文「變」下，二徐竝云「籀文」，《集韻》云「或作變」。《玉篇》「嬌」下次「變」，注云：「力轉切。慕也。亦同上。」《玉篇》雖作重文，而別加音義，竝不云籀文。」則《集韻》云「或文」蓋是。許書「變」字兩見，說又見「變」字考。

蛸　蛸

《集韻》上聲獼韻：「《說文》：冐也。」

《說文》十三上虫部：「蛸也。从虫冐聲。」

案：二徐竝作「蛸也」，段氏改爲「冐」，注云：「冐，各本作蛸，仍複篆文，不可通。考肉部冐下云：小蟲也。今據正。」王筠《句讀》亦作「冐也」，並云：「依《集韻》引改。」然則，《集韻》引不謬也。

从　从

《集韻》上聲養韻：「《說文》：二人也。兩字从此。」

《說文》五下从部：「二人也。兩从此。闕。」

案：二徐均作「兩从此」，《集韻》引「兩」作「兩」，且其下增「字」字。許書：「兩，再也。」「兩，二十四銖爲一兩。」則《集韻》作「兩」是也。段注本亦改作「兩」。《玉篇》「从」注引《說文》作「二人也。兩字从此。」「兩」作「兩」雖非，然下有「字」，可證《集韻》引不誤也。

駔　駔

《集韻》上聲蕩韻：「《說文》：牡馬也。一日：馬蹲駔也。一日：市儈。」

《說文》十上馬部：「牡馬也。从馬且聲。一曰：馬蹲駔也。」

案：「一曰：市儈」，今二徐本無。王筠《句讀》依《類篇》引補此四字，《類篇》蓋本《集韻》也。王云：「《廣韻》：駔，會馬市。其文完備。《後漢書・郭太傳注》引《說文》：駔，會也。而說之曰：謂合兩家之賈賣，如今之度市也。」考《御覽》八百二十〈資產部〉引作「駔，市儈」，知古本有此一訓。

㭉 楷

《集韻》上聲梗韻：「《說文》：木參交以支炊𥲆者也。」

《說文》六上木部：「木參交以枝炊𥲆者也。从木省聲。讀若驪駕。臣鉉等曰：驪駕，未詳。」

案：「木參交以枝炊𥲆者也」，二徐竝同，《集韻》引「枝」作「支」，並云：「𥲆，漉米籔也；籔，炊𥲆也。𥲆籔二字為一物，謂米既渐將炊，而漉之令乾。又以三交之木支以𥲆，則瀝乾尤易也。」王筠《句讀》亦云：「籔，炊𥲆也；𥲆，漉米籔也。交木以支𥲆，則瀝乾尤易也。」王筠《句讀》亦云：「籔，炊𥲆也；𥲆，漉米籔也。交木以支𥲆，使水下也。」二氏皆主當作「支」，然則《集韻》引是也。

𣆶 有

《集韻》上聲有韻：「《說文》：不宜有也。引《春秋傳》：日有蝕之。一曰：質也。」

《說文》七上有部：「不宜有也。《春秋傳》曰：日月有食之。从月又聲。」

案：引《春秋傳》，二徐竝作「日月有食之」，段注云：「日下之月，衍字也。」吳玉搢《說文引經考》亦云：「《春秋》書日食三十六，自隱三年始，無書月食者，此誤衍『月』字。」《集韻》引「日」下無「月」字，是也。又「食」字，《集韻》引作「蝕」，俗字也。隱三年何休《公羊傳》注：「不言月食之者，其形不可得而覩也，故疑言『日有食之』。」何邵公漢人也，其說可信，知「日」下不當有「月」，「蝕」當作「食」。「一曰」者，非引《說文》，《廣雅・釋詁》三：「有，質也」。

羑 羑

《集韻》上聲有韻：「《說文》：進善也。文王拘羑里在蕩陰。」

《說文》四上羊部：「進善也。从羊久聲。文王拘羑里在湯陰。」

案：「文王拘羑里在湯陰」，二徐竝同。《集韻》引「湯」作「蕩」。段氏注亦作「蕩」，並云：「蕩各本作湯，誤，今正。水部正作蕩陰。漢二《志》皆云：河內郡蕩陰有羑里，西伯所拘。音湯。」是《集韻》引不誤也。

㨐 捼

《集韻》上聲厚韻：「《說文》：衣上攴也。」

《說文》十二上手部：「衣上擊也。从手保聲。」

案：二徐竝作「衣上擊也」，《集韻》引「擊」作「攴」，《類篇》同。段云：「攴者，小擊也。」桂馥《段注鈔案》云：「今俗語亦如是。」王筠《句讀》曰：「此謂振去衣上塵也。」然則，似以《集韻》引意較勝。

稔 稔

《集韻》上聲㦦韻：「《說文》：穀孰也。引《春秋傳》：鮮不五稔。」

《說文》七上禾部：「穀熟也。从禾念聲。《春秋傳》曰：鮮不五稔。」

案：二徐竝作「穀熟也」，「熟」為「孰」之俗字，《集韻》引是也。小徐引《春秋傳》，無「鮮」字，宜補。此《左傳》昭元年文。

啖 啖

《集韻》上聲敢韻：「《說文》：噍啖也。或作噉。」

《說文》二上口部：「噍啖也。从口炎聲。一曰：噉。」

案：「一曰：噉」，丁福保曰：「慧琳《音義》七卷五頁，五十七卷十八頁噉注引《說文》『噍也。从口敢聲。或作啖。』疑古本啖為噉之或體，為傳寫者所誤倒耳。」案《玉篇》、《廣韻》上聲四十九敢皆列「噉」為正文，「啖」為重文，丁氏所疑，可得佐證。《韻會》引「一曰：噉。」作「或作噉。」知二徐「一曰」者，乃後人誤入。《集韻》引不云「一曰」，而以為或體，是也。

睒 睒

《集韻》上聲琰韻：「《說文》：暫視也。」

《說文》四上目部：「暫視也。从目炎聲。讀若白，蓋謂之苦相以。」

案：二徐竝作「暫視兒」，《文選·吳都賦》「忘其所以睒睗」李注、玄應《一

切經音義》卷一皆引作「暫視也」，蓋古本作「也」不作「兒」，《集韻》引不誤。

橺　獫

《集韻》上聲琰韻：「《說文》：長喙犬。一曰：黑犬黃頤。」

《說文》十上犬部：「長豕犬。一曰：黑犬黃喙。从犬僉聲。」

案：「一曰：黑犬黃喙」，二徐竝同，《集韻》引「喙」作「頤」。唐徐堅《初學記》二十九獸部引亦作「頤」，是知《集韻》引不誤。王筠《句讀》即依《初學記》引改作「黑犬黃頤」。

橺　猻

《集韻》上聲鹻韻：「《說文》：犬容頭進也。一曰：賊也。」

《說文》十上犬部：「犬容頭進也。一曰：賊疾也。」

案：「一曰：賊疾也」，二徐竝同，《集韻》引止作「賊也」。考《廣韻・釋詁》三云「猻，賊也」，《玉篇》注同，則二徐「疾」字係衍文。

劓　劓

《集韻》去聲至韻：「《說文》：刖鼻也。引《易》，天且劓。或从鼻（劓）。」

《說文》四下刀部：「刑鼻也。从刀臬聲。《易》曰：天且劓。劓，臬或从鼻。」

案：鍇本作「刖劓也」，「刖」字是，「劓」字則譌。許書刀部曰「刖，絕也」，「刑」，剄也，剄謂斬頭也，是大徐作「刑」誤；而「劓」字，許曰「刖鼻也」，是劓爲狀字，當非此之用。《集韻》引作「刖鼻也」，不誤，段本亦同。

兂　旡

《集韻》去聲未韻：「《說文》：歆食屰氣不得息曰旡。从反欠、古作兂。」

《說文》八下旡部：「歆食气屰不得息曰旡。从反欠。今變隸作兂。夫，古文旡。」

案：「气屰不得息」，二徐竝同，《集韻》引「气屰」作「屰气」，是也。《玉篇》注作「飲食逆氣不得息也」，《廣韻》去聲入未注亦同，可證《集韻》不誤。王筠《句讀》即依《集韻》乙轉爲「屰气」。

髻 髻

《集韻》去聲遇韻：「《說文》：結也。」

《說文》九上髟部：「髻也。从髟付聲。」

案：二徐竝作「髻也」，《集韻》引「髻」作「結」，是也。許書無「髻」，用結爲髻，故髟部結字凡四見，皆今之髻字也。「鬏」注下，段云：「結，今之髻字也」。段氏《注》、桂氏《義證》、王氏《句讀》「髻」訓皆作「結也」。

呭 呭 詍 詍

《集韻》去聲祭韻：「《說文》：多言也。引《詩》：無然呭呭。或作詍。」

《說文》二上口部：「多言也。从口世聲。《詩》曰：無然呭呭。」

《說文》三上言部：「多言也。从言世聲。《詩》曰：無然詍詍。」

案：許書「呭」、「詍」二字訓同，各分屬口部、言部，《集韻》引則將後者併入「呭」字條下。今《詩・大雅・板篇》「無然泄泄」，《釋文》云：「泄，《說文》作呭。」是元朗所見以「呭」爲正字。嚴可均《校議》曰：「言部有詍字，當與此爲重文。」然則，《集韻》以「詍」爲「呭」之重文，不誤也。

埶 埶

《集韻》去聲祭韻：「《說文》：種也。从坴丮。持而種之。引《詩》：我埶黍稷。徐鍇曰：坴，土也。一曰：枝能也。」

《說文》三下丮部：「種也。从坴丮。持亟種之。《書》曰：我埶黍稷。徐鍇曰：坴土也。」

案：大徐作「持亟種之」，小徐作「持種之」，《集韻》作「持而種之」，三說似以《集韻》語氣較完。鈕氏《校錄》、嚴氏《校議》、王筠《句讀》竝主作「持而種之」，「我埶黍稷」《詩・小雅・楚茨》文，大徐作「《書》曰」，「書」當爲「詩」之譌。小徐作「《詩》曰」，《集韻》作「引《詩》」，不誤也。「一曰：枝（當爲技之誤）能也」，非引《說文》，乃丁度等所增。《禮記・文王世子》「曲藝皆誓之」，注：「小技能也。」

邰 邰

《集韻》去聲㤳韻：「《說文》：邰郡。」

《說文》六下邑部：「沛郡。从邑市聲。」

案：《繫傳》作「沛國縣」，嚴氏《校議》云：「《地理志》作郡，《郡國志》作國。」則大小徐各有所依，小徐本又爲後人妄加「縣」字。《集韻》引從大徐，「沛」作「邖」，《繫傳》楚金案語云：「沛本作此（邖），沛，假借也。」然則作「邖」是也。

輩　輩

《集韻》去聲隊韻：「《說文》：若軍發車百兩爲一輩也。」

《說文》十四上車部：「若軍發車百兩爲輩。从車非聲。」

案：「爲」下，《續古逸叢書》本，岩崎氏本竝有闕文，祁刻《繫傳》則逕接「輩」字。沈乾一曰：「唐寫本《玉篇》輩注引作「軍發車百乘爲一輩。」字句與二徐小異，然可證《集韻》引作「爲一輩」不誤。

餥　歠

《集韻》去聲代韻：「《說文》：設餥也。」

《說文》三下厽部：「設食也。从厽从食才聲。讀若載。」

案：鍇本作「設餥也」，鈕氏《校錄》云：「《繫傳》餥作餥，非。」《說文》有「餥」無「餥」，食部「餥，大歠也。」《集韻》作「餥」是也。王筠《句讀》亦作「設餥也」，注云：「餥，一作食，非也。此義經典借載爲之，《公食大夫禮》：『載者四面，魚腊餥，載體進奏』，然則既餥而後載之，而饗禮兼有腥者。」

縉　縉

《集韻》去聲稕韻：「《說文》：帛赤色也。引《春秋傳》：縉雲氏。」

《說文》十三上糸部：「帛赤色也。《春秋傳》：縉雲氏。《禮》有縉緣。从糸晉聲。」

案：「縉雲氏」下，二徐竝有「《禮》有縉緣」四字，《集韻》未引。段曰：「凡許云《禮》者，謂《禮經》也，今之所謂《儀禮》也。十七篇無縉緣，俟考。」王筠《句讀》曰：「《禮》有𦂳緣而無縉緣。《集韻》、《韻會》皆不引此句，豈刪之邪？抑本係衍文邪？」是《集韻》無此句，亦有故也。

𧗠 遁

《集韻》去聲恨韻：「《說文》：遷也。」

《說文》二下辵部：「遷也。一曰：逃也。从辵盾聲。」

案：「遷也」下，二徐竝有「一曰：逃也」四字，《集韻》無。段氏「一曰：逃也」下注云：「此別一義，以遁同遯，蓋淺人所增。」王筠《釋例》云：「遁下云一曰逃也，此後人迻遯下說於此也，茂堂說是。案：遁字，古蓋與循同聲，不與遯同聲。《聘禮》：賓辟不答拜，鄭注：辟位逡遁，《過秦論》：遁逡而不敢進，遁逡即逡巡之倒文也。」然則，《集韻》引無「一曰」義，乃為眞本。

奠 奠

《集韻》去聲霰韻：「《說文》：置祭也。从酋。酋，酒也。下其丌也。《禮》有奠祭。一曰：定也。」

《說文》四上酋部：「置祭也。从酋，酋，酒也。下其丌也。《禮》有奠祭者。」

案：「《禮》有奠祭者」，二徐竝同。嚴氏《校議》云：「《韻會》十七霰引《禮》有奠祭下無者字。」段氏依《韻會》刪「者」字，竝注云：「《說文》：《禮》有刷巾、《禮》有柶、《禮》有繢緣，句法皆同，無者是也。」《集韻》引「祭」下亦無「者」字，然則《集韻》引不誤也。「一曰：定也」，非引《說文》，丁度等所增益也。

𧄍 蓸

《集韻》去聲嘯韻：「《說文》：菫艸也。一曰：拜商蓸。」

《說文》一下艸部：「蓳艸也。一曰：拜商蓸。从艸翟聲。」

案：大徐作「蓳艸也」，小徐「蓳」作「菫」，《集韻》引作「菫」，三者互異。《廣雅·釋草》云：「菫，蓸也。」《名醫別錄》云：「葫蓸，一名菫艸，一名芨。」許書「芨」篆次於「蓸」後，訓「菫艸也。」朱駿聲《說文通訓定聲》云：「芨、菫一聲之轉」。《五音韻譜》、《韻會》十八嘯引皆作「菫艸」，是知《集韻》不誤。《釋文·爾雅音義》「蓸」下云：「《說文》、《廣雅》皆云菫也。」《釋文》引奪一「艸」字。大徐作「蓳艸也」者，疑涉上篆「讀若蓳」而誤；小徐作「菫艸也」者，或涉上文「菫」篆而誤。

−35−

翳 翳

《集韻》去聲号韻：「《說文》：翳也。所以舞也。引《詩·》：左執翳。」

《說文》四上羽部：「翳也。所以舞也。从羽殳聲。《詩》曰：左執翿。」

案：二徐引《詩》俱作「左執翿」，《集韻》引「翿」作「翳」，是也。此引《詩》以證字，當從篆作「翳」。《說文》無「翿」，「翿」乃「翳」之俗，今《詩·王風·君子陽陽》作「左以執翿」，用俗字也。

漾 漾

《集韻》去聲漾韻：「《說文》：水出隴西氏道，東至武都爲漢。一日水皃。古从養。」

《說文》十一上水部：「水出隴西相道，東至武都爲漢。从水羕聲。古文从養。」

案：《漢書·地理志》：「隴西郡氏道縣，《禹貢》養水所出。」《繫傳》楚金亦云：「《漢書》漾出氏道縣，至武都爲漢水。」故知《集韻》引云「氏道」，不誤也。《水經·漾水篇》注，酈道元引作「獂道」而駁之，今大徐本作「相道」，小徐本作「柏道」，蓋獂之聲誤爲桓，再誤爲「相」與「柏」也。「一日：水皃」，非引《說文》，《後漢書·馬融傳注》：「潢、濱、汎、㵓，並水皃也。」

餾 餾

《集韻》去聲宥韻：「《說文》：飯气烝也。」

《說文》五下食部：「飯气蒸也。从食留聲。」

案：二徐竝作「飯气蒸也」，《集韻》引「蒸」作「烝」。許書艸部「蒸」訓「析麻中榦也」，火部「烝」訓「火气上行也」，故知作「烝」是也。《詩·泂酌·正義》引作「飯气流也」，王筠《句讀》曰：「謂飯以气烝之，不入水煮之也」。段氏即依《正義》改，注曰：「餕下云：馬食穀多气，流四下也。然則飯气流者，謂气液盛流也。」段說亦有證，可備此一說。

雛 雛

《集韻》去聲宥韻：「《說文》：鳥大雛也。一日：雉之莫子爲雛。」

《說文》四上隹部：「鳥大舞也。从隹翏聲。一日：雉之莫子爲雛。」

案：鉉本作「鳥大舞也」，丁福保云：「舞宜作雛。」然則《集韻》引不誤。
鍇本則作「天鸙也」，案許書鳥部有「鷚」訓「天鸙也」，段氏於「雛」
下注云：「此與鷚別，而俗通用鷚。」知後人誤仍鷚注而改鍇本。《文
選・吳都賦》「翳薈無霄鷚」李注引作「大雛也」，是可證福保之說與
鍇本之誤。

樕　樕

《集韻》入聲屋韻：「《說文》：樸樕小木。」

《說文》六上木部：「樸樕木。从木敕聲。」

案：二徐竝止作「樸樕木」，《集韻》引「木」上有「小」字。《詩・召南》「林
有樸樕」，《傳》：「樸樕，小木也。」是《集韻》引與《毛傳》合，另《五
音韻譜》、《韻會》、《類篇》引皆有「小」字，段氏《注》、王筠《句讀》
竝依補。

衖　衞

《集韻》入聲質韻：「《說文》：將衞也。古作衛。」

《說文》二下行部：「將衛也。从行率聲。」

案：二徐均作「將衛也」，「衛」字乃涉下篆而誤，當作「衖」。段注本即
作「將衖也」。「將帥」古作「將衛」，其後帥行而衛廢矣。惠棟、許
槤《說文記》亦主「衛」當為「衖」之說。《集韻》引作「將衞」，意
不誤而字用省文，實則《集韻》原亦作「將衖」，由下文云「古作衛」
可知。許書無古文「衞」，「衛」見魏《三體石經》。

蘜　蘜

《集韻》入聲屋韻：「《說文》：日精也。似秋華。或省（萉）。」

《說文》一下艸部：「日精也。从秋華。从屮入蘜或艸蘜省聲。𧀩，蘜或省。」

案：二徐本竝作「日精也，以秋華」，「以秋華」三字不詞，《玉篇》、《廣韻》
引「以」皆作「似」，《五音韻譜》、《類篇》引亦同。故知《集韻》引
不誤。

挬　挬

《集韻》入聲術韻：「《說文》：五指挬也。」

《說文》四下受部：「五指持也。从受一聲。讀若律。」

案：二徐本竝作「五指持也」，嚴章福《說文校議》云：「一宋本、李燾本及《集韻》六術、《類篇》引持作捋，此作持，恐誤。」嚴說蓋是，《玉篇》「受」訓「五指。亦作捋取也。摩也」，可證。

踤

《集韻》入聲沒韻：「《說文》：觸也。一曰：駗也。一曰：倉踤。」

《說文》二下足部：「觸也。从足卒聲。一曰：駗也。一曰：蒼踤。」

案：「一曰：蒼踤」，二徐竝同。《集韻》引「蒼」作「倉」。「蒼踤」二字，古書多用「倉卒」，許書「越」下云「倉卒也」，是「蒼」宜作「倉」。

蹩

《集韻》入聲屑韻：「《說文》：踶也。一曰：跛也。」

《說文》二下足部：「踶也。从足敝聲。一曰：跛也。」

案：「一曰」之義，二徐竝作「跛也」，《集韻》引「跛」作「跂」是也。《莊子·馬蹄篇》：「蹩躠爲仁，踶跂爲義。」《國語·魯語》：「蹻跂畢行，無有處人。」韋注云：「蹻跂，跰蹇也。」王筠《句讀》即依《集韻》引改作「一曰：跂也」。

斯

《集韻》入聲薛韻：「《說文》：斷也。从斤斷艸。譚長說。籀（斯）从艸在仌中。仌寒故折。隸从手（折）。」

《說文》一下艸部：「斷也。从斤斷艸。譚長說。𣂚，籀文折从艸。在仌中仌寒故折。𢳂，篆文折从手。」

案：二徐重文「𢳂」下，竝云：「篆文折从手。」《集韻》引作「隸从手」是也。段氏於「篆文斯从手」下注云：「按此唐後人所妄增，斤斷艸，小篆文也。艸在仌中，籀文也。從手從斤，隸字也。《九經字樣》云：『《說文》作斯，隸省作折。』《類篇》、《集韻》皆云『隸从手』，則『折』非篆文明矣。」考《玉篇》亦云「今作折」，則「折」非篆文，其不出《說文》，尤曉然可見。

將

《集韻》入聲薛韻：「《說文》：脅肉也。一曰：腸間脂也。一曰：膫也。」

《說文》四下肉部：「脅肉也。从肉𡭗聲。一曰：胅，腸間肥也。一曰：膫也。」

案：「胅」字第二義，二徐竝云「腸間肥也」，《集韻》引「肥」作「脂」，段注云：「肥當作脂，此別一義，謂禽獸也。下文云：膫，牛腸脂也。腸脂謂之胅，一名膫。」如是，則《集韻》引不誤也。

汋 汋

《集韻》入聲藥韻：「《說文》：激水聲也。一曰：井一有水一無水謂之瀱汋。一曰：陂名，在宋。」

《說文》十一上水部：「激水聲也。从水勺聲。井一有水一無水謂之瀱汋。」

案：大徐作「井一有水一無水謂之瀱汋」，小徐「井」上有「一曰」二字，「謂之」作「為」。汋，本訓激水聲也，井一有水一無水為別義，「一曰」二字當有。許書「汋」「瀱」連文，「瀱」下亦曰：「井一有一無水謂之瀱汋。」是小徐作「為」，誤。「一曰：陂名，在宋」，非許書原文，丁氏等所增益。

㲋 㲋

《集韻》入聲藥韻：「《說文》：獸也。似兔青色而大。」

《說文》十上㲋部：「獸也。似兔，青色而大。象形。頭與兔同。足與鹿同。㲋，篆文。」

案：二徐竝有重文「㲋」，大徐云：「篆文。」小徐云：「籀文」，《集韻》未收。嚴氏《校議》曰：「㲋，籀文，一宋本作篆文。按：《左傳》、《漢書》皆作㲋，當是㲋之重文。今此㲋體與㲋相近，疑許書轉寫有脫爛，校者遂以兔字當籀文也。」是《集韻》不收，或有然也。

濩 濩

《集韻》入聲鐸韻：「《說文》：雨流霤下皃。一曰：濩，大水。一曰：螚濩，宮室深邃。一曰：活也。」

《說文》十一上水部：「雨流霤下。从水蒦聲。」

案：《廣韻》入聲十九鐸「濩」注引《說文》作「雨流霤下皃」，《集韻》鐸韻引、《韻會》十藥引竝同。故知大徐敓一「皃」字，小徐作「雨流霤下皃也」，又衍一「也」字。三「一曰」義，竝非引《說文》，丁度等所增益。

 虩

《集韻》入聲陌韻：「恐懼也。《說文》：引《易》：履虎尾虩虩。一曰：蟲名。蠅虎也。」

《說文》五上虎部：「《易》：履虎尾虩虩。恐懼。一曰：蠅虎也。从虎𣀔聲。」

案：「恐懼」二字，大小徐竝在引《易》「履虎尾虩虩」下，《集韻》則在引《說文》上，並加「也」字。王筠《句讀》曰：「知所據亦如今本，爲其不成文而迻之也。」又「一曰：蠅虎也」，二徐竝同，《集韻》引「蠅虎」上有「蟲名」二字，蓋以己意益之也。

 屰

《集韻》入聲陌韻：「《說文》：不順也。从干，下凵屰之也。」

《說文》三上干部：「不順也。从干，下屮屰之也。」

案：小徐作「屰不順也」，「屰」字衍。「下屮屰之也」，小徐「屮」作「凵」，《集韻》引同。段注云：「凵，口犯切。凶下云：象地穿交，陷其中也。方上干而下有陷之者，是爲不順屰之也。」然則，作「凵」是也。

 奭

《集韻》入聲晳韻：「《說文》：盛也。北燕召公名。古作奭。」

《說文》四上皕部：「盛也。从大、从皕、皕亦聲。此燕召公名。讀若郝。《史篇》名醜。徐鍇曰：《史篇》謂所作《蒼頡》十五篇也。，古文奭。」

案：「此燕召公名」，二徐竝同，《集韻》引「此」作「北」，初疑爲形誤，然王筠《句讀》依《集韻》改爲「北燕」，云：「燕，姞姓，黃帝之後，見左隱公五年《傳》。」又云：「襄公二十八年，北燕始見于傳，召康公受封，後於伯鯈，故稱北以別之。」考左隱五年《傳》「衛人以燕師伐鄭」下，《正義》曰：「燕有二國，一稱北燕，一稱南燕。」襄廿八年《傳》「夏，齊侯、陳侯、蔡侯、北燕伯……朝于晉」，《正義》引《春秋列國譜》云：「北燕，姬姓，召公奭之後。」然則《集韻》引似較勝。

 鸊

《集韻》入聲錫韻：「《說文》：鷱鸝也。」（兩見，一在匹歷切下，一在蒲歷切下。）

《說文》四上鳥部：「鸝鸝也。从鳥辟聲。」

案：鍇本作「鸝鸝也」，二徐、《集韻》引形聲偏旁左右各不同，許書「鷱」「鸝」二字皆右形左聲，故當以《集韻》引爲是。

遾 逖

《集韻》入聲錫韻：「《說文》：遠也。引《詩》：舍爾介逖。古从易。」

《說文》二下辵部：「遠也。从辵狄聲。逷，古文逖。」

案：二徐竝訓「遠也」，然未引《詩》。「舍爾介逖」《大雅‧瞻卬》文，「逖」今作「狄」，《毛傳》以「遠」釋之。《集韻》引《詩》固有所據，今本奪漏，宜補。

襲 襲

《集韻》入聲緝韻：「《說文》：左衽袍也。一曰：因也。籒作襲。」

《說文》八上衣部：「左衽袍。从衣龖省聲。襲，籒文襲不省。」

案：二徐竝作「左衽袍」，《集韻》引衍「也」字。「一曰：因也。」二徐本無，《文選》劉孝標《廣絕交論》：「盛衰相襲。」李注引：「襲，因也。」蓋古本有此一訓，今二徐本奪，《集韻》引不誤也。襲之訓因，屢見《禮記》、《淮南》等注，及《廣雅》、《小爾雅》諸書。

熠 熠

《集韻》入聲緝韻：「《說文》：盛光也。引《詩》：熠燿宵行。」

《說文》十上火部：「盛光也。从火習聲。《詩》曰：熠熠宵行。」

案：引《詩》，大徐作「熠熠宵行」，小徐作「熠燿」，無「宵行」二字。今《詩‧豳風‧東山》作「熠燿宵行」，《正義》曰：「熠燿者，螢火之蟲，飛而有光之皃。」是《集韻》引爲長。

媇 媇

《集韻》入聲合韻：「《說文》：偄伏也。一曰：服意。」

《說文》十二下女部：「偄伏也。从女沓聲。一曰：伏意。」

案：「一曰：伏意」，二徐竝同，《集韻》引「伏」作「服」。段氏亦作「服

意也」，注云：「服，各本作伏，今依《集韻》、《類篇》正。悅服之意
也。」王筠《句讀》亦依《集韻》引改作「一曰：服意」。

枼　枼

《集韻》入聲葉韻：「《說文》：楄也。一曰：薄也。」

《說文》六上木部：「楄也。枼，薄也。从木世聲。臣鉉等曰：當从枾乃得
　　　聲。」

案：二徐竝作「楄也。枼，薄也。」段注云：「枼上當有『一曰』二字，凡
　　木片之薄者謂之枼。」王筠《句讀》於「枼」上加「一曰」云：「依《集
　　韻》引補，蓋蠶薄也。」如是，則《集韻》引不謬也。楄，方木也；
　　薄，另一義也，故以「一曰」別之。

二、《集韻》與大徐是，小徐非者
（計六百三十字）

柬 東

《集韻》平聲東韻：「許慎《說文》：動也。从木，官溥說。从日在木中。一
　　　日：春方也。」

《說文》六上東部：「動也。从木，官溥說。从日在木中。」

案：鍇本無「从木。官溥說」。五字，田氏《二徐箋異》曰：「从木者，東
　　　方日木之意也，此官溥說也，許所博采通人之一也。」是此五字當有，
　　　鍇本蓋敚。「一日：春方也」，非引《說文》，見《玉篇》。

㳠 涷

《集韻》平聲東韻：「《說文》：水出發鳩山，入於河。《爾雅》：暴雨謂之涷。
　　　引《楚辭》：使涷雨兮灑塵。一日：瀧涷沾漬。」

《說文》十一上水部：「水出發鳩山，入於河。从水東聲。」

案：小徐本「入」下無「於」。《廣韻》上平東引同大徐，又《韻會》引作
　　　「入于河」，知小徐舊本不誤。「《爾雅》」以下，非引《說文》，「暴雨
　　　謂之涷」，見《釋天》；「《楚辭》」云云，見《大司命》；「一日：瀧涷沾
　　　漬」，見《方言》。

矇 矇

《集韻》平聲東韻：「《說文》：童矇也。一日：不明也。」

《說文》四上目部：「童矇也。一曰：不明也。从目蒙聲。」

案：「矇」字，小徐及段《注》皆作「蒙」，然據邵瑛《說文解字羣經正字》
云：「蒙，《說文》艸部云：玉女也。（應作「王女」，唐《開成石經》
正作「王女」）从艸冢聲……此其義與童矇義迥異。」故仍以作「矇」
為妥。又據沈濤《說文古本考》云：「《後漢書・竇融傳・注》引『有
眸子而無見曰矇』，蓋古本如是。《詩傳》云：『有眸子而無見曰矇』，
許君正用毛義也。童蒙乃冢字之一訓，見《華嚴經音義》，二徐刪後而
妄竄于此。」今姑存其說。

夐 夐

《集韻》平聲東韻：「《說文》：斂足也。鵲鵙醜，其飛也夐。」

《說文》五下夂部：「斂足也。鵲鵙醜，其飛也夐。从夂兒聲。」

案：「鵲鵙」之「鵙」，小徐作「鵙」，是也。許書鳥部有「鵙」無「鵙」，「鵙」
訓「伯勞也」。今《爾雅・釋鳥》：「鵲鵙，醜其飛也翪。」亦用俗字。

豵 豵

《集韻》平聲東韻：「《說文》：生六月豚。一曰：一歲豵，尚叢聚也。」

《說文》九下豕部：「生六月豚。从豕從聲。一曰：一歲豵，尚叢聚也。」

案：「尚叢聚也」，小徐「叢」作「藂」。「藂」為俗體，當以大徐及《集韻》
引為是。

葼 葼

《集韻》平聲東韻：「《說文》：青齊沇冀謂木細枝曰葼。」

《說文》一下艸部：「青齊沇冀謂木細枝曰葼。从艸㙇聲。」

案：「沇」字，小徐本作「兗」。田吳炤《二徐箋異》云：「兗州之兗，史遷
正作沇，兗橫在上隸變如此。」

涳 涳

《集韻》平聲東韻：「《說文》：直流也。一曰：涳濛細雨。」

《集韻》平聲江韻：「《說文》：直流也。」

《說文》十一上水部：「直流也。从水空聲。」

案：小徐作「口流也。」，「流」上闕文。《集韻》兩引皆同大徐。「一曰」

者，非引《說文》，丁氏等所增。

豐

《集韻》平聲東韻：「《說文》：大屋也。引《易》：豐其屋。」

《說文》七下宀部：「大屋也。从宀豐聲。《易》曰：豐其屋。」

案：引《易》，小徐作「豐其屋」，今《易·豐卦》作「豐」，《釋文》云：
「豐，《說文》作豐，大屋也。」許君引《易》，葢證字也，當作「豐」
為宜。

娍

《集韻》平聲東韻：「《說文》：帝高辛之妃偰母號也。引《詩》有娍方將。」

《說文》十二下女部：「帝高辛之妃偰母號也。从女戎聲。《詩》曰：有娍方
將。」

案：「偰」字，小徐作「离」。許書內部曰：「离，讀若偰。」人部偰字曰：「高
辛氏之子，堯司徒殷之先也。」則二字或以同音叚用也。

沖

《集韻》平聲東韻：「《說文》：涌搖也。一曰：和也。」

《說文》十一上水部：「涌搖也。从水中，讀若動。」

案：「搖」字，小徐作「繇」。然《韻會》引作「搖」，知小徐本舊亦如此。《五
音韻譜》亦作「搖」。「一曰：和也」，非引《說文》，丁氏等所增。

鈾

《集韻》平聲冬韻：「說文：枏屬。」

《說文》十四上金部：「枏屬。从金蟲省聲，讀若同。」

案：小徐作「耝屬」，然《說文》無「耝」字，仍當以大徐為是。

舂

《集韻》平聲鍾韻：「《說文》：擣粟也。古者雝父初作舂。一曰：山名，日
所入。」

《說文》七上臼部：「擣粟也。从廾持杵臨臼上。午，杵省也。古者雝父初
作舂。」

案：《繫傳》作「擣米也」，段氏從大徐作「擣粟也」，注云：「言粟以晐他穀，亦言粟以晐米。」是大徐較長。「一曰：山名，日所入」，非引《說文》，丁度等所增。《穆天子傳》「舂山之瑤。」

从　从

《集韻》平聲鍾韻：「《說文》：相聽也。从二人。」

《說文》八上从部：「相聽也。从二人。」

案：鍇本作「相聽許也」，「許」字蓋衍。《廣韻》上平三鍾引作「相聽也」，《玉篇》注亦同。

菶　菶

《集韻》平聲鍾韻：「《說文》：須從也。」

《說文》一下艸部：「須從也。从艸封聲。」

案：小徐作「蘏葔也」。田吳炤《二徐箋異》云：「須從不必有艸，小徐本乃淺人肊加，《爾雅》：『須，菶葔』，須字正無艸，可證。」段《注》、桂馥《義證》、王筠《句讀》、朱氏《通訓定聲》皆作「須從」，故知大徐、《集韻》引不誤。

容　容

《集韻》平聲鍾韻：「《說文》：盛也。从宀谷。徐鉉曰：屋與谷，皆所以盛受。古作宊。」

《說文》七下宀部：「盛也。从宀谷。臣鉉等曰：屋與谷皆所以盛受也。宊，古文容，从公。」

案：「从宀谷」，小徐作「从宀谷聲」，段云：「谷古音讀如欲，从雙聲龥聲也。鉉本作从宀谷，云屋與谷皆所以盛受也，亦通。」

鰅　鰅

《集韻》平聲鍾韻：「《說文》：魚名，皮有文，出樂浪東暆。神爵四年，初捕收輸考工。周成王時，揚州獻鰅。一曰：鰦鰛狀如犂牛。」

《說文》十一下魚部：「魚名，皮有文，出樂浪東暆。神爵四年，初捕收輸考工。周成王時，揚州獻鰅。从魚禺聲。」

案：「名」字，小徐作「也」。「捕收」，小徐作「捕取」，譌，《韻會》引亦

作「收」。「一曰」以下非引《說文》，「鱐鱐」二字，與正文無涉，方氏成珪《集韻考正》云宋本《類篇》作「鯜鱐」，當據改。

徥　徥

《集韻》平聲支韻：「《說文》：徥徥行皃。引《爾雅》：徥，則也。」

《說文》二下彳部：「徥徥行皃。从彳是聲。《爾雅》曰：徥，則也。」

案：《繫傳》作：「徥徥行皃」，引《爾雅》作「徥，尾則也」，鈕氏《校錄》謂：「皃」下有「也」字，「則」上有「尾」字，注非。「徥，則也」，今《爾雅》無此文，《釋言》云：「是，則也。」郭云「是事可爲法則」。

兒　兒

《集韻》平聲支韻：「《說文》：孺子也。一說：男曰兒，女曰嬰。」

《說文》八下儿部：「孺子也。从儿、象小兒頭囟未合。」

案：《繫傳》作「孩子也」，非。許書子部曰：「孺，乳子也。」口部曰：「孩（咳之重文），小兒笑也。」故當以大徐爲是，《集韻》引不誤。「一說」云云，非引《說文》，見《三蒼》。

痿　痿

《集韻》平聲支韻：「《說文》：痹也。一曰：兩足不相及。」

《集韻》平聲指韻：「《說文》：痹也。」

《說文》七下疒部：「痹也。从疒委聲。」

案：小徐作「痹疾」，恐非。《五音韻譜》作「痹也」，《釋草釋文》引《字林》亦同。支韻下「一曰」者，非引《說文》，《漢書·哀帝紀贊》：「即位痿痹。」如淳注：「兩足不能相過曰痿。」《集韻》或本此也。

霹　霹

《集韻》平聲支韻：「《說文》：小雨財零也。」

《說文》十一下雨部：「小雨財零也。从雨鮮聲。讀若斯。」

案：《繫傳》作「小雨裁零也」，《御覽》卷十〈天部〉引「裁零」作「裁落」。《初學記》卷二〈天部〉引又作「小雨纔落曰霹」。「財」「裁」「纔」等字，皆有始義，可通用；「落」爲「零」之俗。

睡　睡

《集韻》平聲支韻：「《說文》：癍胝也。」

《說文》四下肉部：「癍胝也。从肉垂聲。」

案：小徐作「跟胝也」，案語又云：「腳跟行多生胝皮也。」然《韻會》引、
　　《廣韻》注竝作「癍胝」，《玉篇》注作「癍也」，故知小徐「跟」字
　　非。

峙　峙

《集韻》平聲支韻：「《說文》：躇也。」

《說文》二下止部：「躇也。从止寺聲。」

案：小徐作「踷也」，蓋用俗字也。許書足部曰：「躇，峙躇不前也。」段
　　云：「峙、躇爲雙聲字，此以躇釋峙者，雙聲互訓也。」

蘿　蘿

《集韻》平聲支韻：「《說文》：草木相附蘿土而生。引《易》：百穀草木蘿於
　　地。」

《說文》一下艸部：「艸木相附蘿土而生。从艸麗聲。《易》曰：百穀艸木蘿
　　於地。」

案：小徐注文「蘿」皆作「麗」，段注本從之。然《釋文・周易音義》「草
　　木麗」下云：「《說文》作蘿。」證元朗所見舊本如是。大徐、《集韻》
　　引不誤。

鈹　鈹

《集韻》平聲支韻：「《說文》：大鍼也。一曰：劍如伣裝者。」

《說文》十四上金部：「大鍼也。一曰：劍如刀裝者。从金皮聲。」

案：大徐作「一曰：劍如刀裝者」，小徐「如」作「而」，非。《韻會》引、
　　《玉篇》注竝作「如」。《集韻》引則「刀」訛作「伣」，當改。

疲　疲

《集韻》平聲支韻：「《說文》：勞也。」

《說文》七下疒部：「勞也。从疒皮聲。」

案：《繫傳》作「勞力也」，恐非。《玉篇》注：「乏也。勞也。」疲，經傳
　　多假罷爲之。《少儀》：「師役曰罷。」注：「罷之爲言勞也。」

杩 杝

《集韻》平聲支韻：「《說文》：棠棣也。」

《說文》六上木部：「棠棣也。从木多聲。」

案：小徐作「棠棣木」，許書「杝」下次「棣」，訓「白棣也」，依語例言，似大徐、《集韻》引較勝。

雂 敊

《集韻》平聲支韻：「《說文》：翼也。一曰：敊敊，飛兒。或从氏（瓾）。」

《集韻》去聲寘韻：「《說文》：翼也。一曰：過多也。或从氏（瓾）。」

《說文》四上羽部：「翼也。从羽支聲。雂，敊或从氏。」

案：重文「敊」下，小徐云：「敊或從羽氏」。《集韻》支韻下「一曰：敊敊，飛兒」，非引許書，〈魏都賦〉「瓾瓾精衛」，李注：「瓾瓾，飛兒也」。寘韻下「一曰：過多也」，亦非引《說文》，王粲詩「見眷良不翅」，注：「不啻，猶過多也。」

軝 軝

《集韻》平聲支韻：「《說文》：長轂之軝也，以朱約之。引《詩》：約軝錯衡。或作軝。」

《說文》十四上車部：「長轂之軝也，以朱約之。从車氏聲。《詩》曰：約軝錯衡。軝，軝或从革。」

案：「轂」下，小徐無「之」字。

羈 羈

《集韻》平聲支韻：「《說文》：馬絡頭也。从网从馽。馽，馬絆也。或从革（羈）。」

《說文》七下网部：「馬絡頭也。从网从馬。馬，馬絆也。羈，羈或从革。」

案：鍇本作「馬絡頭者也」，「者」字衍。《韻會》引作「馬絡頭也」，同大徐。

撝 撝

《集韻》平聲支韻：「《說文》：裂也。一曰手指也。」

《說文》十二上手部：「裂也。从手為聲。一曰手指也。」

案：大徐作「一曰：手指也」，小徐作「一曰：手指撝也」，《玉篇》、《集韻》、《類篇》引竝止作「手指也」，田氏《二徐箋異》云：「諓人因《敘》有：比類合誼，目見指撝語。肊沾撝字。不知撝一曰手指，即指撝連用之誼也。」故知小徐非是。

嬀 嬀

《集韻》平聲支韻：「《說文》：虞舜居嬀汭因以爲氏。」

《說文》十二下女部：「虞舜居嬀汭因以爲氏。从女爲聲。」

案：「氏」字，小徐作「姓」。鈕氏《校錄》云：《五音韻譜》、《類篇》竝作「氏」，又《韻會》引亦作「氏」，則小徐舊本不誤。

師 師

《集韻》平聲脂韻：「《說文》：二千五百人爲師。从帀、从𠂤。𠂤，四帀眾意也。一曰：長也、範也。古作寧。」

《說文》六下帀部：「二千五百人爲師。从帀、从𠂤。𠂤，四帀眾意也。𡴓，古文師。」

案：「从帀从𠂤。𠂤，四帀眾意也」，小徐作「從𠂤帀，四帀眾意」，田氏《二徐箋異》云：「小徐省字過多，近於苟簡，許意目自說四帀眾意也。重一𠂤字，語意乃完。」「一曰」下二義，非引《說文》，《虞書》「州十有二師」，鄭注：「師，長也。」《法言・學行》：「師者，人之模範也。」

趀 趀

《集韻》平聲脂韻：「《說文》：趀趑，行不進也。」

《說文》二上走部：「趀趑，行不進也。从走次聲。」

案：「趀」篆，二徐竝同，小徐注中之「趀」則訛作「趑」。

坁 坁

《集韻》平聲脂韻：「《說文》：从陼。引《詩》：宛在水中坁。或作汯、淆。」

《說文》十三下土部：「小渚也。《詩》曰：宛在水中坁。从土氏聲。汏，坁或从水从夂。滜，坁或从水从耆。」

案：「小渚也」，二徐竝同，《集韻》引作「从陼」。方氏《集韻考正》云宋本作「从」「小」。《爾雅・釋水》：「小洲曰陼，小陼曰沚，小沚曰坁。」苗

蘡《繫傳校勘記》以爲按《爾雅》當作「小沚」，然《秦風・蒹葭》「宛在水中坻」，《傳》：「坻，小渚也。」是《集韻》引「陼」當改作「渚」，並加「也」字。

茥 茥

《集韻》平聲脂韻：「《說文》：茥藸艸也。一曰：蘊茥木名，今刺榆。」

《說文》一下艸部：「茥藸艸也。从艸至聲。」

案：小徐作「茥藸也」，無「艸」字。「一曰」者，非引《說文》。見《爾雅・釋木》。

惟 惟

《集韻》平聲脂韻：「《說文》：凡思也。一曰：謀也。一曰：語辭。」

《說文》十下心部：「凡思也。从心隹聲。」

案：《繫傳》作「思也」，「凡」字脫。《韻會》引作「凡思也」，知小徐舊本不誤，《方言》亦作「凡思也」。兩「一曰」義，非引《說文》。「謀也」，見《爾雅・釋詁》：惟，經傳多用爲發語詞，《孟子》「惟士無田」，注：「辭也。」《廣雅・釋詁》四：「惟，詞也。」

郿 郿

《集韻》平聲脂韻：「《說文》：右扶風縣。」

《說文》六下邑部：「右扶風縣。从邑眉聲。」

案：「縣」下，小徐有「名也」二字，蓋衍。《韻會》引同大徐，知小徐舊亦無比二字。

塒 塒

《集韻》平聲之韻：「《說文》：雞栖垣爲塒。今寒鄉穿墙棲雞。」

《說文》十三下土部：「雞棲垣爲塒。从土時聲。」

案：「棲」下，小徐有「於」字。「今寒鄉穿墙棲雞」，非許書之文，見《爾雅・釋宮》：「鑿垣而栖爲塒」下郭注。

鮞 鮞

《集韻》平聲之韻：「《說文》：魚子也。一曰：魚之美者。東海之鮞。」

《說文》十一下魚部：「魚子也。一曰：魚之美者。東海之鮞。从魚而聲。讀若而。」

案：「東海」上，小徐有「有」字。

鼒　鼒

《集韻》平聲之韻：「《說文》：鼎之圜掩上者。引《詩》：鼐鼎及鼒。通作鎡。」

《說文》七上鼎部：「鼎之圜掩上者。从鼎才聲。《詩》曰：鼐鼎及鼒。鎡，俗鼒从金从茲。」

案：鍇本「圜」作「圓」。《爾雅·釋器》：「圜弇上謂之鼒」，大徐、《集韻》引作「圓」是也。「弇」為「掩」之借字。

辭　辭

《集韻》平聲之韻：「《說文》：訟也。从亂、亂猶理辜也。理也。籀从司（嗣）。」

《說文》十四下辛部：「訟也。从亂。亂猶理辜也。亂，理也。嗣，籀文辭从司。」

案：小徐「辭，說也」，葢所據本異，段氏從之。「辜也」下，小徐無「亂，理也」三字。

辤　辤

《集韻》平聲之韻：「《說文》：不受也。从辛从受。受辛宜辤之。籀从台（辝）。」

《說文》十四下辛部：「不受也。从辛从受。受辛宜辤之。辝，籀文。」

案：「从辛从受」，小徐作「从受辛」，又「宜辤之」上，不重「受辛」二字。

圯　圯

《集韻》平聲之韻：「《說文》：東楚謂橋為圯。」

《說文》十三下土部：「東楚謂橋為圯。从土巳聲。」

案：鍇本作「東楚謂橋」，脫「為圯」二字。《玉篇》引《史記》曰：「張良步游下邳圯上，東楚謂橋曰圯。」可證。

瞦 瞦

《集韻》平聲之韻：「《說文》：目童子精也。」

《說文》四上目部：「目童子精也。从目喜聲。讀若禧。」

案：小徐本作「目童子精瞦也」，「瞦」字蓋衍。《玉篇》注作「目瞳子精也」，亦無「瞦」字。

顛 顛

《集韻》平聲之韻：「《說文》：醜也。今逐疫有頛頭。頛頭，方相也。」

《說文》九上頁部：「醜也。从頁其聲。今逐疫有頛頭。」

案：「醜也」，鍇本作「頭也」，恐非。《玉篇》注、《廣韻》上平七之引亦竝作「醜也」。「頛頭，方相也」，非許書原文，《繫傳》楚金案語有云「頛頭，方相四目也」，《集韻》或本此也。

姬 姬

《集韻》平聲之韻：「《說文》：黃帝居姬水，以爲姓。一曰：妾稱。」

《說文》十二下女部：「黃帝居姬水以爲姓。从女臣聲。」

案：「以爲姓」，小徐作「因水爲姓」。《玉篇》注作「黃帝居姬水，以爲姓」，同大徐，小徐本蓋爲後人所易。「一曰」云云，非引《說文》，丁氏等所增。

稘 稘

《集韻》平聲之韻：「《說文》：復其時也。引《虞書》，稘三百有六旬。」

《說文》七上禾部：「復其時也，从禾其聲，《虞書》曰：稘三百有六旬。」

案：「稘三百有六旬」，《堯典》文，小徐作「《唐書》曰」，嚴氏可均云：「許引《尚書》，無虞、夏、商、周之別。」「稘」字，今《書》作「朞」。

璂 璂

《集韻》平聲之韻：「《說文》：弁飾往往冒玉也。或从基（璂）。」

《說文》一上王部：「弁飾往往冒玉也。从玉綦聲。璂，璂或从基。」

案：小徐本「往往」作「行行」，誤。《詩·尸鳩·釋文》引亦作「往往」，且「弁飾」下有「也」字，段注據此而補。《詩·韓奕》「鞗革金厄」，《箋》云：「以金爲小環，往往纏搤之。」《正義》云：「往往者，言

其非一二處也。」桂氏《義證》曰：「瑧貫玉十二，故曰往往也。」

 婓

《集韻》平聲微韻：「《說文》：往來婓婓皃。一曰：醜皃。《列仙傳》：江婓二女。」

《說文》十二下女部：「往來婓婓也。一曰：醜皃。从女非聲。」

案：「一曰：醜皃」，小徐作「一曰：大醜皃」。《玉篇》注亦曰：「大醜也」。《集韻》又云「《列仙傳》江婓二女」，此非許書本文，丁氏等所增。

 肥

《集韻》平聲微韻：「《說文》：多肉也。徐鉉曰：肉不可過多，故从卪。」

《說文》四下肉部：「多肉也。从肉、从卪。臣鉉等曰：肉不可過多，故从卪。」

案：《集韻》引「多肉也」，與二徐同。下引鉉說，同大徐。大徐作「从肉从卪」，小徐作「从肉卪聲」；楚金案語云：「疑當從巳，或從卪，不得云聲。」

 歸

《集韻》平聲微韻：「《說文》：女嫁也。籀省（帰）。一曰：還也。」

《說文》二上止部：「女嫁也。从止，从婦省，𠂤聲。帰，籀文省。」

案：重文「帰」下，大徐云「籀文省」，《集韻》同，而小徐云：「籀文帰從止」。田吳炤《二徐箋異》云：「小徐意以止得意，所謂歸止者，止於此也。大徐弟云：『籀文省』者，謂不必取𠂤聲，以會意爲重也。」「一曰：還也」，非引《說文》，丁度等所增也。《廣韻·釋言》：「歸，返也。」返即還意。

翬

《集韻》平聲微韻：「《說文》：大飛也。一曰：伊雒而南雉五采皆備曰翬。引《詩》：如翬斯飛。」

《說文》四上羽部：「大飛也。从羽軍聲。一曰：伊雒而南雉五采皆備曰翬。《詩》曰：如翬斯飛。臣鉉等曰：當从揮省。」

案：小徐引《詩》作「有翬斯飛」，今《詩》「有」作「如」，當从大徐。

㱭 㱋

《集韻》平聲微韻：「《說文》：歸也。从反身。徐鍇曰：古人所謂反身脩道
故曰歸。」

《說文》八上身部：「歸也。从反身。徐鍇曰：古人所謂反身脩道故曰歸也。」

案：楚金案語原作「人之身有所爲，常外向趣外事，故反身爲歸也。古人
多反身脩道」，徐鉉引有所節易，《集韻》引從鉉之節文。

旂 旂

《集韻》平聲微韻：「《說文》：旗有眾鈴。以令眾也。一曰：交龍爲旂。」

《說文》七上㫃部：「旗有眾鈴。以令眾也。从㫃斤聲。」

案：小徐作「有鈴曰旂。以令眾」，《爾雅・釋天》「有鈴曰旂」，小徐本疑
後人依《爾雅》易之。段《注》從大徐。「一曰」者，非引《說文》，《周
禮・司常職》曰：「交龍爲旂。」

凥 凥

《集韻》平聲魚韻：「《說文》：處也。從尸得几而止。引《孝經》：仲尼凥。
凥謂閒居如此。」

《說文》十四上几部：「處也。从尸得几而止。《孝經》曰：仲尼凥。凥謂閒
居如此。」

案：「《孝經》曰」下，小徐作「仲尼凥，閒居如此」，苗夔《繫傳校勘記》
曰：「仲尼凥下，當依鉉補凥、謂二字。」段《注》、王筠《句讀》竝
從大徐，《集韻》引是也。

趄 趄

《集韻》平聲魚韻：「《說文》：趑趄也。」

《說文》二下走部：「趑趄也，从走且聲。」

案：「趑」字，小徐訛作「趦」。

挐 挐

《集韻》平聲魚韻：「《說文》：持也。」

《說文》十二上手部：「持也。从手如聲。」

案：小徐尚有「一曰：誣也」四字。《玉篇》引無，《韻會》引亦無，知小

徐本舊亦無。

蘜　蒢

《集韻》平聲魚韻：「《說文》：黃蒢職也。葉似酸漿，華小而白，中心黃，江東以作葅食。」

《說文》一下艸部：「黃蒢職也。从艸除聲。」

案：小徐作「董蒢職也」，「董」乃「黃」之譌，《爾雅·釋艸》作「職，黃蒢」，與大徐本合。「葉似酸漿」以下，非許君語，乃《爾雅·釋艸》郭注。

旟　旟

《集韻》平聲魚韻：「《說文》：錯革畫鳥其上。所以進士眾。旟旟，眾也。引《周禮》：州里建旟。」

《說文》七上㫃部：「錯革畫鳥其上。所以進士眾。旟旟，眾也。从㫃與聲。《周禮》曰：州里建旟。」

案：「旟旟，眾也」，小徐不疊「旟」字，作「旟，眾也」，嚴氏《校議》云《五音韻譜》引亦同大徐。段注本依大徐、《集韻》補一「旟」字。

嵎　嵎

《集韻》平聲虞韻：「《說文》：封嵎之山，在吳楚之間。汪芒之國。」

《說文》九下山部：「封嵎之山，在吳楚之間。汪芒之國，从山禺聲。」

案：「汪芒之國」四字，小徐本無。《韻會》引有，是小徐舊本原未脫。《國語·魯語》：「客曰：防風氏何守也？仲尼曰：汪芒氏之君也，守封嵎之山者也。」

區　區

《集韻》平聲虞韻：「《說文》：踦區，藏匿也。一曰：處也，屈也。一曰：玉十曰區。」

《說文》十二下匚部：「踦區，藏匿也。从品在匚中。品，眾也。」

案：「匿」字，小徐作「隱」，《韻會》七虞引亦同，而無「踦區」二字。《玉篇》注同大徐作「匿」；《集韻》亦同。「一曰」以下，非引《說文》，《荀子·大畧》「言之信者，在乎區蓋之間」，注：「區，藏物處」；《禮記·樂記》「區萌達」，鄭注：「屈生曰區」。《爾雅·釋器》：「玉十謂之區」。

𣹡 泭

《集韻》平聲虞韻：「《說文》：編木以渡也。一曰：庶人乘泭。」

《說文》十一上水部：「編木以渡也，从水付聲。」

案：小徐作「編木以渡水也」，「水」字衍。《韻會》引同大徐，知小徐舊本
　　亦無「水」字。《玉篇》注亦作「編木以渡也」，《集韻》引奪「也」字。
　　「一曰」者，非引《說文》，《爾雅・釋水》曰：「大夫方舟，士特舟，
　　庶人乘泭。」

𣏒 枎

《集韻》平聲虞韻：「《說文》：枎疏，四布也。一曰：木盛皃。」

《說文》六上木部：「枎疏，四布也。从木夫聲。」

案：《繫傳》作「枎四布也」，脫「疏」字。「一曰：木盛皃」，非引《說文》，
　　丁氏等所增益也。《廣韻》上平十虞「枎」注：「枎疏，盛也。」

𣠲 無

《集韻》平聲虞韻：「《說文》：亡也。奇字作无，无通於元者。王育說，天
　　屈西北爲无。」

《說文》十二下亡部：「亡也。从亡無聲。𢍮，奇字无通於元者。王育說，
　　天屈西北爲无。」

案：重文「无」下，大徐作「奇字无通於元者」，小徐作「奇字無通於旡者，
　　虛無道也」，然《五音韻譜》、《類篇》引竝作「通於元者」，而無「虛
　　無道也」句。《集韻》引亦從大徐。

𦮃 芻

《集韻》平聲虞韻：「說文：刈艸也，象包束艸之形。」

《說文》一下艸部：「刈艸也，象包束艸之形。」

案：小徐本作「刈艸爲也，包束艸之形」，慧琳《一切經音義》卷五十四
　　「芻」注引《說文》作「刈艸也，象包束艸之形」，大徐本同。是知
　　小徐衍「爲」字，奪「象」字。

𣪊 殳

《集韻》平聲虞韻：「《說文》：軍中士所持殳也。引《司馬法》：執羽从殳。」

《說文》三下殳部：「軍中士所持殳也。从木，从殳。《司馬法》曰：執羽
　　从枎。」

案：引《司馬法》，小徐作「執羽以枎」，「以」字誤。《玉篇》引作「從枎」，
　　《廣韻》上平十虞引亦作「從枎」，是可證大徐，《集韻》引不誤也。

茱　茱

《集韻》平聲虞韻：「《說文》：茱萸，茮屬。」

《說文》一下艸部：「茱萸，茮屬。从艸朱聲。」

案：小徐本作「茱萸也」，多一「也」字；然無「茮屬」二字。

儒　儒

《集韻》平聲虞韻：「《說文》：柔也。術士之偁。」

《說文》八上人部：「柔也。術士之稱。从人需聲。」

案：小徐「稱」下有「者也」二字，蓋衍。《韻會》引同大徐。

窬　窬

《集韻》平聲虞韻：「《說文》：穿木戶也。一曰：空中。」

《說文》七下穴部：「穿木戶也。从穴俞聲。一曰：空中也。」

案：大徐作「一曰：空中也」，小徐作「一曰：空中之兒。」段氏《注》、
　　王筠《句讀》皆從大徐，並引孟康《漢書注》：「東南謂鑿木空中如曹
　　曰庮。」為說，段云：「庮者，窬之或體。」《集韻》引作「一曰：空
　　中」，蓋從大徐，而脫「也」字。

楡　楡

《集韻》平聲虞韻：「說文：楡，白枌。」

《說文》六上木部：「楡，白枌。从木俞聲。」

案：《爾雅·釋木》：「楡，白枌。」正許君所本。《繫傳》作「木·白枌」，
　　「木」當作「楡」。

嫫　嫫

《集韻》平聲模韻：「《說文》：嫫毋都醜也。」

《說文》十二下女部：「嫫毋都醜也。从女莫聲。」

案：「婺毌」下，小徐有「古帝妃」三字，《韻會》七虞引則在「都醜也」
下，疑此三字原係校語。

蒲 蒲

《集韻》平聲模韻：「《說文》：水艸也。可以作席。」

《說文》一下艸部：「水艸也。可以作席。从艸浦聲。」

案：小徐作「水艸也，或以作席。」田吳炤《二徐箋異》云：「《周禮·澤
虞》注：蒲以爲席；《大宗伯》注：蒲爲席，所以安人；《荀子》楊注
〈不苟篇〉：蒲葦所以爲席可卷者也。皆言蒲爲席，可證不當言或然。」
故知大徐、《集韻》引不誤。

匍 匍

《集韻》平聲模韻：「《說文》：手行也。」

《說文》九上勹部：「手行也。从勹甫聲。」

案：小徐作「裏也。手裏行也」，語頗累贅，葢涉「包」下注而衍。《玉篇》
注作「手行盡力也」，亦無「裏」字。《韻會》引作「手行也」，同大徐，
知小徐舊本原不誤。

蘇 蘇

《集韻》平聲模韻：「說文：桂荏也。一曰：薪艸曰蘇。摯虞曰鳥尾也。所
謂流蘇者，緝鳥尾垂之若流然。」

《說文》一下艸部：「桂荏也。从艸蘇聲。」

案：小徐作「桂蘇荏也」，慧琳《音義》卷九十六引作「桂荏也」，是可證
小徐衍「蘇」字。段氏從大徐作「桂荏也」，注云：「桂上鍇本有蘇字，
此複寫隸字刪之未盡者。」許書「蘇」下次「荏」，訓「桂荏蘇」，小
徐或涉「荏」字說解而譌。「一曰」以下，非引《說文》，丁氏等所增。

趄 趄

《集韻》平聲模韻：「《說文》：往也。趄，齊語。或从彳（徂），籀从虘（遣）。」

《說文》二下辵部：「往也。从辵且聲。趄，齊語。徂，趄或从彳。遣，籀
文从虘。」

案：小徐本亦作「往也。从辵且聲，趄，齊語」，唯或文、籀文先後易置，

－59－

有所不同耳。

厵

《集韻》平聲元韻：「《說文》：水泉本也。或从泉。亦作原。」

《說文》十一下灥部：「水泉本也。原，篆文从泉。臣鉉等曰：今別作源，非是。」

案：《集韻》引「水泉本也」，與二徐同。或文「原」，大徐云「篆文从泉」，小徐云「篆文厵省」，《集韻》引從大徐。「一曰：再也」，非引許書，見《爾雅・釋言》。

鸕

《集韻》平聲模韻：「《說文》：鸕鷀也。」

《說文》四上鳥部：「鸕鷀也。从鳥盧聲。」

案：《繫傳》作「鸕鶿也」，「鶿」字當依大徐、《集韻》引作「鷀」爲是。許書「鸕」下正次「鷀」篆。

胡

《集韻》平聲模韻：「《說文》：牛顄垂。一曰：戈戟內柄處，一曰：虜惣稱。一曰：何也、壽也。」

《說文》四下肉部：「牛顄垂也。从肉古聲。」

案：小徐本作「牛頷垂也」，《集韻》引「頷」作「顄」，是也。「頷」訓「面黃也」，非其義，「顄」訓「頤也」，胡謂牛兩頤至頸之下垂物也，非惟牛也・他物亦有之，如《詩・豳風》「狼跋其胡」者是。「一曰」以下，皆非引《說文》，《廣雅・釋器》：「胡，戟也。」《風俗通》：「胡者互也，言其被髮左衽，言語贄幣，事殊互也。」《詩・日月》：「胡能有定。」胡者，何也。《詩・載芟》「胡考之寧」《傳》：「胡，壽也。」

乎

《集韻》平聲模韻：「《說文》：語之餘也。一曰：疑辭。舒辭。」

《說文》五上兮部：「語之餘也。从兮象聲上越揚之形也。」

案：小徐作「乎者語之餘也」，「乎者」二字衍。「一曰」下二義，非引《說文》，丁度等所增益也。

狐

《集韻》平聲模韻：「《說文》：祺獸也。鬼所乘之。有三德，其色中和，小前大後，死則丘首。」

《說文》十上犬部：「祺獸也。鬼所乘之。有三德，其色中和，小前大後，死則丘首。从犬瓜聲。」

案：「祺獸」之「祺」，小徐作「妖」。《釋獸·釋文》引作「祆」，「祆」即「祺」省，「妖」非。「大後」，小徐作「豐後」，義得兩通。

呱

《集韻》平聲模韻：「《說文》：小兒嚘聲。引《詩》：后稷呱矣。」

《說文》二上口部：「小兒嚘聲。从口瓜聲。《詩》曰：后稷呱矣。」

案：《繫傳》無「小兒嚘聲」四字。《文選·幽通賦》注引《字林》「呱，子啼聲」，《廣韻》十一模「呱」下云：「啼聲」，雖未引《說文》，皆有「啼」字。且《韻會》引作「小兒啼聲」，唯「嚘」作「啼」，與鉉本有異耳。故知小徐今本有敓文。

罛

《集韻》平聲模韻：「《說文》：魚罟也。引《詩》：施罛濊濊。」

《說文》七下网部：「魚罟也。从网瓜聲。《詩》曰：施罛濊濊。」

案：小徐作「魚网」，非。《玉篇》作「魚罟」，《韻會》引亦作「魚罟」可證。《爾雅·釋器》、《碩人·毛傳》皆曰魚罟謂之罛，更無疑義矣。

呼

《集韻》平聲模韻：「《說文》：外息也。一說：於呼，嘆辭。」

《說文》二上口部：「外息也。从口乎聲。」

案：小徐本作「外息」，無「也」字。但下文「吸」二徐竝注「內息也」，知此當有「也」字，宜補。《集韻》引不誤。「一說」者，非許書本有，丁氏等所增。

虖

《集韻》平聲模韻：「《說文》：哮虖也。」

《說文》五上虍部：「哮虖也。从虍乎聲。」

案：小徐「虖」作「呼」。《說文》口部「呼，外息也」；「嘑，嘨也」，「嘨，
　　號也」，則當作「虖」爲是。《玉篇》注亦作「嘑虖也」。

訏 評

《集韻》平聲模韻：「《說文》：召也。」

《說文》三上言部：「召也。从言乎聲。」

案：《繫傳》作「召許也」。「許」蓋「評」之譌衍。許書口部曰「召，評也」，
　　二篆轉注。

躋 躋

《集韻》平聲齊韻：「《說文》：登也。引《商書》：予顛躋。」

《說文》二下足部：「登也。从足齊聲。《商書》曰：予顛躋。」

案：小徐引《商書》作「若予顛躋」，今《微子篇》作「告予顛躋」，然《僞
　　孔傳》以「告」字屬上爲句，許書原本當祇作「予顛躋」三字。

檕 檕

《集韻》平聲齊韻：「《說文》：木也，可以爲大車軸。一曰：白棗。」

《說文》六上木部：「木也，可以爲大車軸。从木齊聲。」

案：「可以爲大車軸」，小徐作「可以爲車軸材」。鈕氏《校錄》、桂氏《義
　　證》、王筠《句讀》皆云《玉篇》亦作「可以爲大車軸」，段氏亦從大
　　徐，而未言其故。「一曰：白棗」，非引《說文》，見《爾雅・釋木》。

隄 隄

《集韻》平聲齊韻：「說文：唐也。」

《說文》十四下𨸏部：「唐也。从𨸏是聲。」

案：小徐作「塘也」，非，《說文》無塘。大徐、《集韻》、《類篇》竝作「唐
　　也」，是。《周語》：「陂唐污庳，以鍾其美。」韋注：「唐，隄也。」宋
　　庠曰：「唐如字，今俗本多加土於旁，《說文》無塘字。」

麛 麛

《集韻》平聲齊韻：「《說文》：狻麛獸也。一曰：麛，鹿子。」

《說文》十上鹿部：「狻麛獸也。从鹿兒聲。」

案：「麑」字，小徐作「猊」，俗字也。「一曰：鹿子」之義，非引《說文》，
見《玉篇》。

圭 圭

《集韻》平聲齊韻：「《說文》：瑞玉也。上圜下方。公執桓圭九寸，侯執信
圭，伯執躬圭，皆七寸。子執穀璧，男執蒲璧，皆五寸，以封諸侯。
从重土，楚爵有執圭。一曰：六十四黍爲圭。古作珪。」

《說文》十三下土部：「瑞玉也。上圜下方。公執桓圭九寸，矦執信圭，伯
執躬圭，皆七寸。子執穀璧，男執蒲璧，皆五寸。以封諸矦。从重
土。楚爵有執圭。珪，古文圭从玉。」

案：小徐「圜」字作「員」，非；「五寸」下，有「圭」字；「執圭」下，有
「者」字，段氏竝不取。「一曰」者，非引《說文》，《漢·律厤志》「不
失圭撮」，注：「六十四黍爲圭。」

閨 閨

《集韻》平聲齊韻：「《說文》：特立之戶，上圜下方有以圭。」

《說文》十二上門部：「特立之戶，上圜下方有似圭。从門圭聲。」

案：「戶」下，小徐有「也」字。「圜」字，小徐作「員」，俗字也。

柴 柴

《集韻》平聲佳韻：「《說文》：小木散材。徐鉉曰：師行野次，豎散木爲區
落，名曰柴籬。」

《說文》六上木部：「小木散材。从木此聲。臣鉉等曰：師行野次，豎散木
爲區落，名曰柴籬。後人語譌，轉入去聲，又別作寨字，非是。」

案：《集韻》引「小木散材」，與二徐同。下所引爲徐鉉說，鉉說非承徐鍇，
徐鍇曰：「散材謂不屋及器用也……」，不與大徐同。

皆 皆

《集韻》平聲皆韻：「《說文》：俱詞也。」

《說文》四上白部：「俱詞也。从比、从白。」

案：小徐作「俱辭也」，許書詞爲言詞，辭爲辭訟，故大徐、《集韻》引作
「詞」，是也。

湝 湝

《集韻》平聲皆韻：「《說文》：水流湝湝也。一曰：湝湝，寒也。引《詩》：
　　風雨湝湝。」

《說文》十一上水部：「水流湝湝也。从水皆聲。一曰：湝湝寒也。《詩》曰：
　　風雨湝湝。」

案：「寒」之訓上，小徐不重「湝」字。

褱 褱

《集韻》平聲皆韻：「《說文》：袖也。一曰：藏也。在衣爲褱，在手爲握。」

《說文》八上衣部：「袖也。一曰：藏也。从衣鬼聲。」

案：小徐作「褱」，段注本作「褱」是也。「袖」「褱」竝俗字也。「在衣」
　　「在手」句，非許君語，見《玉篇》。《韻會》引本之，誤作《說文》。
　　苗夔《校勘記》誤以「在袖曰褱，在手曰握」二語，爲錯說「藏」之
　　義，尤誤。

悝 悝

《集韻》平聲灰韻：「《說文》：啁也。引《春秋傳》：有孔悝。一曰：病也。
　　私也。」

《說文》十下心部：「啁也。从一里聲。《春秋傳》：有孔悝。一曰：病也。」

案：「啁」，小徐作「謿」，後起俗字也。許書無「謿」，見大徐新附。「私也」，
　　非引《說文》，丁氏等所增。

核 核

《集韻》平聲哈韻：「《說文》：蠻夷以木皮爲篋，狀如籢尊。」

《說文》六上木部：「蠻夷以木皮爲篋，狀如籢尊，从木亥聲。」

案：《繫傳》「尊」作「樽」，俗字也。且下有「之形也」三字，葢淺人肊增
　　也。上已言「狀如」，則「之形也」三字可不贅。

邰 邰

《集韻》平聲哈韻：「《說文》：炎帝之後，姜姓所封，周棄外家國，右扶風
　　斄縣是也，引《詩》有邰家室。」

《說文》六下邑部：「炎帝之後，姜姓所封，周棄外家國。从邑台聲。右扶

風㯡縣是也。《詩》曰：有邰家室。」

案：小徐引《詩》在「臣鍇曰」下，作「《詩》曰：即有邰家室。」鈕氏《校
　　錄》云：「《韻會》引《詩》亦在徐甲下，則楚金因今《詩》加即字，
　　遂以爲己引耳。」

𧺆　赽

《集韻》平聲咍韻：「《說文》：疑之等赽而去也。」

《說文》二上走部：「疑之等赽而去也。从走才聲。」

案：小徐本「疑之等赽赽而去也」，重一「赽」字。《廣韻》上平十六咍「赽」
　　下所引止一「赽」，《玉篇》亦同，故知大徐、《集韻》引是也。

𩠐　真

《集韻》平聲眞韻：「《說文》：僊人變形而登天也。一曰：實也。古作𠎣。」

《說文》八上匕部：「僊人變形而登天也。从匕，从目，从乚，乚音隱，八
　　所乘載也。𠎣，古文眞。」

案：「僊人」之「僊」，小徐作「仙」，俗字也。「一曰：實也」，非引《說文》，
　　丁度等所增。

晨　晨

《集韻》平聲眞韻：「《說文》：早昧爽也。从臼，从辰。辰，時也。辰亦聲。
　　𠦪夕爲夙，臼辰爲晨，皆同意。」

《說文》三上晨部：「早昧爽也。从臼，从辰。辰，時也。辰亦聲。𠦪夕爲夙，
　　臼辰爲晨。皆同意。」

案：「从臼从辰。辰，時也。辰亦聲。」小徐作「從臼辰。辰，時也。亦
　　聲」，「亦聲」上，當補一「辰」字，否則語不完。

駰　駰

《集韻》平聲諄韻：「《說文》：馬陰白雜毛黑。引《詩》：有駰有騢。」

《說文》十上馬部：「馬陰白雜毛黑。从馬因聲。《詩》曰：有駰有騢。」

案：小徐作「馬陰黑喙」，且無「《詩》曰」句。《爾雅・釋獸》：「陰白襍毛
　　曰駰。」《四牡・毛傳》亦同。《集韻》、《類篇》、《韻會》引皆同大徐，
　　故知小徐爲後人舛改，且誤刪引《詩》句。

昊 旻

《集韻》平聲眞韻：「《說文》：秋天也。引《虞書》：仁閔覆下則稱旻天。」

《說文》七上日部：「秋天也。从日文聲，《虞書》曰：仁閔覆下則稱旻天。」

案：「仁閔覆下則稱旻天」，小徐「稱」下有「曰」字，「旻」下無「天」字。

忞 忞

《集韻》平聲眞韻：「《說文》：彊也。引《周書》：在受德忞。」

《說文》十下心部：「彊也。从心文聲。《周書》曰：在受德忞。讀若旻。」

案：小徐「彊」作「強」，且未引經。「在受德忞」，《書・立政》文，今「忞」作「暋」。陳瑑《說文引經考證》謂此衛包所改，又謂忞暋古今字。小徐本或爲後人以「忞」與「暋」異，而刪奪。

諄 諄

《集韻》平聲諄韻：「《說文》：告曉之孰也。一曰：懇誠皃。」

《說文》三上言部：「告曉之孰也。从言臺聲。讀若庉。」

案：「告曉之孰也」，《繫傳》「孰」作「熟」，俗字也。「一曰」者，非引《說文》，丁度等所增益也。《廣韻》上平十八諄注「誠懇皃也。」

倫 倫

《集韻》平聲諄韻：「《說文》：輩也。一曰：道也。」

《說文》八上人部：「輩也。从人侖聲。一曰：道也。」

案：鍇本無「一曰：道也」四字，蓋脫。《玉篇》引有此一訓，《韻會》亦有，可證小徐本舊亦有也。

姰 姰

《集韻》平聲諄韻：「《說文》：鈞適也。男女併也。」

《說文》十二下女部：「鈞適也。男女併也。从女旬聲。」

案：「男女併也」上，小徐有「謂」字，蓋後人增。

莘 莘

《集韻》平聲臻韻：「《說文》：果實如小栗。引《春秋傳》：女摯不過莘栗。」

《說文》六上木部：「果實如小栗。从木辛聲。《春秋傳》曰：女摯不過莘栗。」

案：小徐「實」上無「果」字，《玉篇》注作「實似小栗」，則「果」字不
　　必有；然王筠《句讀》以「果」字句絕，復云：「實如小栗」，似有亦
　　可通。引《春秋傳》，小徐「摯」作「贄」，恐非。今莊二十四年《左
　　傳》作「女摯不過榛栗」，《曲禮》「婦人之摯棋榛」。

棻　棻

《集韻》平聲文韻：「《說文》：香木也。」

《說文》六上木部：「香木也。从木岑聲。」

案：段注本「棻」下云「岑爲艸香，故棻爲香木」，又云：「隸字多作菜。」
　　《玉篇》正作「菜」亦訓「香木也」，《繫傳》正作「木也」，無「香」
　　字，徐鍇案語引《字書》云「香木也」，則無「香」字，似又非脫。

濆　濆

《集韻》平聲文韻：「《說文》：水厓也。引《詩》：敦彼淮濆。一說：汝爲濆，
　　大水溢出，別爲小水之名。」

《說文》十一上水部：「水厓也。从水賁聲。《詩》曰：敦彼淮濆。」

案：「厓」字，小徐本作「崖」，浽、汘、氿、漘等字俱如此。「一說」云云，
　　非引《說文》，《爾雅·釋水》「汝爲濆」。

君　君

《集韻》平聲文韻：「《說文》：尊也。从尹發號故从口，一曰：羣也。下之
　　所歸也。古作𠻵。」

《說文》二上口部：「尊也。从尹發號，故从口。𠻵，古文象君坐形。」

案：「从尹發號故从口」，小徐本作「從尹口發號，故從口」，實則大徐語意
　　已完足，「尹」下之「口」，不必有。「一曰」者，非引《說文》，見班
　　固《白虎通》。

軍　軍

《集韻》平聲文韻：「說文：圜圍也。四千人爲軍。从車从包省。軍，兵車
　　也。周制萬二千五百人爲軍。」

《說文》十四上車部：「圜圍也。四千人爲軍。从車从包省。軍兵車也。」

案：「从車从包省」，小徐作「從包省從車」。「周制」云云，非許君語，丁

度增。《周禮・夏官・敍官》：「凡制軍萬有二千五百人為軍。」

訴 訢

《集韻》平聲欣韻：「《說文》：喜也。」

《說文》三上言部：「喜也。从言斤聲。」

案：小徐訓「憘也」，《說文》有喜無憘，當依鉉作喜。

斤 斤

《集韻》平聲欣韻：「《說文》：斫木也。一曰：斤權輕重之數。一曰：明也。」

《說文》十四上斤部：「斫木也，象形。」

案：小徐作「斫木斧也」，玄應《音義》卷十四、十五引、及《玉篇》注竝無「斧」字，小徐衍。兩「一曰」義，非引《說文》，丁氏等所增。《漢書・律厤志》：「十六兩為一斤。斤者，明也。」《詩・執競》：「斤斤其明。」

觠 觠

《集韻》平聲元韻：「《說文》：揮角皃。梁隄縣有觠亭。」

《說文》四下角部：「揮角皃。从角雚聲。梁隄縣有觠亭。又讀若繯。」

案：小徐作「揮角皃」，嚴氏《校議》曰：「觠揮以同聲為義。《太玄經》：『揮繫其名。揮，觸也。』擬揮是。」然《玉篇》「觠」亦訓「揮角皃」，《廣韻》上平二十元「觠」訓「揮角」，是大徐、《集韻》引為古本。

軒 軒

《集韻》平聲元韻：「《說文》：曲輈藩車也。一曰：檐宇之末曰軒取車象。」

《說文》十四上車部：「曲輈藩車。」

案：「藩」字，小徐作「轓」，《說文》無「轓」，段氏從大徐，注：「謂曲輈而有藩蔽之車也。」《集韻》引不誤。「一曰」者，非引《說文》，丁氏等所增。

騫 騫

《集韻》平聲僊韻：「《說文》：馬腹縶也。一曰：虧也。」

《說文》十上馬部：「馬腹縶也。从馬寒省聲。」

案：鍇本「縶」作「熱」，誤。《玉篇》注作「馬腹縶也」，同大徐，《廣韻》
下平二仙注作「虧少。一曰：馬腹縶」，故知《集韻》引作「縶」是也。
「一曰：虧也」，非引《說文》，《詩·天保》「不騫不崩」，《毛傳》：「騫，
虧也。」

𩁬 敦

《集韻》平聲灰韻：「《說文》：怒也。詆也。一曰：誰何也。」
《集韻》平聲魂韻：「《說文》：怒也。詆也。一曰：大也。勉也。誰何也。」
《說文》三下攴部：「怒也，詆也。一曰：誰何也。从攴㝑聲。」
案：「一曰：誰何也」，小徐作「一曰：訪行」。田氏《二徐箋異》云：「祁
氏舟本作『訪行。』二字自是版本之譌，《校勘記》（苗夔《繫傳校勘
記》）說『一曰：訢行也。』今從之。」桂馥《義證》引《史記·衛綰
傳》「不譙呵綰」，《漢書》作「孰何」，李奇曰：「孰，誰也。何，呵也。」
惠棟云：「孰何當為敦何。」是大徐、《集韻》引不誤也。《集韻》平聲
魂韻引「誰何」上，屬入「大也」，「勉也」二義，此均非引《說文》。
「大也」，見《方言》；「勉也」，見《爾雅·釋詁》。

涒 涒

《集韻》平聲魂韻：「《說文》：食已而復吐之。引《爾雅》：太歲在申曰涒灘。」
《說文》十一上水部：「食已而復吐之。从水君聲。《爾雅》曰：太歲在申曰
涒灘。」
案：小徐作「食已復吐之」，無「而」字，語嫌迫促。

珊 珊

《集韻》平聲寒韻：「《說文》：珊瑚，色赤，生於海，或生於山。」
《說文》一上王部：「珊瑚，色赤，生於海，或生於山。从玉刪省聲。」
案：「生於海，或生於山」句，小徐作「生於海，或於山」，「或」下之「生」，
蓋承上「生於海」而省。

壇 壇

《集韻》平聲寒韻：「《說文》：祭場也。」
《說文》十三下土部：「祭場也。从土亶聲。」

案：鍇本作「祭壇場也」，「壇」字衍。《韻會》十四寒引作「祭場也」，知
　　徐鍇舊本原不誤。

般　般

《集韻》平聲桓韻：「說文：辟也。象舟之旋。从殳，所以旋也。一曰：移
　　也。亦數別之名。古从攴（般）。」

《說文》八下舟部：「辟也。象舟之旋。从舟从殳。殳，所以旋也。般，古
　　文般从攴。」

案：大徐作「从舟从殳。殳，所以旋也」，小徐作「從舟從殳。殳令舟旋」，
　　王筠《句讀》謂：「殳非楫，不可如小徐本作殳令舟旋，但約畧解之而
　　已。」故知大徐本爲是。《集韻》引從大徐，唯語有檃栝。「一曰」以
　　下，非引《說文》，丁度等所增益也。

鬖　鬖

《集韻》平聲桓韻：「《說文》：臥結也。」

《說文》九上髟部：「臥結也。从髟般聲。讀若槃。」

案：鍇本作「臥髻也」。然《說文》無「髻」。段氏云：「結，今之髻字也。」
　　鍇本恐後人所改。

兩　兩

《集韻》平聲桓韻：「《說文》：平也。從北五行之數，二十分爲一辰。兩兩平
　　也。」

《說文》七下兩部：「平也。从廿五行之數，二十分爲一辰。兩，兩平也。
　　讀若蠻。」

案：大徐作「从廿，五行之數」。小徐作「從廿十，五行之數」，「廿」即二
　　十併也，小徐「廿」下衍「十」字。《集韻》引作「從北，五行之數」，
　　「北」蓋「廿」之形誤。「兩，兩平也」，大徐、《集韻》引同，小徐「兩」
　　上奪「兩」字。

欑　欑

《集韻》平聲桓韻：「《說文》：積竹杖也。一曰：穿也。一曰：叢木。」

《說文》六上木部：「積竹杖也。从木贊聲。一曰：穿也。一曰：叢木。」

案：「積竹杖」下、「穿」下，小徐竝無「也」字。又「叢」字，小徐作「藂」，
　　俗別字也。

耑 耑

《集韻》平聲桓韻：「《說文》：物初生之題也。上象生形，下象其根也。」

《說文》七下耑部：「物初生之題也。上象生形。下象其根也。臣鉉等曰：
　　中一，地也。」

案：「上象生形，下象其根也」，小徐作「且上象生形，下象根也」，鈕氏
　　《校錄》云：「《韻會》引同《繫傳》，無且字，且蓋其之譌。」《廣韻》
　　上平二十六桓引作「上象生形，下象其根也」，與大徐同。

鑾 鑾

《集韻》平聲桓韻：「《說文》：人君乘車，四馬鑣，八鑾鈴，象鸞鳥聲，和
　　則敬也。」

《說文》十四上金部：「人君乘車，四馬鑣，八鑾鈴，象鸞鳥聲，和則敬也。
　　从金从鸞省。」

案：「人君」下，小徐無「乘」，蓋脫。《韻會》引同大徐，有「乘」字。又
　　小徐「聲」上有「之」字。

環 環

《集韻》平聲刪韻：「《說文》：璧也。肉好若一，謂之環。」

《說文》一上王部：「璧也。肉好若一，謂之環。从玉睘聲。」

案：鍇本無「謂之環」三字，蓋脫。《爾雅·釋器》：「肉倍好謂之璧，好倍
　　肉謂之瑗，肉好若一，謂之環。」正許君所本。

瞷 瞷

《集韻》平聲山韻：「《說文》：戴目也。江淮之間謂眄曰瞷。」

《說文》四上目部：「戴目也。从目閒聲。江淮之間謂眄曰瞷。」

案：《繫傳》作「江淮之間謂眠曰瞷」，非。《方言》：「瞷，眄也。吳揚江淮
　　之間或曰瞷。」故知大徐、《集韻》引不誤。

矔 矔

《集韻》平聲山韻：「《說文》：很視也。齊景公之勇臣有成覵者。」

《說文》八下覞部：「很視也。从覞肩聲。齊景公之勇臣有成覵者。」

案：鍇本「視」下無「也」，且「勇臣」，作「勇士」。

鬚 鬜

《集韻》平聲山韻：「說文：鬢禿也。」

《說文》九上髟部：「鬢禿也。从髟閒聲。」

案：小徐「鬢」作「髮」，誤。《韻會》引作「鬢禿也」，知舊本不誤也。《玉篇》注亦作「鬢禿也」。

籩 籩

《集韻》平聲先韻：「《說文》：竹豆也。籩作𥴩。」

《說文》五上竹部：「竹豆也。从竹邊聲。𥴩，籀文籩。」

案：小徐重文「𥴩」下云：「籀文籩從匚。」非是。籀文從匸，不得言從匚。

牖 牖

《集韻》平聲先韻：「說文：牀版也。」

《說文》七上片部：「牀版也。从片扁聲。讀若邊。」

案：鍇本作「木版也」，非。《方言》：「牀其上板，衞之北郊，趙衞之閒，謂之牒，或曰牖。」《玉篇》亦云：「牀上版。」大徐、《集韻》引不誤也。

滇 滇

《集韻》平聲先韻：「《說文》：益州池名。」

《說文》十一上水部：「益州池名。从水眞聲。」

案：「池」下，小徐無「名」字，脫。《韻會》引有「名」字，知小徐原不誤也。

田 田

《集韻》平聲先韻：「《說文》：陳也。樹穀曰田。象四口。十，阡陌之制也。」

《說文》十三下田部：「陳也。樹穀曰田。象四口。十，阡陌之制也。」

案：「阡陌」下，小徐有「形」字，非。《玉篇》引亦作「阡陌之制」，同大徐。

僊

《集韻》平聲僊韻：「《說文》：長生僊去。」
《說文》八上人部：「長生僊去。从人、从䙴。䙴亦聲。」
案：小徐「長生」下，有「者」字，「去」下有「也」字。

⿰虔阝

《集韻》平聲僊韻：「《說文》：河東聞喜聚。」
《說文》六下邑部：「河東聞喜聚。从邑虔聲。」
案：鍇本「聚」作「邑」，非。《玉篇》注：「聚名，在河東聞喜。」《廣韻》下平二仙亦云：「聚名，在河東聞喜也。」《五音集韻》云：「聞喜有⿰虔阝聚。」段氏從大徐作「聚」，注云：「㐺部曰：邑落曰聚。舜所居一年成聚，二年成邑，三年成都。聚小於邑也。」

篇

《集韻》平聲僊韻：「《說文》：書也。一曰：關西謂榜曰篇。」
《說文》五上竹部：「書也。一曰：關西謂榜曰篇。从竹扁聲。」
案：「一曰」之義，小徐作「關西謂榜篇」，「榜」下脫「曰」字。

頨

《集韻》平聲僊韻：「《說文》：頭妍也。」
《集韻》平聲⿰口賓韻：「《說文》：頭妍也。」
《說文》九上頁部：「頭妍也。从頁羽省聲。讀若翩。臣鉉等曰：从翩聲，又讀若翩，則是古今異音也。」
案：鍇本作「頨妍也」，恐非。《玉篇》注、《廣韻》上聲九麌引竝作「頭妍也」，同大徐，《集韻》亦是。

甂

《集韻》平聲僊韻：「《說文》：似小瓿大口而卑用食。」
《說文》十二下瓦部：「似小瓿大口而卑用食。从瓦扁聲。」
案：鍇本止作「似小瓿，大口而卑」，無「用食」二字。田氏《二徐箋異》引《玉篇》「小盆大口而卑下」，爲證，以爲大徐「用食」二字衍。然《淮南書》曰：「狗彘不擇甂甌而食。」《說苑・反質篇》：「魯有儉者，

瓦鬲煮食以進孔子。孔子歡然而悅。弟子曰：瓦甌，陋器也。煮食薄膳也，而先生何喜如此乎？」是「用食」二字，仍當有。

錦 鏲

《集韻》平聲僊韻：「《說文》：所以鉤門戶樞也。一曰：治門戶器。」

《說文》十四上金部：「所以鉤門戶樞也。一曰：治門戶器也。从金巽聲。」

案：小徐「樞」下無「也」，「治」下無「門」，蓋脫。《廣韻》下平二仙引同大徐。

鑴 鑴

《集韻》平聲僊韻：「《說文》：穿木鑴也。一曰：琢石也。」

《說文》十四上金部：「穿木鑴也。从金巂聲。一曰：琢石也。讀若瀸。」

案：「穿」字，小徐作「破」，義得兩通。許書「鑴」下次「鑗」訓「穿木也」，依語次言，似大徐為是。

嫙 嫙

《集韻》平聲僊韻：「《說文》：好也。」

《說文》十二下女部：「好也。从女旋聲。」

案：小徐作「好女也」，「女」字衍。《玉篇》注作「好兒」。

牷 牷

《集韻》平聲僊韻：「《說文》：牛純色。」

《說文》二上牛部：「牛純色。从牛全聲。」

案：《繫傳》作「牷牛純色」，然《韻會》一先引作「牛純色」，知舊本不複舉「牷」字。

員 員

《集韻》平聲僊韻：「《說文》：物數也。徐鍇曰：古以貝為貨，故數之。籀从鼎（鼏）。」

《說文》六下員部：「物數也。从貝口聲。徐鍇曰：古以貝為貨，故數之。鼏，籀文从鼎。」

案：《繫傳》徐鍇曰：「古以貝為貨，故員數之字從貝」。大徐節引作「古以

貝爲貨，故數之」，《集韻》引同。

彫

《集韻》平聲蕭韻：「《說文》：琢文也。」

《說文》九上彡部：「琢文也。从彡周聲。」

案：鍇本「琢」作「瑑」，非。段云：「琢者，治玉也。玉部有瑂，亦治玉也。」《爾雅‧釋器》：「玉謂之彫。」又云：「彫謂之琢。」

跳

《集韻》平聲蕭韻：「《說文》：蹶也。一曰：躍也。」

《說文》二下足部：「蹶也。从足兆聲。一曰：躍也。」

案：「蹶」字，小徐作「蹷」，一字之二體也。

僥

《集韻》平聲蕭韻：「《說文》：南方有焦僥，人長三尺，短之極。」

《說文》八上人部：「南方有焦僥，人長三尺，短之極。从人堯聲。」

案：小徐「南方」下無「有」字，「極」下有「也」字。

旚

《集韻》平聲宵韻：「《說文》：旌旗旚繇也。」

《說文》七上㫃部：「旌旗旚繇也。从㫃票聲。」

案：小徐「繇」字作「搖」。《禮記‧明堂位》注「今之步搖」，《釋文》云：「搖本作繇。」段注從大徐，注云：「繇，今之搖字。……飄搖行而旚繇廢矣。」

佋

《集韻》平聲宵韻：「《說文》：廟佋穆。父爲佋，南面；子爲穆，北面。」

《說文》八上人部：「廟佋穆。父爲佋，南面；子爲穆，北面。从人召聲。」

案：「廟佋穆」下，小徐有「也」字，義較顯。「父爲佋，南面」，小徐作「面南」，蓋誤例。下云：「子爲穆，北面」，語例當同。

饒

《集韻》平聲宵韻：「《說文》：飽也。一曰：益也。多也。」

《說文》五下食部：「飽也。从食堯聲。」

案：小徐作「饒飽也」，「饒」字蓋涉正文衍。「一曰」下二義，非引《說文》，「益也」，見《廣雅・釋詁》一；「多也」，見《小爾雅・廣詁》。

䘓　䘓

《集韻》平聲宵韻：「《說文》：匽䘓也。楊雄說：匽䘓蟲名。社林以爲朝旦，非是。篆从皂，或作晁，亦姓。」

《說文》十三下黽部：「匽䘓也。讀若朝。揚雄說：匽䘓蟲名。杜林以爲朝旦，非是。从黽从旦。臣鉉等曰：今俗作晁。，篆文从皂。」

案：「揚雄」下，小徐無「說」者，蓋脫。「揚」字，《集韻》引作「楊」，誤从木。「杜林」二字，大小徐亦同，《集韻》引「杜」作「社」，形訛也。

窯　窯

《集韻》平聲宵韻：「《說文》：燒瓦竈也。」

《說文》七下穴部：「燒瓦竈也。从穴羔聲。」

案：小徐作「燒瓦窯竈也」，然慧琳《音義》卷十六、卷十七、卷四十三、卷四十六、卷五十五、卷六十八引皆作「燒瓦竈也」，與大徐合。《玉篇》注亦作「燒瓦竈也」，是大徐、《集韻》引不誤也。

蘨　蘨

《集韻》平聲宵韻：「《說文》：艸盛皃。引《夏書》：厥艸惟蘨。」

《說文》一下艸部：「艸盛皃。从艸繇聲。《夏書》曰：厥艸惟蘨。」

案：小徐本引《夏書》作「厥艸惟繇」，陳瑑《說文引經考證》云：「今省艸，衞包所改也。」故知大徐是也。《集韻》引不誤。

娛　娛

《集韻》平聲宵韻：「《說文》：巧也。一曰：女子笑皃。引《詩》：桃之娛娛。」

《說文》十二下女部：「巧也。一曰：女子笑皃。《詩》曰：桃之娛娛。从女芺聲。」

案：「女子笑皃」上，小徐無「一曰」二字，蓋敓。《韻會》引有，且此爲別義，「一曰」二字不得少。

偹 偹

《集韻》平聲爻韻：「《說文》：刺也。一曰：痛聲。」

《說文》八上人部：「刺也。从人肴聲。一曰：痛聲。」

案：第二訓，小徐作「毒之」，非。《顏氏家訓》曰：「《蒼頡篇》有偹字，訓詁云：痛而謔也。羽罪反。今北人痛則呼之，聲類音于來反，今南人痛或呼之。」足證大徐、《集韻》引為是。

洨 洨

《集韻》平聲爻韻：「《說文》：水出常山石邑井陘，東南入于泜。邟國有洨縣。」

《說文》十一上水部：「水出常山石邑井陘，東南入于泜。从水交聲。邟國有洨縣。」

案：「井陘」，小徐作「井陵」，又下有「山」字，「入」下無「于」字。《漢書・地理志》：「常山郡石邑縣，井陘山在西，洨水所出。」《玉篇》注作「水出常山石邑縣井陘山東」，是小徐作「井陵」，非。

勹 勹

《集韻》平聲爻韻：「《說文》：裹也。象人曲形有所包裹。」

《說文》九上勹部：「裹也。象人曲形有所包裹。」

案：「象人曲形」，小徐作「象人曲身形」。王筠《繫傳校錄》曰：「大徐無身字，是也。案：人曲形者，以人字屈曲書之，即成勹字也，加身字則晦。且《說文》身字，祇謂脅背之一體，不該全體言也。」王說甚精審，知大徐、《集韻》引不誤也。

脬 脬

《集韻》平聲爻韻：「《說文》：膀光也。」

《說文》四下肉部：「膀光也。从肉孚聲。」

案：鍇本作「旁光也」，玄應《音義》卷三、卷十一引亦同，蓋古本如是，古膀胱字止作旁光，見《素問》諸書。

鈔 鈔

《集韻》平聲爻韻：「《說文》：叉取也。」

《說文》十四上金部：「叉取也。从金少聲。臣鉉等曰：今俗別作抄。」

案：「叉」字，小徐作「扱」，俗字也。《韻會》引作「叉」，同大徐，是小
　　徐舊本用正字也。

鼛　鼛

《集韻》平聲豪韻：「《說文》：獄之兩曹也。在廷東，从棘。治事者，从曰。
　　徐鍇曰：以言詞治獄也。」

《說文》五上曰部：「獄之兩曹也。在廷東，从棘。治事者，从曰。徐鍇曰：
　　以言詞治獄也。故从曰。」

案：「治事者，从曰」，二徐竝同，《集韻》「曰」訛作「日」。曹入曰部，當
　　从曰。徐鍇案語原作「棘音曹。曰，言詞理獄也」。鉉引略有改易，《集
　　韻》則從鉉引。

匋　匋

《集韻》平聲豪韻：「《說文》：瓦器也。古者昆吾作匋。」

《說文》五下缶部：「瓦器也。从缶包省聲。古者昆吾作匋。案《史篇》讀
　　與缶同。」

案：「古者昆吾作匋」句，《繫傳》在「臣鍇曰」下，此《說文》本有，與「弓」
　　下曰「古者揮作弓」，「矢」下曰「古者夷牟初作矢」一例，當是許說，
　　小徐誤迻。

娿　娿

《集韻》平聲歌韻：「《說文》：陰娿也。謂媕娿不決。」

《說文》十二下女部：「陰娿也。从女阿聲。」

案：《繫傳》作「媕娿也」，《集韻》引同大徐，然又申之曰「謂媕娿不決」，
　　則知作「陰」譌也。段云：「媕、娿，雙聲字。」

何　何

《集韻》平聲歌韻：「《說文》：儋也。徐鉉曰：儋何即負何也。」

《說文》八上人部：「儋也。从人可聲。臣鉉等曰：儋何即負何也。借為誰
　　何之何。今俗別作檐荷，非是。」

案：《集韻》引「儋也」，與二徐同。下引鉉說，與大徐同。

俄 俄

《集韻》平聲歌韻：「《說文》：行頃也。引《詩》：仄弁之俄。」

《說文》八上人部：「行頃也。从人我聲。《詩》曰：仄弁之俄。」

案：引《詩》，小徐「仄」作「側」，與今《詩·小雅·賓之初筵》合。蓋
　　後人因今《詩》改。

窠 窠

《集韻》平聲戈韻：「《說文》：空也。穴中曰窠，樹上曰巢。」

《說文》七下穴部：「空也。穴中曰窠，樹上曰巢。从穴果聲。」

案：小徐本作「空也。从穴果聲。一曰：鳥巢也。一曰：在穴曰窠，在樹曰
　　巢。」然《玉篇》引同大徐，《韻會》五歌引「在穴」上無「一曰」二字，
　　是可證小徐本多後人竄易。今仍以大徐爲是，《集韻》引同大徐，不誤也。

鄱 鄱

《集韻》平聲戈韻：「《說文》：鄱陽，豫章縣。」

《說文》六下邑部：「鄱陽，豫章縣。从邑番聲。」

案：小徐無「豫章」二字。今《漢書·地理志》豫章郡有鄱陽縣。田氏《二
　　徐箋異》云：「二《志》同大徐本，豫章二字宜有。《玉篇》作豫章鄱
　　陽縣，句中稍有顛倒耳。」

痤 痤

《集韻》平聲戈韻：「《說文》：小腫也。一曰：族絫。」

《說文》七下疒部：「小腫也。从疒坐聲。一曰：族絫。臣鉉等曰：今別作
　　瘯蠡，非是。」

案：第二義，小徐作「族累病」，「累」爲「絫」之俗。王筠《句讀》曰：
　　「小徐句末有『病』字，非也。《左傳·釋文》『蠡，力果切。』絫之
　　音當如之。痤絫疊韻，短言之爲痤，長言之爲族絫，與『薺，疾黎』
　　一例。」是大徐、《集韻》引不誤也。

騨 騨

《集韻》平聲戈韻：「《說文》：騨騱，野馬也。一曰：青驪曰鱗，文如鼉魚。」

《說文》十上馬部：「騨騱，野馬也。从馬單聲。一曰：青驪白鱗，文如鼉魚。」

案：「野馬也」，小徐「也」作「屬」，非。《廣韻》下平八戈引亦作「野馬
也」，《韻會》引同，知小徐舊本原不誤。大徐作「青驪白鱗」，小徐「鱗」
作「驎」，蓋後人本《爾雅‧釋畜》文改，《說文》無驎。《集韻》引「白」
作「曰」，字誤。

贏　贏

《集韻》平聲戈韻：「《說文》：驢父馬母。或从贏（騾）。」

《說文》十上馬部：「驢父馬母。从馬贏聲。騾，或从贏。」

案：重文「騾」下，大徐云「或从贏」，小徐云「或不省」，非。正文作贏，
重文作騾，則从馬从贏，無所謂不省也。《集韻》引作「或从贏」，不
誤也。

沙　沙

《集韻》平聲麻韻：「《說文》：水散名也。从水，从少。水少沙見。楚東有
沙水。譚長說：或从止（沚）。」

《說文》十一上水部：「水散石也。从水，从少。水少沙見。楚東有沙水。沚，
譚長說沙或从止。」

案：大徐作「仌水从少」，小徐作「從水少聲」，然《韻會》引無「聲」字，
是小徐本舊同。

杈　杈

《集韻》平聲麻韻：「《說文》：枝也。一曰：杈杷，農器。」

《說文》六上木部：「枝也。从木又聲。」

案：小徐「枝」上有「杈」字。《玉篇》「杈」亦訓「枝也」，是「杈」字不
宜有。「一曰」者，非引《說文》，《廣韻》下平九麻注：「杈杷，田器。」
丁氏蓋本此也。

叒　叉

《集韻》平聲麻韻：「《說文》：豕也。从彑，下象其足。」

《說文》九下彑部：「豕也。从彑，下象其足。讀若瑕。」

案：「下象其足」，小徐作「下象足」，意雖同，然有「其」字，語較舒緩不
迫促。

㾴　痂

《集韻》平聲麻韻：「《說文》：疥也。」

《說文》七下疒部：「疥也。从疒加聲。」

案：小徐作「乾瘍也」，蓋因「癬」下說解而譌。段氏從大徐作「疥也」，
注云：「痂本謂疥，後人乃謂瘡所蛻鱗爲痂，此古義、今義之不同也。
蓋瘡鱗可日介，介與痂雙聲之故耳。」《廣韻》下平九麻「痂」訓「瘡
痂」，然則此今義，非古義也。

雅　雅

《集韻》平聲麻韻：「《說文》：楚烏也。一日鷽。一名：卑居。秦謂之雅。」

《集韻》平聲馬韻：「《說文》：楚烏也。一名鷽。一名卑居。秦謂之雅。雅
一日：正也。」

《說文》四上隹部：「楚烏也。一名鷽。一名卑居。秦謂之雅。从隹牙聲。
臣鉉等日：今俗別作鴉，非是。」

案：小徐「楚烏」作「楚鳥」，「一名鷽」作「一名譽」。今考《爾雅·釋鳥》
云：「鷽斯，卑居也。」《詩·小雅·小弁》「弁彼鸒斯」，毛《傳》云：
「鸒，卑居。卑居，雅烏也。」足證大徐、《集韻》引是也。馬韻下：
「一日：正也」，非引許書，《詩序》日：「雅者，正也。」

窐　窐

《集韻》平聲麻韻：「《說文》：甑空也。」

《說文》七下穴部：「甑空也。从穴圭聲。」

案：《繫傳》作「空也」，然「臣鍇日」下，云「甑下孔也」，是小徐亦本
有「甑」字。《玉篇》注作「甑孔也」，《集韻》引不誤。

暘　暘

《集韻》平聲陽韻：「《說文》：日出也。引《書》：暘谷。」

《說文》七上日部：「日出也。从日昜聲。《虞書》日：暘谷。」

案：小徐「暘谷」上有「至于」二字。嚴氏《校議》日：「《韻會》七陽引
暘谷上有至于二字，據通釋則但云：暘谷，無至于也。」

祥　祥

《集韻》平聲陽韻：「《說文》：福也。一曰，善也。」

《說文》一上示部：「福也。从示羊聲。一云：善。」

案：《繫傳》無「善」也之義，蓋寫者譌敓。慧琳《一切經音義》四十三
卷「祥」注引《字林》「福也，善也」，當本《說文》。《玉篇》、《廣韻》
亦皆有「善也」之訓。《集韻》從大徐，然「一云」改「一曰」，又「善」
下衍「也」字。

彰　彰

《集韻》平聲陽韻：「《說文》：文彰也。」

《說文》九上彡部：「文彰也。从彡，从章，章亦聲。」

案：鍇本「彰」作「章」，誤。《玉篇》引亦作「文彰也」，可證。

閶　閶

《集韻》平聲陽韻：「《說文》：天門也。楚人名門曰閶闔。」

《說文》十二上門部：「天門也。从門昌聲。楚人名門曰閶闔。」

案：「閶闔」上，小徐無「曰」字。

牀　牀

《集韻》平聲陽韻：「《說文》：安身之坐者。」

《說文》六上木部：「安身之坐者。从木爿聲。徐鍇曰《左傳》蒍子馮詐
病，掘地下冰而牀焉，至於恭坐則席也。故从爿，爿則木之省，
象人衺身有所倚箸，至於牆壯戕狀之屬，竝當从牀省聲。李陽冰
言木右為片，左為爿，音牆。且《說文》無爿字，其書亦異，故
知其妄。」

案：小徐作「安身之几坐也」，田氏《二徐箋異》云：「几字涉上『桯，牀
前几』而衍。《玉篇》引同大徐，是作『安身之坐』者較合，且桯為
牀前几，則牀不得為几，可知。」故大徐、《集韻》引不誤也。

場　場

《集韻》平聲陽韻：「《說文》：祭神道也。一曰：田不耕。一曰：治穀田也。」

《說文》十三下土部：「祭神道也。一曰：田不耕。一曰：治穀田也。从土

　　　易聲。」

　　案：「田不耕」上，小徐有「山」字，蓋衍。《玉篇》引亦作「田不耕」，同
　　　　大徐。

糧　糧

　　《集韻》平聲陽韻：「《說文》：穀也。」

　　《說文》七上米部：「穀也。从米量聲。」

　　案：小徐作「穀食也」，然慧琳《音義》卷三、卷七、卷十五注引作「穀
　　　　也」，《集韻》引亦作「穀也」，小徐「食」字蓋衍。

䛭　䛅

　　《集韻》平聲陽韻：「《說文》：事有不善，言䛅也。引《爾雅》：䛅薄也。」

　　《說文》八下冖部：「事有不善，言䛅也。《爾雅》：䛅，薄也。从冖京聲。
　　　　臣鉉等曰：今俗隸書作亮。」

　　案：「事有不善」下，小徐無「言」字。言猶詞也，許意謂事不善，其詞曰
　　　　䛅也。《集韻》引不誤。「䛅，薄也」之訓，《爾雅》無，段氏以爲此許
　　　　以足上文意有未盡之訓。

孃　孃

　　《集韻》平聲陽韻：「《說文》：煩擾也。一曰：肥大也。」

　　《說文》十二下女部：「煩擾也。一曰：肥大也。从女襄聲。」

　　案：「煩擾」，小徐作「煩役」，非。玄應《音義》卷七引正作「煩擾」，與
　　　　大徐合，《集韻》引不誤。

姜　姜

　　《集韻》平聲陽韻：「《說文》：神農居姜水以爲姓。」

　　《說文》十二下女部：「神農居姜水以爲姓。从女羊聲。」

　　案：「以」上，小徐有「因」字。《玉篇》注作「炎帝居姜水以爲姓」，與大
　　　　徐合。小徐「因」字衍。

僵　僵

　　《集韻》平聲陽韻：「《說文》：償也。」

《說文》八上人部：「價也。从人畾聲。」

案：《釋木·釋文》，玄應《音義》卷十三引皆作「偃也」，小徐本亦作「偃也」，疑古本如此。然許書「價」訓「僵也」，此訓「價也」，正是互訓，大徐、《集韻》引當亦不誤也。

狼　狼

《集韻》平聲唐韻：「《說文》：似犬。銳頭白頰，高前廣後。」

《說文》十上犬部：「似犬，銳頭白頰，高前廣後。从犬良聲。」

案：「廣後」，小徐作「後廣」，疑誤倒。上云「高前」，下亦當狀字「廣」在前。

蒼　蒼

《集韻》平聲唐韻：「《說文》：艸色也。」

《說文》一下艸部：「艸色也。从艸倉聲。」

案：徐鍇本作「艸覆也」，非，《韻會》引同大徐作「艸色也」，是鍇本舊亦作「艸色也」。

剛　剛

《集韻》平聲唐韻：「《說文》：彊斷也。古作𠊪。」

《說文》四下刀部：「彊斷也。从刀岡聲。𠊪，古文剛如此。」

案：《繫傳》止作「彊也」，無「斷」字。田氏《二徐箋異》云：「大徐本是。《書·皋陶謨》『剛而塞』，鄭注『剛謂事理剛斷』。又左氏昭六年《傳》『斷之以剛』，剛有斷誼，古訓可徵如此。」故知大徐較勝矣。《集韻》引從大徐。

翌　翌

《集韻》平聲唐韻：「《說文》：樂舞以羽翟，自翳其首，以祀星辰也。」

《說文》一上玉部：「樂舞以羽翟自翳其首，以祀星辰也。从羽王聲。讀若皇。」

案：小徐本「羽翟」上無「以」字。

煌　煌

《集韻》平聲唐韻：「《說文》：煌煇也。」

《說文》十上火部：「煌煇也。从火皇聲。」

案：鍇本作「煌煌煇也」，非，《說文》蓋連上讀。玄應《音義》卷十二引作「煌煇也」，可證古本不重「煌」字。

潢

《集韻》平聲唐韻：「《說文》：積水也。」

《說文》十一上水部：「積水池。从水黃聲。」

案：《繫傳》作「積水池也」，《玉篇》、《廣韻》引同。《集韻》引作「積水也」，蓋從大徐，而將「池」字誤作「也」。

秔

《集韻》平聲庚韻：「《說文》：稻屬或作稉。」

《說文》七上禾部：「稻屬。从禾亢聲。稉，秔或从更聲。」

案：《繫傳》作「稻也」，非。慧琳《音義》卷八、卷十一、卷四十四、卷八十三引皆作「稻屬」，桂氏《義證》云：「此旱稻也。內則謂之陸稻，《管子》謂之陵稻。」段云：「凡言屬者，以屬見別也。言別者，以別見屬也。重其同則言屬，秔為稻屬是也。」大徐、《集韻》引不誤也。

鬻

《集韻》平聲庚韻：「《說文》：五味盉鬻也。引《詩》：亦有和鬻。或作鬵、 臛、羹。」

《說文》三下鬲部：「五味盉鬻也。从鬻、从羔。《詩》曰：亦有和鬻。鬵，鬻或省。鬻，或从美鬻省。羹，小篆。从羔，从美。」

案：小徐「盉」字作「和」，俗字也。許書皿部曰：「盉，調味也。」引《詩》「亦有和鬻」，小徐「鬻」作「羹」，今《周頌·烈祖》亦作「羹」，从小篆也。

洐

《集韻》平聲庚韻：「《說文》：溝水行也。」

《說文》十一上水部：「溝水行也。从水从行。」

案：《繫傳》作「溝行水也」，《周禮·地官·稻人》：「以溝蕩水。」注云：

「以溝行水也。」王筠《繫傳校錄》謂許似本此爲說。又謂：「大徐本作溝水行也。《玉篇》、《廣韻》皆作溝水也，又似因字从行而衍行字。」《集韻》引從大徐，未知然否？

𥄕　盲

《集韻》平聲庚韻：「《說文》：目無牟子。」

《說文》四上目部：「目無牟子。从目亡聲。」

案：《繫傳》「牟」作「眸」，非。《說文》無「眸」，大徐列入新附字。

𪊨　䶂

《集韻》平聲庚韻：「《說文》：冥也。」

《說文》七上冥部：「冥也。从黽聲。讀若黽蛙之黽。」

案：小徐本但有：「从冥黽聲」四字，其上敓「冥也」二字。

明　明

《集韻》平聲庚韻：「《說文》：照也。从月，从囧。古作明。」

《說文》七上明部：「照也。从月，从囧。𭠢，古文朙从日。」

案：大徐作「照也」，小徐作「昭也」，許書火部曰：「照，明也。」日部曰：「昭，明也。」《詩·大雅·皇矣傳》曰：「照臨四方曰明。凡明之至，則曰明明。明明猶昭昭也。」是作「照」作「昭」皆可通。段注從大徐，王筠《句讀》從小徐。「从月从囧」，小徐作「從囧月聲」。鈕氏《校錄》云：「《繫傳》作从囧月聲，蓋傳寫誤。」段氏云：「从月者，月以日之光爲光也；从囧，取窗牖麗廔闓明之意也。」

𪇰　鸚

《集韻》平聲耕韻：「《說文》：鸚鵡。能言鳥也。」

《說文》四上鳥部：「鸚鵡。能言鳥也。从鳥嬰聲。」

案：小徐止作「鸚鵡也」，「能言鳥也」四字，綴于「鵡」字下，非是。

閎　閎

《集韻》平聲耕韻：「《說文》：巷門也。」

《說文》十二上門部：「巷門也。从門厷聲。」

案：「衖」字，小徐作「巷」。許書䢅部「䢅」下曰：「里中道也。」「衖」
下曰：「篆文从邑省。」段注云：「衖今作巷。」是小徐用後起字也。

嶸 嶸

《集韻》平聲耕韻：「《說文》：崝嶸也。」

《說文》九下山部：「崝嶸也。从山榮聲。」

案：小徐「也」作「皃」，《玉篇》「崝」下曰「崝嶸，高峻皃」，是「崝嶸」
為狀物連詞，其下不宜複云「皃」也。

萌 萌

《集韻》平聲耕韻：「《說文》：艸芽也。」

說文一下艸部：「艸芽也。从艸明聲。」

案：小徐本作「艸也」，慧琳《一切經音義》卷五十四「萌」注引《說文》
作「艸芽也」，與大徐本同，知《集韻》引不誤。

精 精

《集韻》平聲清韻：「《說文》：擇也。」

《說文》七上米部：「擇也。从米青聲。」

案：小徐作「精擇也」，《玉篇》引作「擇也」，同大徐。

觲 觲

《集韻》平聲清韻：「《說文》：用角低仰便也。引《詩》：觲觲角弓。」

《說文》四下角韻：「用角低仰便也。从羊牛角。《詩》曰：觲觲角弓。」

案：大徐作「《詩》曰：觲觲角弓」，小徐作「讀若《詩》曰：觲觲角弓」，
讀若者，擬其音也；許所引《詩》作「觲」與篆同字，不當云讀若。
今《小雅・角弓》「觲觲」作「騂騂」。

征 征

《集韻》平聲清韻：「《說文》：正行也。或从彳（征）。」

《說文》二下辵部：「正行也。从辵正聲。征，征或从彳。」

案：鍇本止作「正也」，恐有誤脫。「征」字从辵，當有行意。

營 營

《集韻》平聲清韻：「《說文》：市居也。一曰度也。」

《說文》七下宮部：「市居也。从宮，熒省聲。」

案：小徐作「帀居也」，「帀」蓋「市」之譌。《玉篇》、《廣韻》下平十四清引
　　竧作「市居也」。營从熒省聲，熒从冂，市亦从冂，可證市居為營之本義。
　　李注《文選・東京賦》引《說文》「營，市」是也，是唐時《說文》作市，
　　不作帀矣。「一曰：度也」，非引《說文》，見《廣雅・釋詁》一。

冥

《集韻》平聲青韻：「《說文》：幽也。从日六，冖聲。日數十。十六日而月
　　始虧幽也。」

《說文》七上冥部：「幽也。从日、从六、一聲。日數十。十六日而月始虧
　　幽也。」

案：大徐作「从日从六一聲」，小徐作「從日六一聲」，《集韻》引同小徐，
　　唯「一聲」誤作「冖聲」，當改。

鄍

《集韻》平聲青韻：「《說文》：晉邑也。引《春秋傳》：伐鄍三門。」

《說文》六下邑部：「晉邑也。从邑冥聲。《春秋傳》曰：我鄍三門。」

案：《玉篇》注：「晉邑也」，同大徐，《韻會》引無「也」字。小徐作「晉
　　邑食也」，非。另小徐「三門」下，有「是也」二字，段注、玉筠《句
　　讀》從之。

丁

《集韻》平聲青韻：「《說文》：夏時萬物皆丁實。象形。一曰：當也。」

《說文》十四丁部：「夏時萬物皆丁實。象形。丁承丙。象人心。」

案：「丁實」，小徐作「丁壯成實」。段氏從大徐注引《律書》曰：「丁者，
　　言萬物之丁壯也。」又引《律麻志》：曰：「大盛於丁。」「象形」下，
　　小徐有「也」字。「一曰：當也」，非引許書，見《爾雅・釋詁》。

玎

《集韻》平聲青韻：「《說文》：玉聲也。引齊太公子伋諡曰：玎公。」

《說文》一上玉部：「玉聲也。从玉丁聲。齊太公子伋諡曰：玎公。」

案：「謚」字，小徐作「謚」，誤。玄應《一切經音義》引《說文》曰：「謚，
　　行之迹也，從言益聲。」《廣韻》去聲六至曰：「謚，《說文》作謚」。

涇　涇

《集韻》平聲青韻：「《說文》：水出安定涇腸开頭山，東南入渭。雝州之川
　　也。」

《說文》十一上水部：「水出安定涇陽开頭山，東南入渭。雝州之川也。从
　　水巠聲。」

案：「州」下，小徐無「之」字。「雝州」句，乃自上文細繹之，「之」字不
　　可媚奪。

鈃　鈃

《集韻》平聲青韻：「《說文》：似鍾而頸長。一曰：酒器。」

《說文》十四上金部：「似鍾而頸長。从金开聲。」

案：小徐「鍾」作「鐘」。段氏從大徐，注云：「鍾，俗本作鐘，今從宋本。
　　鍾者，酒器，見下，此以相聯爲文矣。」許書「鈃」下次「鍾」，段說
　　是也。「一曰：酒器」，非引《說文》，丁氏等所增。

冂　冂

《集韻》平聲青韻：「《說文》：邑外謂之郊，郊外謂之野，野外謂之林，林
　　外謂之冂，象遠界也。古从口（冋），象國邑。或从土（坰）。」

《說文》五下冂部：「邑外謂之郊，郊外謂之野，野外謂之林，林外謂之冂，
　　象遠界也。冋，古文冂、从口象國邑。坰，冋或从土。」

案：古文「冋」下，《繫傳》云：「古文冂，象國邑，從口也。」語次雖與
　　大徐不同，無害於義也。

烝　烝

《集韻》平聲蒸韻：「《說文》：火氣上行也。一曰：君也、進也、眾也、淫
　　上也。」

《說文》十上火部：「火气上行也。从火丞聲。」

案：小徐作「火气也」，脫「上行」二字，《韻會》引作「火气上行也」，《集
　　韻》引「气」作「氣」，俗字也。知小徐舊本原不誤。「一曰」下數義，

非引《說文》，「君也」、「進也」、「眾也」竝見《爾雅・釋詁》；《左傳》桓公十六年：「烝于夷姜。」《小爾雅・廣義》：「上淫曰烝。」《集韻》云「淫上」，意同。

豊　登

《集韻》平聲登韻：「《說文》：上車也。从癶豆，象登車形。籀从収（𤼴）。」

《說文》二上癶部：「上車也。从癶豆，象登車形。𤼴，籀文登从収。」

案：「象登車形」，小徐作「爲登車形」，蓋譌，許書語例不如此作也。癶部「𦱪」下云「象包束艸之形」，小徐「象」亦譌作「爲」。

鐙　鐙

《集韻》平聲登韻：「《說文》：錠也。徐鉉曰：錠中置燭，故謂之鐙。」

《說文》十四上金部：「錠也。从金登聲。臣鉉等曰：錠中置燭，故謂之鐙。今俗別作燈，非是。」

案：《集韻》引「錠也」，與二徐同。下引鉉說，與大徐本同。

罾　罾

《集韻》平聲登韻：「《說文》：魚网也。」

《說文》七下网部：「魚网也。从网曾聲。」

案：鍇本作「魚网」無「也」字。「网」爲本字，「𦭭」乃或體，《集韻》引當改從本字。

尤　尤

《集韻》平聲尤韻：「《說文》：異也。徐鍇曰：乙欲出而見閡，見閡則顯其尤異也。一曰：甚也、過也。」

《說文》十四下乙部：「異也。从乙又聲。徐鍇曰：乙欲出而見閡，見閡則顯其尤異也。」

案：徐鍇原文：「乙」下有「者」字，「異」下無「也」字。「一曰」下二義，非引《說文》，襄廿六年《左傳》：「而視之尤。」服注：「尤，甚也。」《孟子》「畜君何尤」，注：「何尤，無過也。」「尤」即「過」也。

裵　裵

《集韻》平聲尤韻：「《說文》：皮衣也。一曰象形。與裛同意。」

《說文》八上裘部：「皮衣也。从衣求聲。一曰象形，與裛同意。求，古文
　　　　省衣。」

案：「與裛同意」，小徐作「與裛同」，「意」字蓋脫。許書云某與同意者，
　　　謂其造字之形同。「裘」與「裛」同意，指其皆从衣而象其形也。另二
　　　徐竝收有古文「求」，《集韻》未引，宜補。

弜　粤

《集韻》平聲尤韻：「《說文》：木生條也。从弓由聲。引《商書》：若顛木之
　　　　有粤枿。古文言由枿。徐鍇曰：《說文》無由字，今《書》由作粤
　　　　枿，蓋古文省弓，而後人因之。从弓。上象枝條華函之形。」

《說文》七上弓部：「木生條也。从弓由聲，《商書》曰：若顛木之有粤枿。
　　　　古文言由枿。徐鍇曰：《說文》無由字，今《尙書》只作由枿，蓋
　　　　古文省弓，而後人因省之，通用爲因由等字。从弓、上象枝條華
　　　　函之形。臣鉉等案：孔安國注尙書直訓由作用也。用枿之語不通。」

案：大徐本有引「徐鍇曰：《說文》無由字。……上象枝條華函之形」等
　　　語，此一條今《繫傳》無。《集韻》引從大徐，唯語有省誤。「今《尙
　　　書》只作由枿」，《集韻》引作「今《書》由作粤枿」，「由」爲「只」
　　　之誤，「粤」爲「由」之誤，從下文「蓋古省弓」可知。「而後人因省
　　　之」《集韻》引省作「而後人因之」。「古文省弓」及「从弓」，《集韻》
　　　引「弓」竝誤作「弓」。

佫　俖

《集韻》平聲尤韻：「《說文》：有廱蔽也。引《詩》：誰俖予美。」

《說文》八上人部：「有廱蔽也。从人舟聲。《詩》曰：誰俖予美。」

案：鍇本「廱」作「壅」，非。《說文》無壅。段氏從大徐，注云：「廱，今
　　　之壅字。」小徐本蓋後人改。《韻會》引作「有廱蔽也」，是小徐舊本
　　　亦不誤也。

膠　瘳

《集韻》平聲尤韻：「《說文》：疾瘉也。」

《說文》七下疒部：「疾瘉也。从疒翏聲。」

案：小徐作「疾病瘼也」，「病」即是「疾」，毋庸複出。

疁 疁

《集韻》平聲尤韻：「《說文》：燒種也，《漢律》曰：疁田茠艸。」

《說文》十三下田部：「燒種也。《漢律》曰：疁田茠艸。从田翏聲。」

案：「穜」字，小徐作「種」，非。

汙 汙

《集韻》平聲尤韻：「《說文》：浮行水上也，古或以汙爲没。或作泅。」

《說文》十一上水部：「浮行水上也。从水从子，古或以汙爲没。泅，子或从囚聲。」

案：「古或以汙爲没」，鍇本作「古文或以汙爲没字」，義同。

糅 糅

《集韻》平聲尤韻：「《說文》：和田也。一曰：鄭地名。」

《說文》十三下田部：「和田也。从田柔聲。」

案：鍇本有「鄭有糅，地名也」六字。嚴可均《校議》曰：「《韻會》十一
尤引作：一曰：鄭地名。議依《韻會》。」然《韻會》實沿《集韻》之
文，非小徐舊本，竊以爲仍依今本所見爲是，段氏《注》、王筠《句讀》
並從今之鍇本。

捄 捄

《集韻》平聲尤韻：「《說文》：衆意也。一曰：求也，引《詩》：束矢其捄。」

《說文》十二上手部：「衆意也。一曰：求也。从手叜聲。《詩》曰：束矢其
捄。」

案：「意」下，小徐有「皃」字。

獀 獀

《集韻》平聲尤韻：「《說文》：南越名犬獀獀。一曰：春獵。」

《說文》十上犬部：「南越名犬獀獀。从犬叜聲。」

案：「越」下，小徐有「人」字。「一曰：春獵」，係丁度等所附益，非引
《說文》。獀，經典作蒐，《左傳》隱公五年曰「春蒐夏苗」，丁度蓋

本此也。

꩔ 鄒

《集韻》平聲尤韻：「《說文》：魯縣古邾國，帝顓頊之後所封。一說魯穆公
　　　改邾作鄒。」

《說文》六下邑部：「魯縣古邾國，帝顓頊之後所封。从邑芻聲。」

案：「魯縣」下，小徐有「也」字。「一說」云云，非許君語，《元和郡縣
　　　志》：「鄒縣故邾國魯之附庸，魯穆公改邾爲鄒。因鄒山以爲縣。」

嬔 嬔

《集韻》平聲尤韻：「《說文》：婦人妊身也。引《周書》：至于嬔婦。」

《說文》十二下女部：「婦人妊身也，从女芻聲。《周書》曰：至于嬔婦。」

案：引《周書》，小徐作「至嬔婦」，奪「于」字。今《書‧梓材》作「至
　　　于屬婦。」

桴 桴

《集韻》平聲尤韻：「《說文》：棟名。」

《說文》六上木部：「棟名。从木孚聲。」

案：小徐作「眉棟名」，《廣韻》下平十八尤「桴」注：「齊人云：屋棟曰桴
　　　也。」鈕氏《校錄》疑《繫傳》「眉」爲「屋」之譌。《爾雅‧釋宮》：
　　　「棟謂之桴。」正許君所本。竊以爲「屋」字亦不必有。

罦 罦

《集韻》平聲尤韻：「《說文》：覆車也。引《詩》：雉離于罦。或从孚（罜）。」

《說文》七下网部：「覆車也。从网包聲。《詩》曰：雉離于罦。罜，罦或从孚。」

案：鍇本作「覆車网也」，「网」字衍。《韻會》引亦作「覆車」，《爾雅‧釋
　　　器》、《王風‧毛傳》竝同。

猴 猴

《集韻》平聲侯韻：「《說文》：羽本也。一曰：羽初生兒。」

《說文》四上羽部：「羽本也。一曰：羽初生兒。从羽矦聲。」

案：小徐本第二義作「羽初生」，無「兒」字。《玉篇》：「猴，羽初生兒。」

　　《廣韻》下平十九侯引亦有「兜」字，故知當以大徐爲是。

墣　墣

　　《集韻》平聲侯韻：「《說文》：塵土也。一曰：部墣，小阜。」

　　《說文》十三上土部：「塵土也。从土婁聲。」

　　案：小徐作「摩土也」，非。許書「墣」上正承「塵」篆，《集韻》引同大
　　　　徐，是也。「一曰」者，非引《說文》，丁氏等所贈。

罧　罧

　　《集韻》平聲侵韻：「《說文》：積柴水中以聚魚也。」

　　《說文》七下网部：「積柴水中以聚魚也，从网林聲。」

　　案：小徐作「積柴木水中以聚魚」，「木」字蓋緣「水」字而訛衍，楚金案
　　　　語引《爾雅》注「積柴于水中，魚得寒入其裏……」，是舊本當亦無「木」
　　　　字。《玉篇》亦作「積柴於水中取魚」。

霖　霖

　　《集韻》平聲侵韻：「《說文》：霖雨也。南陽謂霖霂。」

　　《說文》十一下雨部：「霖雨也。南陽謂霖霂。从雨水聲。」

　　案：大徐作「南陽謂霖霂」，小徐作「南陽名霖雨霂。」，《五音韻譜》作
　　　　「南陽謂霖霂」，可證大徐是，《集韻》引亦同。小徐蓋經後人竄改，
　　　　至不可讀。

沈　沈

　　《集韻》平聲侵韻：「《說文》：陵上滈水也。一曰濁默也。一曰溺也。」

　　《說文》十一上水部：「陵上滈水也。从水冘聲。一曰濁默也。臣鉉等曰：
　　　　今俗別作沉，冗不成字，非是。」

　　案：「滈水」，小徐作「滴水」。田吳炤《二徐箋異》云：「《廣韻》、《集韻》、
　　　　《類篇》引正作滈水。許著久雨曰滈。段氏若膺曰：謂陵上雨積停潦也。
　　　　即以滈字本義釋此文，小徐作滴，非是。」「一曰：溺也」，非引《說文》，
　　　　丁度等增。《書·微子》「我用沈酗于酒」是也。

垤　垤

《集韻》平聲侵韻：「《說文》：近求也。从爪壬。壬，徼幸也。」

《說文》八上壬部：「近求也。从爪壬。壬，徼幸也。」

案：小徐作「求也」，無「近」字。然段注從大徐，注云：「近求，浸淫之意也。」王筠《句讀》亦作「近求士」，其說曰：「謂浸淫而求之，由近及遠也。」是當有「近」字，《集韻》引不誤。大徐作「从爪壬」，《集韻》引同，小徐作「从爪从壬」。

瘖　瘖

《集韻》平聲侵韻：「《說文》：不能言也。」

《說文》七下疒部：「不能言也。从疒音聲。」

案：小徐作「不能言病」，恐非。《玉篇》注作「不能言也」，同大徐。

喑　喑

《集韻》平聲侵韻：「《說文》：宋齊謂兒泣不止曰喑。」

《說文》二上口部：「宋齊謂兒泣不止曰喑。从口，音聲。」

案：小徐本作「宋齊謂兒泣下不止曰喑」，「泣」下衍「下」字。《方言》「宋齊之間謂之喑」，是「下」字不必有；且《韻會》引即無「下」字，可證。

耽　耽

《集韻》平聲覃韻：「《說文》，耳大垂也。引《詩》：士之耽兮。」

《說文》十三上耳部：「耳大垂也。从耳冘聲。詩曰：士之耽兮。」

案：引《詩》，小徐作「女之耽兮」，誤。《玉篇》、《集韻》引《詩》均同大徐。此《詩・衛風・氓》文。

傪　傪

《集韻》平聲覃韻：「《說文》：好皃。」

《說文》八上人部：「好皃。从人參聲。」

案：鍇本作「好也」，《玉篇》引作「好皃」，同大徐，《集韻》引不誤也。

含　含

《集韻》平聲覃韻：「《說文》：嗛也。」

《說文》二上口部：「嗛也。从口今聲。」

案：小徐作「銜也」，《廣韻》廿二覃、《韻會》十三覃引竝同。許書同部「嗛，口有所銜也」，田氏《二徐箋異》云：「大徐作『嗛』是，舊本小徐作『銜』者，後世習用字也。」然則大徐、《集韻》不誤也。

曆　曆

《集韻》平聲談韻：「《說文》：和也。从甘从麻。麻，調也。」

《說文》五上甘部：「和也。从甘，从麻，麻，調也。」

案：大徐作「从甘从麻。麻，調也」，小徐作「麻，調也。从甘从麻」，就語次言，當以大徐為長，《集韻》引從大徐。

嬐　嬐

《集韻》平聲談韻：「《說文》：敏疾也。一曰：莊敬兒。」

《說文》十二下女部：「敏疾也。一曰：莊敬兒。从女僉聲。」

案：「一曰：莊敬兒」，小徐作「一曰：莊兒」。《廣韻》五十琰：「嬐，嬐然齊也。」桂馥曰：「齊，即莊敬。」段注本亦作「一曰：莊敬兒」。

爁　爁

《集韻》平聲談韻：「《說文》：火爁車輞絕也。引《周禮》：爁牙外不爓。一曰：火不絕兒。」

《說文》十上火部：「火爁車輞絕也。从火兼聲。《周禮》曰：爁牙外不爓。」

案：兩「爁」字，小徐竝作「輮」，非。爁，謂火曲木也；輮，謂車网也，非此之用。《廣韻》下平二十五添引同大徐，《韻會》引亦同，知小徐舊本不誤。「一曰」者，非引《說文》，《玉篇》：「爁燣，火不絕也。」段氏云：「此義與火絕相輔。」丁氏蓋本此，改「也」為「兒」。

黔　黔

《集韻》平聲談韻：「《說文》：黎也。秦謂民為黔首，謂黑色也。周謂之黎民，引《易》：為黔喙。」

《說文》十上黑部：「黎也，从黑今聲。秦謂民為黔首，謂黑色也。周謂之黎民。《易》曰：為黔喙。」

案：《繫傳》作「黬也」，非。《說文》無「黬」。《字林》「黔，黬黑也」，蓋

以《字林》改也。又「色」下小徐無「也」字。

沾 沾

《集韻》平聲沾韻：「《說文》：水出壺關，東入淇。一曰：沾，益也。」

《說文》十一上水部：「水出壺關，東入其。一曰：沾，益也。从水占聲。

臣鉉等曰：今別作添，非是。」

案：小徐「壺關」上，多「上黨」二字，蓋衍。《廣韻》下平鹽韻引，《韻會》引竝無此二字。

咸 咸

《集韻》平聲咸韻：「《說文》：皆也。悉也。从口、从戌，戌，悉也。」

《說文》二上口部，「皆也。悉也。从口、从戌。戌，悉也。」

案：「从口从戌」小徐作「從口戌聲」。又鍇本無「戌，悉也」三字，嚴章福《說文校議議》云：「小徐無末三字，非。蓋謂所以从戌，且戌字別義于此見之，許例往往如此。」

諴 諴

《集韻》平聲咸韻：「《說文》：和也。引《周書》：不能諴于小民。」

《說文》三上言部：「和也。从言咸聲，《周書》曰：不能諴于小民。」

案：鍇本引《周書》作「丕諴于小民」，「丕」與「不」古通，「能」字鉉有鍇無，《古文尚書》有「能」，知小徐脫誤。《集韻》引雖作「丕」，然未脫「能」字。

彡 彡

《集韻》平聲銜韻：「《說文》：毛飾畫文也。」

《說文》九上彡部：「毛飾畫文也。象形。」

案：小徐作「毛飾畫之文也」，「之」字蓋衍。《玉篇》注作「毛飾畫文也」，同大徐，《集韻》引不誤也。

尰 尰

《集韻》上聲腫韻：「《說文》：脛氣足腫，引《詩》：既微且尰。或作瘇。」

《說文》七下疒部：「脛气足腫。从疒童聲，《詩》曰：既微且尰。𤺄，籀文

從允。」

案：小徐作「脛气腫」，「气」爲借字，且脫「足」字。《玉篇》訓「足腫也」，《小雅·巧言》：「既微且尰。」《爾雅·釋訓》、《毛傳》皆曰：「骭瘍爲微，腫足爲尰。」是「足」字不可少。《集韻》引「气」亦用借字「氣」，宜改。重文「瘇」，二徐竝云「籀文」，集韻「或」字當改作「籀」。

輈 輈

《集韻》上聲腫韻：「《說文》：反推車令有所付也。一曰：輕車。」

《說文》十四上車部：「反推車令有所付也。從車從付，讀若胥。」

案：小徐「也」字作「者」，非是。《玉篇》引亦作「反推車令有所付也」，「一曰」者，非引許書，丁氏等所增。

拲 拲

《集韻》上聲腫韻：「《說文》：兩手同械也。引《周禮》：上辠桎拲而桎。或作栱。」

《說文》十二上手部：「兩手同械也。從手、從共，共亦聲。《周禮》：上辠桎拲，從共，共亦聲。栱，拲或從木。」

案：引《周禮》，《續古逸叢書》本《說文》作「上辠桎拲而桎」，《集韻》引同。祁刻小徐本「辠」作「罪」，俗字也。

侈 侈

《集韻》上聲紙韻：「《說文》：掩脅也。一曰：奢也。大也。」

《說文》八上人部：「掩脅也。從人多聲。一曰：奢也。」

案：第二訓，大徐作「一曰：奢也」，小徐作「一曰：奢侈」，《集韻》引同大徐。「大也」，非引《說文》，見《字林》。

爾 爾

《集韻》上聲紙韻：「《說文》：麗爾，猶靡麗也。一曰：汝也。從冂、從爻。爾聲。」

《說文》三下爻部：「麗爾，猶靡麗也。從冂、從爻，其孔爻，爾聲。此與奕同意。」

案：「靡麗也」下，《集韻》引竄入「一曰：汝也」四字，此非引《說文》，

見《小爾雅・廣詁》。大徐作「从門从焱。其孔焱。介聲」，小徐作「從門焱。其孔焱。介聲」，《集韻》引同大徐，然未引「其孔焱」句。

袳 袳

《集韻》上聲紙韻：「說文：衣張也。引《春秋傳》：公會齊侯于袳。」

《說文》八上衣部：「衣張也。从衣多聲。《春秋傳》曰公會齊矦于袳。」

案：《繫傳》作「衣裾」，非。徐鍇案語曰：「《禮》言大夫袳袂。謂其袂張大。」是鍇意亦以爲「張大」也。又《廣韻》上聲四紙：「袳，衣長。」周祖謨《校勘記》云：「長，當作張。故宮王韵，五代刻本韵書並同。」可證大徐、《集韻》引不誤也。

捶 捶

《集韻》上聲紙韻：「《說文》：以杖擊也。」

《說文》十二上手部：「以杖擊也。从手垂聲。」

案：小徐有「一曰：摘也」四字。《玉篇》、《廣韻》上聲四紙、《集韻》引竝無此訓，《韻會》引亦無，是小徐本舊無，今者蓋後人肊沾。

此 此

《集韻》上聲紙韻：「《說文》：止也。从止、从匕。匕，相比次也。」

《說文》二上此部：「止也。从止从匕。匕，相比次也。」

案：釋字之形，小徐作「從止，能相比次」，田氏《二徐箋異》云：「能相比次，語不適，大徐本是，小徐本蓋因能二匕，涉之而誤。」段注亦從大徐，《集韻》引不誤。

柴 柴

《集韻》上聲紙韻：「《說文》：識也。一曰：石鍼謂之柴。一曰：藏也。」

《說文》二上此部：「識也。从此朿聲。一曰：藏也。」

案：「識也」，鍇本作「職也」，蓋譌。《玉篇》引亦作「識也」。中屬入「石鍼謂之柴」者，非引許也，見《廣雅・釋器》。

柂 柂

《集韻》上聲旨韻：「《說文》：木也，實如棃。一曰止車輪。」

《集韻》上聲紙韻：「《說文》：木也，實如梨。一曰椅柅，木弱皃。」

《說文》六上木部：「木也。實如棃。从木尼聲。」

案：《繫傳》闕「柅」篆，然段注本有。許書木部「柅」字兩見，小徐蓋以為重出而刪之。實則其為「㞚」之或體者，當為下形上聲，如《玉篇》作「㞚」者是。王筠《釋例》云：「此與柔杍之為兩字者同，不為重出。」《集韻》引「木也。實如棃」，與大徐同。紙韻下：「一曰：椅柅，木弱皃。」非引《說文》，丁氏自增也。旨韻下：「一曰：止車輪。」亦非引《說文》，《易》「金柅」，馬注：「在車之下，所以止輪，令不動也。」丁氏蓋本此也。

匜　匜

《集韻》上聲紙韻：「《說文》：似羹魁，柄中有道，可以注水。」

《說文》十二下匸部：「似羹魁，柄中有道，可以注水。从匸也聲。」

案：「可以注水。」，小徐作「可以注水酒」。玄應《音應》卷一注作「匜似杓，柄中有道，可以注水也。」《廣韻》上聲四紙注作「杯匜，有柄可以注水」，僖公二十三年《左傳·釋文》引作「似羹魁，柄中有道，可注水」，「可」下雖奪「以」字，然亦可證古本「水」下無「酒」字。

豬　豨

《集韻》上聲紙韻：「《說文》：豶也。一曰：俗呼小豶為豨子。」

《說文》九下豕部：「豶也。从豕隋聲。臣鉉等曰：當从隨省。」

案：小徐作「豬也」，誤。《初學記》二十九〈酈部〉引作「豶也」，與大徐同，《集韻》引不誤也。「一曰」者，非引《說文》，見《爾雅·釋獸》「豨，豶也」下郭注。

伎　伎

《集韻》上聲紙韻：「《說文》：與也。引《詩》籧人伎忒。」

說文八上人部：「與也。从人支聲。《詩》曰：籧人伎忒。」

案：引《詩》，小徐「籧」作「鞠」，與今《大雅·瞻卬》合，蓋後人因今《詩》改。

錡　錡

《集韻》上聲紙韻：「《說文》：鉏鎁也。江淮之間謂釜曰錡。一曰：鑿屬。」

《說文》十四上金部：「鉏鎁也。从金奇聲。江淮之間謂釜曰錡。」

案：「釜」下，小徐無「曰」字。《方言》卷五：「鍑，江淮陳楚之間謂之錡。」鍑亦釜屬，是有「曰」字，語較順暢。「一曰」者，非引說文，《詩·豳風·破斧》：「又缺我錡。」《傳》曰：「鑿屬曰錡。」

𣪠　殽

《集韻》上聲紙韻：「說文：米一斛舂爲八斗。一曰：饐也。」

說文七上𣪠部：「米一斛舂爲八斗也。从臼从殳。」

案：鍇本「米」上有「糲」字，然《玉篇》注、《廣韻》上聲四紙引均同大徐。《集韻》引亦無，唯「斗」下奪「也」字。「一曰：饐也」，非引《說文》，見《廣雅·釋器》。

洍　洍

《集韻》上聲紙韻：「《說文》：飲也。《周禮》：大洍謂浴尸也。」

《說文》十一上水部：「飲也。从水弭聲。」

案：廣韻上聲四紙「洍」注引作「歙也」，大徐、《集韻》引「歙」注作「飲」，俗字也。小徐作「飲歙也」，「歙」蓋涉「漮」下「飲歙也」而衍。《玉篇》、《廣韻》亦皆作「飲也」，「《周禮》」云云，非許書原文，丁度等所附益。

秭　秭

《集韻》上聲旨韻：「《說文》：五稯爲秭。一曰：數億至萬曰秭。」

《說文》七上禾部：「五稯爲秭。从禾𣥂聲。一曰：數億至萬曰秭。」

案：「五稯爲秭」，小徐作「五稯也」，「數億」二字，小徐作「億數」。《詩·周頌·豐年》「萬億及秭」，毛《傳》：「數億至億曰秭。」與此微別，然大徐作「數億」，與《詩傳》合。

止　止

《集韻》上聲止韻：「說文：下基也。象艸木出有址。故以爲足。一曰已也。」

《說文》二上止部：「下基也。象艸木出有址。故以止爲足。」

案：鍇本作「下也」，「基」字蓋脫。許氏說字形，謂「象艸木出有址」，《說文》自部「阯，基也。或作址」，王筠《句讀》曰：「許以止爲阯之古文也。」「故止以爲足」，二徐注同，《集韻》引作「故以爲足」，「止」字非脫，蓋省。「一曰」者，非引《說文》、〈東京賦〉「神具醉止」，注：「止，已也。」

士　士

《集韻》上聲止韻：「《說文》：事也。數始於一，終於十。从一从十。孔子曰：推十合一爲士。」

《說文》一上士部：「事也。數始於一，終於十。从一从十。孔子曰：推十合一爲士。」

案：大徐本有「从一从十」四字，小徐無。《廣韻》上聲六止引作「从一十」，少一「从」字，是《說文》本有，小徐脫去。《集韻》引同大徐，不誤也。

溰　溰

《集韻》上聲止韻：「《說文》：水厓也。引《周書》王出溰。」

《說文》十一上水部：「水厓也。从水矣聲。《周書》曰：王出溰。」

案：「厓」字，小徐作「崖」。《爾雅·釋丘》「溰爲厓」，《詩·葛藟》、《蒹葭》、《大明傳》並云：「溰，厓也。」《廣雅·釋邱》：「溰，厓也。」是古皆作「厓」。

枲　枲

《集韻》上聲止韻：「《說文》：麻也。籀文作𣏟。」

《說文》七下木部：「麻也。从木台聲。𣏟，籀文枲从林从辝。」

案：鍇本作「麻子也」，非。「枲，麻也」，《爾雅·釋草》文。《喪服傳》曰：「苴，麻之有蕡者也。牡麻者，枲麻也。」有子不得云牡，是《玉篇》曰：「有子曰苴，無子曰枲。」《廣韻》上聲六止注作「麻有子曰枲，無子曰苴」，「有」「無」二字互訛。《詩·七月》：「九月叔苴。」毛《傳》：「苴，麻子也。」故知《玉篇》是也。段注本從大徐作「麻也」，《集韻》亦然。

𦣝　目

《集韻》上聲止韻：「《說文》：用也。从辰巳。賈侍中說：巳意巳實也。象
　　　　形。」

《說文》十四下巳部：「用也。从辰巳。賈侍中說：己意巳實也。象形。」

案：引賈侍中說：小徐作「己意目實也」。王筠《繫傳校錄》曰：「案：以、
　　巳，皆吕之變文。」「象形」下，小徐有「也」字。

苣

《集韻》上聲止韻：「《說文》：茉苣，一名馬舄，其實如李，令人宜子。《周
　　　　書》所說。」

《說文》一下艸部：「茉苣。一名馬舄，其實如李，令人宜子。从艸目聲。《周
　　　　書》所說。」

案：「《周書》所說」，小徐本作「《周禮》書所說」，《周書》者，《逸周書》
　　也，「禮」字衍。

匪

《集韻》上聲尾韻：「《說文》：器似竹篋。引《逸周書》：實玄黃于匪。匪，
　　　　一曰非也。」

《說文》十二下匚部：「器似竹筐。从匚非聲。《逸周書》曰：實玄黃于匪。」

案：《續古逸叢書》本作「器似竹篋」，《集韻》引同。岩崎氏本「篋」作
　　「筐」，非。祁刻小徐本止作「如篋。」蓋有敓奪。《廣韻》上聲七尾
　　引作「器如竹篋」，近大徐。「一曰：非也」，非引《說文》，見《廣雅‧
　　釋詁》四。

餥

《集韻》上聲尾韻：「《說文》：餱也。陳楚之間相謁，食麥飯曰餥。」

《說文》五下食部：「餱也。从食非聲。陳楚之間相謁，食麥飯曰餥。」

案：鍇本作「謁」下有「而」字，蓋涉《方言》增。《方言》卷一云：「陳
　　楚之內相謁而食麥饘謂之餥。」

豨

《集韻》上聲尾韻：「《說文》：豕走豨豨。古有封豨脩虵之害。」

《說文》九下豕部：「豕走豨豨。从豕希聲。古有封豨脩虵之害。」

案：《繫傳》無「古有封豨脩虵之害」八字。《左傳》申包胥曰：「吳爲封豕
長蛇。」《淮南・本經訓》：「逮至堯之時，封豨脩蛇，皆爲民害。」許
蓋列此義于後也。

豈 豈

《集韻》上聲尾韻：「《說文》：還師振旅樂也。一曰：欲也，登也，非也。」

《說文》五上豈部：「還師振旅樂也。一曰：欲也。登也。从豆微省聲。」

案：小徐引《詩》作「還師振旅旅樂也」，「旅旅」當衍其一。饒炯《說文
解字部首訂》曰：「凡軍中還師振旅樂，謂揚旆而返，鼓譟而還，歌以
樂之。如《左傳》僖二十八年云：振旅豈以入於晉。是也。」「非也」
之義，非《說文》本有，丁度等所增。

許 許

《集韻》上聲語韻：「《說文》：聽也。」

《說文》三上言部：「聽也。从言午聲。」

案：小徐作「聽言也」，然《廣雅・釋詁》四：「許，聽也。」《玉篇》訓「進
也。從也。聽也」，據此，知仍以大徐爲是。

廣 虡

《集韻》上聲語韻：「《說文》：鐘鼓之柎也。飾爲猛獸。从虍異。象其下足。
或省（虞）。亦作鐻。」

《說文》五上虍部：「鐘鼓之柎也。飾爲猛獸。从虍異。象其下足，鐻，虞
或从金豦聲。虡，篆文虞省。」

案：「象其下足」，小徐作「象形其下足」，「形」字衍。

甯 甯

《集韻》上聲語韻：「《說文》：帾也。所以載盛米。从宁从甾，甾，缶也。」

《說文》十四下宁部：「帾也。所以載盛米。从宁从甾。甾，缶也。」

案：小徐「从宁」二字，在「甾，缶也」下。

旅 旅

《集韻》上聲語韻：「《說文》：軍之五百人爲旅。古作㫃。」

《說文》七上放部：「軍之五百人爲旅。从放从从，从俱也。<img_char>，古文旅，古文以爲魯衛之魯。」

案：小徐作「軍之五百人」，無「爲旅」二字。

禹

《集韻》上聲噳韻：「《說文》：蟲也。从厹。象形。古作<img_char>、一曰：夏王之號。」

《說文》十四下厹部：「蟲也。从厹象形。<img_char>，古文禹。」

案：小徐「从厹」之「厹」作「内」，且二字在「象形」下。「一曰：夏王之號」，係丁度等增，非《說文》本有。

撫

《集韻》上聲噳韻：「《說文》：安也。一曰：循也。或作抚。」

《說文》十二上手部：「安也。从手無聲。一曰：循也。<img_char>，古文从攴亡。」

案：小徐尚有「一曰：掔也」四字，《玉篇》引無，經傳亦無「撫」訓爲「掔」者。掔，拾也。小徐本恐後人增。

廡

《集韻》上聲噳韻：「《說文》：堂下周屋。籀从廡。」

《說文》九下尸部：「堂下周屋。从广無聲。<img_char>，籀文从舞。」

案：鍇本作「堂下周廡屋」，「廡」字蓋衍。《後漢書·梁鴻傳》注、《文選·雪賦》、《懷舊賦》李注引竝作「堂下周屋」，與大徐同，《集韻》引不誤。

鵡

《集韻》上聲噳韻：「《說文》：鸚鵡也。」

《說文》四上鳥部：「鸚鵡也。从鳥母聲。」

案：小徐「鸚鵡也」，下尚有「能言鳥也」四字，蓋「鸚」注，移竄於此也。

宝

《集韻》上聲噳韻：「《說文》：宗廟宝祐。」

《說文》七下宀部：「宗廟宝祐。从宀主聲。」

案：小徐作「宗廟主石也」，田氏《二徐箋異》云：「示部『祏』字下，『宗廟主也』主當作宔，此作『祏』，正與示部應。小徐之誤作石，猶祏下之誤作主也。」是大徐、《集韻》引不誤也。《玉篇》亦作「宗廟宔祏也」。

 乳

《集韻》上聲噳韻：「《說文》：人及鳥生子曰乳。獸曰產。从孚从乙。乙者，玄鳥也。《明堂月令》：玄鳥至之日，祠于高禖，以請子故乳。从乙，請子必以乙至之日者。乙春分來，秋分去。開生之候鳥，帝少昊司分之官也。」

《說文》十二上乙部：「人及鳥生子曰乳。獸曰產。从孚从乙。乙者，玄鳥也。《明堂月令》：玄鳥至之日，祠于高禖。以請子故乳。从乙，請子必以乙至之日者。乙春分來、秋分去，開生之候鳥，帝少昊司分之官也。」

案：「開生之候鳥」，小徐作「開生之候玄鳥」，田氏《二徐箋異》云：「玄字衍」。

 僂

《集韻》上聲噳韻：「說文：尫也。周公韤僂。或言背僂。」

《說文》八上人部：「尫也。从人婁聲。周公韤僂。或言背僂。」

案：小徐作「㞩也」，非。《玉篇》引作「尫也」，慧琳《音義》卷二、卷三十二、卷七十三引亦作「尫也」，足證大徐本、《集韻》引之不誤也。《韻會》引亦作「尫也」，故知小徐本原不誤也。

 庾

《集韻》上聲噳韻：「《說文》：水漕倉也。一曰：倉無屋者。」

《說文》九下广部：「水漕倉也。从广臾聲。一曰：倉無屋者。」

案：鍇本「漕」作「槽」，誤。《漢書・文帝紀》「發倉庾」，應劭曰：「水漕倉曰庾。」

 圃

《集韻》上聲姥韻：「《說文》：種菜曰圃。」

《說文》六下口部：「穜菜曰圃。从口甫聲。」

案：《繫傳》「穜」作「種」，非。「種植」字，古作「穜」，後世多混。

墻　堵

《集韻》上聲姥韻：「《說文》：垣也。五版爲一堵。籒作鸂。」

《說文》十三下土部：「垣也。五版爲一堵。鸂，籒文从土者聲。䆞从享。」

案：「堵」上，小徐無「一」字。

吐　吐

《集韻》上聲姥韻：「《說文》：寫也。」

《說文》二上口部：「寫也。从口土聲。」

案：小徐作「瀉也」，「寫」、「瀉」古今字。

詁　詁

《集韻》上聲姥韻：「《說文》：訓故言也。从言古聲。詩曰：詁訓。」

《說文》三上言部：「訓故言也。从言古聲。《詩》曰：詁訓。」

案：小徐作「詩詁訓」無「曰」字，蓋脫。

扈　扈

《集韻》上聲姥韻：「《說文》：夏后同姓所封，戰於甘者，在鄠有扈谷甘亭，
　　　古作𢑣。」

《說文》六下邑部：「夏后同姓所封，戰於甘者在鄠有扈谷甘亭。从邑戶聲。
　　　𡽹，古文扈从山马。」

案：「有扈谷甘亭」小徐作「有扈國也，有甘亭」。《玉篇》注同大徐，桂
　　氏《義證》云：「有扈谷甘亭者，言有扈谷亭及甘亭也。《漢志》有扶
　　風鄠縣古國有扈谷亭。……《續漢書・郡國志》：有扶風鄠有甘亭。」
　　徐灝箋亦曰：「許蓋謂扈谷亭、甘亭耳。」依此，則大徐爲是。

米　米

《集韻》上聲薺韻：「《說文》：粟實也。象禾實之形。」

《說文》七上米部：「粟實也。象禾實之形。」

案：小徐作「穬實也。象禾黍之形」，恐非。《玉篇》注亦作「粟實也」，與

大徐同，《廣韻》上聲十一薺作「穀實也」。「象禾黍之形」，〈袪妄篇〉仍作「象禾實之形」。

鬭 鬮

《集韻》上聲薺韻：「《說文》：智少力劣也。」

《說文》三下鬥部：「智少力劣也。从鬥爾聲。」

案：鍇本作「智力少劣也」，非。《廣韻》上聲十一薺「鬮」注亦作「智少力劣」，段注從大徐。

棨 棨

《集韻》上聲薺韻：「《說文》：傳信也。一說：形如戟，有幡書之吏執爲信。」

《說文》六上木部：「傳信也。从木啓省聲。」

案：小徐作「傳書也」，慧琳《音義》卷九十八「棨」注引《說文》作「傳信也」，同大徐，《廣韻》上聲十一薺引亦同。小徐「信」作「書」，義雖兩通，然非古本。「一說」云云，非引許書，丁度等所增益也，《漢書·韓延壽傳》「建幢棨」，注：「有衣之戟也。」「有衣」謂「有幡」也。

解 解

《集韻》上聲蟹韻：「《說文》：判也。以刀判牛角。一曰：解廌，獸名。」

《說文》四下角部：「判也。从刀。判牛角。一曰：解廌，獸也。」

案：「一曰：解廌，獸也」，小徐「廌」作「豸」。許書「廌」下曰：「解廌獸也」，《廣韻》上聲十二蟹注云：「解廌，仁獸，似牛一角」，桂氏《義證》曰：「《字林》、《字樣》俱作解廌」，綜上所引，小徐作「豸」，非。又「獸也」，《集韻》引作「獸名」，宜改。

溳 濆

《集韻》上聲蟹韻：「《說文》：水出豫章艾縣，西入湘。」

《說文》十一上水部：「水出豫章艾縣，西入湘。从水買聲。」

案：「西」下，小徐有「北」字。《水經·湘水篇》曰：「又北過羅縣西，溳水從東來流注之。」溳水又別爲篇曰：「溳水出豫章艾縣，西過長沙羅縣西，又西至磊石山，入於湘水。」據是，則「北」字不宜有。

罪 罪

《集韻》上聲賄韻：「《說文》：捕魚竹网。」

《說文》七下网部：「捕魚竹网。从网非。秦以罪爲辠字。」

案：小徐「捕魚」下無「竹网」二字，蓋以爲與「从网」二字混，而刪奪。

僓 僓

《集韻》上聲賄韻：「《說文》：嫻也。一曰：長皃。」

《說文》八上人部：「嫻也。从人貴聲。一曰：長皃。」

案：小徐無「一曰：長皃」四字。考《玉篇》「僓」訓「長好皃。又嫻也」，《廣韻》上聲十四賄亦訓「長好皃」，去聲十八隊訓「長也」，是許書當亦有「長皃」之別義。

嶵 嶵

《集韻》上聲賄韻：「《說文》：嶹也。」

《說文》九下山部：「嶹也。从山辠聲。」

案：鍇本作「巖也」，恐誤。《玉篇》注作「嶵嶵，山形」，《廣韻》上聲十四賄注作「嶵嶵，山狀」，嶵嶹，疊韻字也，訓「巖」，非也。

改 改

《集韻》上聲海韻：「《說文》：更也。从己，从攴，李陽冰曰：一有過，攴之即改。」

《說文》三下攴部：「更也。从攴己。李陽冰曰：己有過攴之即改。」

案：大徐作「从攴己」，小徐作「從攴己聲」，《繫傳》楚金案語云：「從戊己之己。」己疑非聲。《集韻》引作「从己从攴」，亦視同會意。引李陽冰說，二徐注作「己有過，攴之即改」，此說从己从攴之意也，《集韻》引作「一有過，攴之即改」，「一」當爲「己」之誤。

聤 聤

《集韻》上聲蟹韻：「《說文》：益梁之州謂聾爲聤，秦晉聽而不聞，聞而不達，謂之聤。」

《說文》十二上耳部：「益梁之州謂聾爲聤，秦晉聽而不聞，聞而不達，謂之聤。从耳宰聲。」

案：「聽而不聞」，小徐作「聽而不聰」。《御覽》七有四十〈疾病部〉引作「聽

而不聞」，同大徐。《玉篇》引《方言》作「聽而不聰」，鍇本或後人據《方言》改。

袗 袗

《集韻》上聲軫韻：「《說文》：玄服或从辰。」

《說文》八上衣部：「玄服。从衣㐱聲。𧝗，袗或从辰。」

案：小徐作「袨服」，非，《說文》無「袨」。

頵 頹

《集韻》上聲準韻：「《說文》：面色顛頹皃。」

《說文》九上頁部：「面色顛頹皃。从頁員聲。讀若隕。」

案：小徐作「面色顛皃」，「頹」字奪。《廣韻》上聲十八吻引作「面色顛頹皃」，可證。

粉 黺

《集韻》上聲吻韻：「《說文》：袞衣山龍華蟲黺畫粉也。衞宏說。」

《說文》七下黹部：「袞衣山龍華蟲黺畫粉也。从黹从粉省。衞宏說。」

案：鍇本「蟲」下有「粉米也」三字，段氏《注》、王氏《句讀》皆不取。《書·皋陶謨》：「日月星辰山龍華蟲作繪、宗彝藻火粉米黼絺繡。」「華蟲」不與「粉米」相屬，鍇本蓋傳寫誤衍。

粂 粂

《集韻》上聲阮韻：「《說文》：粉也。一曰：饋粂搏也。」

《說文》七上米部：「粉也。从米卷聲。」

案：小徐無義，作「或从卷作」，以為「粉」之重文，誤。《廣韻》上聲二十阮注作「粉也」，同大徐，《集韻》亦然。「一曰」者，非引《說文》，見《廣雅·釋詁》三。

很 很

《集韻》上聲很韻：「《說文》：不聽从也。一曰行難也。一曰：盭也。」

《說文》二下彳部：「不聽从也。一曰：行難也。一曰：盭也。从彳𥎵聲。」

案：「不聽从也」，小徐作「不聽從也」，許書从部曰「相聽也」，「從」下曰

「隨行也」，故知大徐、《集韻》引不誤。

匴 匴

《集韻》上聲緩韻：「《說文》：溓米籔也。」

《說文》十二下匚部：「溓米籔也。攴匚箕聲。」

案：「溓」字，小徐作「盉」。溓爲漉之重文，訓「浚也。」小徐又作「水下兒」，許書竹部「籔」下云「漉米籔也」，則匴與籔同。《說文》無盉，小徐非也。

酇 酇

《集韻》上聲緩韻：「《說文》：百家爲酇。酇，聚也。一曰：縣名，在南陽。」

《集韻》去聲換韻：「《說文》：百家爲酇。酇，聚也。南陽有酇縣。蕭何子孫續封者。」

《說文》六下邑部：「百家爲酇，酇，聚也。从邑贊聲。南陽有酇縣。」

案：「酇，聚也」，小徐作「酇，四里也」，田氏《二徐箋異》云：「二十五家里，百家爲酇，實四里，無庸綴設『酇，四里』之訓，其誼已明。《玉篇》引《說文》亦作『酇，聚也。』」《周禮・遂人》：「五家爲鄰，五鄰爲里，四里爲酇。」後人或據此而改小徐。「南陽有酇縣」，二徐注同，《集韻》上聲緩韻引作「一曰：縣名。在南陽」，文字、言次均有改易，去聲換韻引則同，其下又曰：「蕭何子孫續封者」，乃丁度等所增益，蕭何始封于沛郡酇縣，高后徙封于酇。

疃 疃

《集韻》上聲緩韻：「《說文》：禽獸所踐處也。引《詩》：町疃鹿場。」

《說文》十三下田部：「禽獸所踐處也。《詩》曰：町疃鹿場。从田童聲。」

案：「踐」下，小徐有「地」，蓋衍。

甌 甌

《集韻》上聲薺韻：「《說文》：敗也。一曰牝瓦。」

《說文》十二下瓦部：「敗也。从瓦反聲。」

案：鍇本作「敗瓦也」，桂氏《義證》云：「本書初刻無瓦字，後增。」田氏《二徐箋異》曰：「瓵，破也；甌，敗也。均以單字成訓，一例。」

是《集韻》引不誤也。「一曰：牝瓦」，非引《說文》，見《玉篇》。

屖　屖

《集韻》上聲產韻：「《說文》：羊相厠也。从羴在尸下。尸，屋也。一曰：
　　相出前也。」

《說文》四上羴部：「羊相厠也。从羴在尸下。尸，屋也。一曰：相出前也。」

案：「一曰：相出前也」，小徐本作「相出前屋在初也」，考《玉篇》亦作「相
　　出前也」，知鍇本「屋在初」三字衍。

銑　銑

《集韻》上聲銑韻：「《說文》：金之澤者。一曰：小鑿。一曰：鐘兩角謂之
　　銑。」

《說文》十四上金部：「金之澤者。一曰：小鑿，一曰：鐘兩角謂之銑。从
　　金先聲。」

案：「兩角」上，小徐有「下」字。《廣韻》引同大徐，亦無「下」字，小
　　徐衍。

毨　毨

《集韻》上聲銑韻：「《說文》：仲秋鳥獸毛盛，可選取以爲器用。」

《說文》八上毛部：「仲秋鳥獸毛盛，可選取以爲器用。从毛先聲。讀若
　　選。」

案：「以爲器用」，小徐作「以爲器」，無「用」字，然《書·堯典·釋文》
　　有「用」字，小徐蓋脫。

扁　扁

《集韻》上聲銑韻：「《說文》：署也。从戶冊。戶冊者署門戶之文也。一曰：
　　不圓兒。」

《說文》二下冊部：「署也。从戶冊，戶冊者署門戶之文也。」

案：大徐本作「从戶冊。戶冊者，署門戶之文也」，小徐作「從戶冊者，署
　　門戶之文也」，不重「戶冊」二字，非。重之者，所以說其義，不重則
　　語句不完。「一曰」者，非引《說文》，蓋丁度等自增也。

銘　鉉

《集韻》上聲銑韻：「《說文》：舉鼎也。《易》謂之鉉，《禮》謂之鼏。」

《說文》十四上金部：「舉鼎也。《易》謂之鉉，《禮》謂之鼏。从金玄聲。」

案：「鼎」下，小徐有「具」字。《五音韻譜》、《廣韻》上聲二十七銑、《集韻》、《類篇》並無「具」字。《易・鼎卦・釋文》引馬注曰：「扛鼎而舉之也。」是「具」字不必有。

揃 揃

《集韻》上聲獮韻：「《說文》：搣也。一曰：擇也。」

《說文》十二上手部：「搣也。从手前聲。」

案：小徐有「一曰：竊也」之訓，朱氏《通訓定聲》曰：「未詳。」《韻會》引無此四字，是小徐舊本亦無。「一曰：釋也」，非引《說文》，丁度等所增。

譱 善

《集韻》上聲獮韻：「《說文》：吉也。或省善。」

《說文》三上誩部：「吉也。从誩从羊，此與義美同意。譱，篆文从言。」

案：小徐作「言也」，當係形誤。「譱」字从羊，且許君又云：「此與義美同意。」訓「吉」是也。《說文》口部曰：「吉，善也。」二字相轉注也。

儇 儇

《集韻》上聲獮韻：「《說文》：作姿也。」

《說文》八上人部：「作姿也。从人䚛聲。」

案：小徐作「作姿態也」，「態」字蓋衍。「儇」字，《玉篇》作「偝」，注「作姿也」，同大徐。是《集韻》引不誤也。

橪 橪

《集韻》上聲獮韻：「《說文》：酸小棗。一曰染也。」

《說文》六上木部：「酸小棗。从木然聲。一曰：染也。」

案：「一曰：染也」，小徐「染」作「柔」。楚金案語有云：「《上林賦》：枇杷橪柿。橪之言柔也。」似為「柔」字作注，然郭璞以為「橪」為「橪支木也」，段氏從大徐作「染」，注曰：「染，小徐作柔，皆未詳。」嚴

可均《校議》云：「手部撚一曰：蹂也。作染誤。」洪頤煊《讀書叢錄》同此說。今存之備考。

關 關

《集韻》上聲獮韻：「《說文》：開閉門利也。一曰：縷十紘。」

《說文》十二上門部：「開閉門利也。从門龻聲。一曰：縷十紘也。臣鉉等曰：龻非聲，未詳。」

案：《繫傳》作「開閉門戶利也」，「戶」字似衍。《玉篇》作「開閉戶利也」，蓋有「門」即不必有「戶」，有「戶」即不必有「門」。「一曰」，小徐作「或曰」，意同。「紘」下，二徐注有「也」字，《集韻》奪。

𩑣 𧝑

《集韻》上聲獮韻：「《說文》：柔韋也。从北从皮省。从夐省。徐鉉曰：北者反覆柔梁之也。古作反，籀作𧝑。」

《說文》三下北部：「柔韋也。从北从皮省，从夐省。讀若耎。一曰讀若儁。臣鉉等曰：北者反覆柔治之也。夐營也。𠬝，古文𧝑。𠬟，籀文𧝑从夐省。」

案：「从北从皮省从夐省」，小徐作「從北皮省夐省」。

𠼦 冕

《集韻》上聲獮韻：「《說文》：大夫已上冠也。邃延垂𤤙紞纊。古者黃帝初作冕。或从糸（絻）。」

《說文》七下冃部：「大夫以上冠也。邃延垂𤤙紞纊，从冃免聲。古者黃帝初作冕。絻，冕或从糸。」

案：「大夫以上冠也」，二徐竝同，《集韻》引「以」作「已」，當改。王筠《句讀》曰：「据《士冠禮》三加至爵弁而止，是士無冕也。」「紞纊」二字，小徐作「纊紞」。段注、王筠《句讀》竝從大徐。段云「糸部曰：紞者冕冠塞耳者也。按紞所以懸瑱也。瑱亦謂之纊。」王云：「紞所以縣纊也。纊即瑱。」《集韻》引亦從大徐。

𧗚 衍

《集韻》上聲獮韻：「說文：水朝宗于海也。一曰：廣也。達也。樂也。散

也。」

《說文》十一上水部：「水朝宗于海也。从水从行。」

案：「海」下，小徐有「皃」字。然《韻會》引無「皃」字，知小徐本舊
　　無。「一曰」下數義，非引《說文》，「廣也」，見《廣雅‧釋詁》二；
　　《太玄》「法水直衍」，注：「衍，達也。」「樂也」之義，諸書未見，
　　《詩‧小雅‧南有嘉魚》「嘉賓式燕以衍」，《傳》云：「衍，樂也。」
　　疑丁氏等涉此而誤。「散也」，見《小爾雅‧廣言》。

㨨 㨨

《集韻》上聲獼韻：「《說文》：拔取也。南楚語。引《楚詞》：朝㨨阰之木蘭。」

《說文》十二上手部：「拔取也。南楚語。从手寒聲。《楚詞》曰：朝㨨批之
　　木蘭。」

案：鍇本無「南楚語」三字，《韻會》引有，知今鍇本散失。

秒 秒

《集韻》上聲筱韻：「說文：禾危穗也。」

《說文》七上禾部：「禾危穗也。从禾勺聲。」

案：《繫傳》「穗」作「穟」，非。徐鍇曰：「危謂獨出之穗也。」是小徐舊
　　本當亦作「穗」也。《玉篇》亦訓「禾危穗」。

繰 繰

《集韻》上聲小韻：「《說文》：帛如紺色。一曰：深繒。」

《說文》十三上糸部：「帛如紺色。或曰：深繒，从糸喿聲。讀若喿。」

案：「帛如紺色」，小徐「紺」作「繒」，非。《玉篇》引亦作「紺」。「深繒」
　　上，二徐注云「或曰」，《集韻》引作「一曰」，義得兩通。

蟜 蟜

《集韻》上聲小韻：「《說文》：蟲名。一曰：夭蟜龍皃。一曰：野人身虎文。」

《說文》十三上虫部：「蟲也。从虫喬聲。」

案：二徐注作「蟲也」，《集韻》引「也」作「名」，宜改。兩「一曰」義，
　　非引《說文》，丁氏等所增。

覤　覮

《集韻》上聲小韻：「《說文》：目有察省兒也。」

《說文》八下見部：「目有察省見也。从見票聲。」

案：鍇本作「目有察省」，無「見也」二字。《集韻》引從大徐，然「見」
作「兒」，蓋形訛也。《玉篇》作「目有察省見也」，同大徐。

樏　標

《集韻》上聲小韻：「《說文》：木杪，末也。」

《說文》六上木部：「木杪。末也。从木嬰聲。」

案：小徐「杪」作「標」，非。王筠《繫傳校錄》云：「大徐標作杪，是。
與杪互訓也。」其《句讀》又云：「說標曰木杪，說杪曰木標，轉注也，
皆申之以末者，以恆言統之也。」《集韻》引從大徐，不誤。

麎　麎

《集韻》上聲小韻：「《說文》：鹿藿也。一曰：菽屬。」

《說文》一下艸部：「鹿藿也。从艸麎聲。讀若剽，一曰：菽屬。」

案：「鹿藿也」小徐作「鹿藿也」。嚴可均《說文校議》云：「《韻會》十七
篠引作『鹿藿也』，藿為正體。《釋艸》：藺，鹿藿。《說文》無藺字，
蓋許所見本作『麎』，鹿藿。」段氏注亦作「鹿藿也」，則大徐、《集
韻》引宜改。又「一曰：菽屬」，小徐「菽」作「菽」，乃轉寫之誤。
許書「菽」篆，在「麎」篆上，从又不从支。大徐、《集韻》引不誤。

疚　疚

《集韻》上聲巧韻：「《說文》：腹中急也。」

《說文》七下疒部：「腹中急也。从疒丩聲。」

案：小徐作「腹中急痛也」，《廣韻》上聲三十一巧注作「腹中急痛」，與其
同。然《玉篇》作「腹中急」，與大徐合。

鎬　鎬

《集韻》上聲晧韻：「《說文》：溫器也。武王所都，在長安西上林苑中。」

《說文》十四上金部：「溫器也。从金高聲。武王所都，在長安西上林苑中。

字亦如此。」

案：「武王所都」下，小徐有「鎬」字，嫌贅，蓋後人加。《韻會》引「都」
下無「鎬」，可証。

媼　媼

《集韻》上聲晧韻：「《說文》：女老偁也。」

《說文》十二下女部：「女老偁也。从女㬖聲。讀若奧。」

案：小徐作「母老稱也」，段云：「大徐作女，非也。高帝母曰劉媼。」然
《韻會》引、《玉篇》、《廣韻》注皆作「女老稱」，又「稱」字，當作
「偁」，大徐、《集韻》引不誤。

璪　璪

《集韻》上聲晧韻：「《說文》：玉飾如水藻之文。引《虞書》璪火黺米。」

《說文》一上玉部：「玉飾如水藻之文。从玉喿聲。《虞書》曰：璪火黺米。」

案：小徐本引《虞書》「黺」作「粉」。鈕樹玉《說文校錄》謂作「粉」者
非，並云：《說文》黺下引此文，《書·益稷·釋文》引亦作「黺」。

𦜝　𦜝

《集韻》上聲晧韻：「《說文》：頭骾也。从匕，匕，相比箸也。巛，象髮，
囟，象𦜝形。」

《說文》八上匕部：「頭骾也。从匕，匕，相比箸也。巛，象髮。囟，象𦜝
形。」

案：大徐作「頭骾也」，小徐作「頭髓也」，「髓」爲「骾」之隸寫。《集韻》
引同大徐。「囟，象𦜝形」，二徐並同，《集韻》引「囟」，訛作「囚」，
當改。

奲　奲

《集韻》上聲哿韻：「《說文》：富奲奲皃。」

《說文》十下奢部：「富奲奲皃。从奢單聲。」

案：鍇本「富」作「當」，誤。《玉篇》訓「大寬也」，《廣韻》上聲三十五
馬韻注曰：「寬大也。」均有「富」義。

䐝　䳡

《集韻》上聲果韻：「《說文》：帀惡驚詞也。」

《說文》八下冎部：「屰惡驚詞也。从冎咼聲。讀若楚人名多夥。」

案：小徐「屰」作「逆」，「詞」下無「也」字。《集韻》引從大徐，唯「屰」誤作「帀」，不體。

夥　夥

《集韻》上聲果韻：「《說文》：齊謂多爲夥。」

《說文》七上多部：「齊謂多爲夥。从多果聲。」

案：鍇本作「齊謂多也」，無「爲夥」二字，然義仍同。

媒　媒

《集韻》上聲果韻：「《說文》：婐也。一曰：女侍。孟軻曰舜爲天子，二女婐。」

《說文》十二下女部：「婐也。一曰：女侍曰媒。讀若騧。或若委。从女果聲。孟軻曰舜爲天子，二女婐。」

案：「一曰：女侍曰媒」句上，小徐有「一曰：果敢也」五字。王筠《句讀》曰：「果，當作媒。《左傳》：殺敵爲果。《蒼頡篇》作愲。案：嬾、婿，從女，果敢字似不宜從女。大徐本無此句，蓋疑而刪之也。」王說非肊斷也。媒，訓婐也，婐下注云：「一曰：弱也。」弱與果敢意正相戾，許訓當不至如此悖理。

隋　隋

《集韻》上聲果韻：「《說文》：山之隋隋者。」

《說文》九下山部：「山之隋隋者。从山从隋省聲。讀若相推落之隋。」

案：鍇本作「山之隋者」，蓋脫一「隋」字。《周頌・般篇》：「隋山喬嶽。」傳曰：「隋山，山之隋隋小者。」與大徐、《集韻》引合。

槎　槎

《集韻》上聲馬韻：「《說文》：衺斫也。引《春秋傳》：山不槎。」

《說文》六上木部：「衺斫也。从木差聲。《春秋傳》曰：山不槎。」

案：小徐本作「斫也」，無「衺」字。《文選・西京賦》「槎木剪棘」，李善

引賈逵《國語注》：「槎，邪斫也。」〈東京賦〉「山無槎枿」，薛綜曰：「斜斫曰槎。」是「衺」字宜有。引《春秋傳》大徐作「山不槎」，小徐作「山木不槎」，今《三傳》注無此文，《魯語》曰：「山不槎櫱。」嚴氏校議云：「山木不槎，木乃市之誤，不槎當作槎木，轉寫到耳。不即櫱，所謂古文從木無頭者。」嚴說可取。嚴氏又謂《春秋傳》當改作《春秋國語》，段注云：「許書亦有謂《國語》爲《春秋傳》者，此其一也。」然則不改亦可。

冶

《集韻》上聲馬韻：「《說文》：銷也。一曰：女熊。」

《說文》十一下仌部：「銷也。从仌台聲。」

案：鍇本作「消也」，非。段云：「銷者鑠金也。仌之融如鑠金然，故鑪鑄亦曰冶。」「一曰」者，非引《說文》，丁氏等所增。

稞

《集韻》上聲馬韻：「《說文》：善者。一曰：無穀之皮穀。」

《說文》七上禾部：「穀之善者。从禾果聲。一曰：無皮穀。」

案：小徐無「一曰：無皮穀」句，錢坫《說文解字斠詮》云：「無皮穀，今所云青稞也，似非古訓。」然段氏以爲此謂穀中有去稃者，桂氏《義證》並引《四民月令》「青稞麥與大麥同時熟、麨美、磨盡無麩」爲說，田氏《二徐箋異》云：「此非淺人所能肊紬，當是舊本所有。」如是，則小徐脫「一曰」義也。

蘳

《集韻》上聲馬韻：「《說文》：黃華也。」

《說文》一下艸部：「黃華也。从艸鞾聲。讀若壞。」

案：《繫傳》作「華黃」，蓋誤倒，《玉篇》作「黃花」，可證。

寡

《集韻》上聲馬韻：「《說文》：少也。从宀、从頒。頒，分賦也。故爲少。」

《說文》七下宀部：「少也。从宀、从頒。頒，分賦也。故爲少。」

案：「从宀，从頒。頒，分賦也。故爲少」，小徐作「從宀頒。頒，分也。

從宀頒，故爲少」，「從宀頒」三字複出，其衍無疑。

瓾　瓾

《集韻》上聲養韻：「《說文》：瑳垢瓦石。」

《說文》十二下瓦部：「瑳垢瓦石。从瓦爽聲。」

案：「瑳」字，小徐作「磋」，俗字也。《說文》無磋。段氏《汲古閣說文訂》
　　云：「經典切磋字，古多作瑳。」

丈　丈

《集韻》上聲養韻：「《說文》：十尺也。从又持十。」

《說文》三下丈部：「十尺也。从又持十。」

案：「从又持十」，鍇本作「从手持十」，又，即手也，篆文下實是「又」字，
　　因此大徐爲是。

丄　上

《集韻》上聲養韻：「《說文》：高也。此古文。指事也。一曰：外也。或作
　　上。」

《說文》一上上部：「《說文》：高也。此古文上。指事也。𠄞，篆文上。」

案：「此古文上。指事也」，小徐「上」作「丄」，非是。《集韻》引止作「此
　　古文。指事也」，「上」字非脫，蓋省。「一曰：外也」，非引《說文》，
　　「外」宋本《集韻》作「升」，楝亭本「升」多訛作「外」。《易‧需
　　卦》「雲上于天」，《注》：「上，升也。」

奘　奘

《集韻》上聲蕩韻：「《說文》：妄彊犬也。从大。」

《說文》十上犬部：「妄彊大也。从犬从壯，壯亦聲。」

案：「彊」字，小徐作「強」，借字也。

沆　沆

《集韻》上聲蕩韻：「《說文》：莽沆大水也。一曰：大澤皃。一曰：沆瀁露
　　气。」

《說文》十一上水部：「莽沆大水也。从水亢聲。一曰：大澤皃。」

案：《繫傳》「大澤」下，無「皃」字。《風俗通》：「山澤沆者莽也，言其平望
莽莽無涯際也。」是莽沆沆所以狀山澤之大水。許收入則一義，故曰「大
澤皃」，小徐省奪「皃」字，則沆爲大澤矣。又「大水」下，小徐無「也」
字，此無關要義。「一曰：沆瀣、露气」，非引《說文》，丁度等所增。

皿 皿

《集韻》上聲梗韻：「《說文》：飯食之用器也。象形。」
《說文》五上皿部：「飯食之用器也。象形。與豆同意。讀若猛。」
案：鍇本「飯食」作「飲食」，《御覽》七百五十六〈器物部〉引亦同。然
《玉篇》引作「飯食」與大徐同；嚴氏《校議》云《韻譜》、《集韻》、
《類篇》、《韻會》二十三梗引亦作「飯食」，是與大徐同者多。且《韻
會》引係小徐舊本，亦與大徐同，故知小徐原亦作「飯食」也。

永 永

《集韻》上聲梗韻：「《說文》：長也。象水𡿖理之長。引《詩》江之永矣。」
《說文》十一下永部：「長也。象水𡿖理之長。《詩》曰：江之永矣。」
案：小徐作「永長也」，然《爾雅・釋詁》、《毛詩傳・箋》注訓「長也」。《方
言》卷一：「施于眾長謂之永。」是「永」長，非必指「永長也」，當
以大徐爲是，《集韻》引不誤。又「象水𡿖理之長」下，小徐有「永也」
二字，嫌贅。

耿 耿

《集韻》上聲耿韻：「《說文》：耳箸頰也。从耳烓省聲。杜林說：耿光也。
从光聖省。」
《說文》十二上耳部：「耳箸頰也。从耳烓省聲。杜林說：耿光也。从光聖
省。凡字昔左形右聲。杜林非也。徐鍇曰：凡字多右形左聲。此說
或後人所加，或傳寫之誤。」
案：大徐「从耳烓省聲」，小徐「烓」作「炯」。五音韻譜、《集韻》、《類篇》
引注作「烓」，烓見許書火部、讀若門。大徐是也。

㝏 㝏

《集韻》上聲耿韻：「《說文》：吉而免凶也。从屰、从夭。夭，死之事。故

死謂之不喬。」

《說文》十下夭部：「吉而免凶也。从屰从夭。夭，死之事。故死謂之不喬。」

案：「故死謂之不喬」，小徐作「故謂死爲不喬」，顚倒耳，義仍同。《集韻》引「喬」譌作「喬」，當改。

裂　褧

《集韻》上聲廻韻：「《說文》：檾也。引《詩》：衣錦褧衣。示反古。」

《說文》八上衣部：「檾也。《詩》曰：衣錦褧衣。示反古。从衣耿聲。」

案：「示反古」，小徐作「反古」，毛本亦刪去「示」字，然《爾雅翼》引亦作「示反古」，同大徐，《集韻》引不誤也。

㛒　婞

《集韻》上聲廻韻：「《說文》：很也。引《楚詞》鯀婞直。」

《說文》十二下女部：「很也。从女幸聲。《楚詞》曰鯀婞直。」

案：《繫傳》有「一曰：見親」四字，然《韻會》引無，《玉篇》注亦無，恐是後人增。

鋌　鋌

《集韻》上聲廻韻：「《說文》：桐鐵樸也。」

《說文》十四上金部：「桐鐵樸也。从金廷聲。」

案：「樸」字，小徐作「朴」。段氏從大徐，注云：「樸，木素也，因以爲凡素之稱。小徐作朴，非也。」

梃　梃

《集韻》上聲廻韻：「《說文》：一枚也，一曰：木名。」

《說文》六上木部：「一枚也。从木廷聲。」

案：小徐作「一枝也」，田氏《二徐箋異》云：「竹部箇下，錯說竹樸曰竿、曰梃、曰橦。是梃一枚，大徐本是。」「一曰」者，非引《說文》，丁度等增。梃木見《山海經・海內西經》。

彗　友

《集韻》上聲有韻：「《說文》：同志爲友。从二又，相交友也。古作𠬺習。」

《說文》三下又部：「同志爲友。从二又相交友也。，古文友。，亦古文友。」

案：「从二又，相交友也」，小徐作「从二又相交」，無「友也」二字。

韭 韭

《集韻》上聲有韻：「《說文》：菜名。一種而久者，故謂之韭。象形。在一之上。一，地也。」

《說文》七下韭部：「菜名。一種而久者，故謂之韭。象形。在一之上。一，地也。此與耑同意。」

案：小徐作「菜名也」，「也」字蓋衍；「一種而久」之「種」訛作「種」。又「一，地也」，《繫傳》在「臣鍇曰」下，然《釋草・釋文》引有「一，地也」句，則非楚金說。《集韻》引同大徐，不誤也。

咎 咎

《集韻》上聲有韻：「《說文》：災也。从人从各，各者，相違也。」

《說文》八上人部：「災也。从人从各。各者，相違也。」

案：「从人从各」，小徐作「从人各聲」，恐非。《繫傳》鍇曰：「會意也」，王筠《句讀》亦作「从人从各」，《集韻》引當不誤也。段本作「从人各」，視同會意。

酉 酉

《集韻》上聲有韻：「《說文》：就也。八月黍成，可爲酎酒。象古文酉之形。古文酉，从卯丣，卯爲春門，萬物已出。酉爲秋門，萬物已入。一，閉門象也。」

《說文》十四下酉部：「就也。八月黍成，可爲酎酒。象古文酉之形。，古文酉，从卯，卯爲春門，萬物已出。酉爲秋門，萬物已入。一，閉門象也。」

案：「一，閉門象也」，小徐作「從一，閉門象也」。

不 不

《集韻》上聲有韻：「《說文》：鳥飛上翔不下來也。从一，一猶天也。象形。」

《說文》十二上不部：「鳥飛上翔不下來也。从一，一猶天也。象形。」

案：「象形」上，小徐有「木」。許書「𠀗」下說解，象形二字上，小徐亦無「𠀗」形，此蓋校者旁注混入正文。段氏用其說，而不目之入正文，是也。

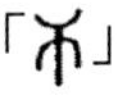

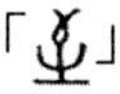

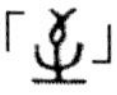

杻　狃

《集韻》上聲有韻：「《說文》：犬性驕也。」

《說文》十上犬部：「犬性驕也。从犬丑聲。」

案：「驕」字，小徐作「忕」，非。《說文》無「忕」，《玉篇》「忕」訓「奢也」，與犬性義不合。

厚　厚

《集韻》上聲厚韻：「《說文》：丘陵之厚也。从𠂤从厂。古作垕。」

《說文》五下𠂤部：「山陵之厚也。从𠂤从厂，胡口切。垕，古文厚从后土。」

案：二徐注作「山陵之厚也」，《集韻》引「山」作「丘」，宜改。《廣韻》上聲四十五厚引亦作「山陵」。「从𠂤从厂」，小徐作「從厂從𠂤」，王筠《繫傳校錄》曰：「若如小徐，則當隸厂部。」是語次當以大徐、《集韻》為當。

�653　畮

《集韻》上聲厚韻：「《說文》：六尺為步，步百為畮。或作畝。」

《說文》十三下田部：「六尺為步，步百為畮，从田每聲。𤰫，畮或从田十久。臣鉉等曰十四方也。久聲。」

案：「步百為畮」，小徐作「百步為畮」，且下有「秦田二百四十步為畮」句。《玉篇》引《司馬法》亦作「步百為畮」，小徐誤倒。「秦田」句，疑校者語，《韻會》二十六厚引作「秦孝公制二百四十步為畮」，故有所異。

𧃒　蔓

《集韻》上聲㬵韻：「《說文》：覆也。」

《說文》一下艸部：「覆也。从艸㑈省聲。」

案：鍇本作「艸覆地也」，「艸」、「地」二字蓋衍。《玉篇》引作「覆也」，同大徐，《集韻》引亦是。《集韻》本又收重文「蔓」，二徐無；《廣韻·

釋詁》：「蕈，覆也。」《廣韻》上聲四十七侵「蕈」注亦曰「覆也」，
亦可爲佐證。

槏　煩

《集韻》上聲寑韻：「《說文》：項枕也。」

《說文》九上頁部：「項枕也。从頁尤聲。」

案：「項枕」之「枕」，小徐作「煩」。嚴章福《說文校議議》云：「項枕者，
即今人所謂後枕骨，仰臥箸枕處，宋本是。」王筠《句讀》亦謂：「此
骨受枕，故以枕名，迨有專字作煩，仍以枕說之，而連言項以定之。」
《集韻》引作「枕」，當不誤。顧廣圻云「汪刻《繫傳》改枕爲煩」，
《玉篇》引同小徐本，恐亦後人轉改。

袿　袿

《集韻》上聲寑韻：「《說文》：衣袂也。」

《說文》八上衣部：「衣袂也。从衣壬聲。」

案：小徐「袂」作「衿」，非。說文無「衿」，《韻會》引亦作「袂」。

燅　燅

《集韻》上聲寑韻：「《說文》：侵火也。」

《說文》十上炎部：「侵火也。从炭𤖺聲。讀若桑葚之葚。」

案：小徐作「侵也」，「火」字蓋脫。《玉篇》注作「火兒」。

搟　撼

《集韻》上聲感韻：「《說文》：搖也。」

《說文》十二上手部：「搖也。从手咸聲，臣鉉等曰：今別作撼，非是。」

案：小徐作「搖也」，李善注〈長門賦〉、慧琳《音義》卷七十四、卷九十四、
希麟《續音義》卷六「撼」注引皆作「搖也」。「搖」訓不誤，「撼」乃俗
誤字。大徐本作「搖」，恐「搖」之訛字。《集韻》引作「搖也」，不誤。

𢎣　𢎡

《集韻》上聲感韻：「《說文》：嘾也。艸木之華未發函然。象形。」

《說文》七上𢎣部：「嘾也。艸木之華未發函然。象形。讀若含。」

案：鍇本「艸木之華未發」下，脫「函然象形」四字。段云：「函之言含也，

深含未放。」又云：「下象承華之莖，上象未放之蓓蕾。」是此四字不
當少。

黲

《集韻》上聲感韻：「《說文》：淺青黑也，一曰：敗也。」

《說文》十上黑部：「淺青黑也。从黑參聲。」

案：鍇本作「淺青黑色」，「色」，疑「也」之誤。《廣韻》上聲四十八感注
作「淺青黑也」，同大徐，《集韻》亦是。然《玉篇》注作「淺青黑色
也」，未審孰是？「一曰：敗也」，非引《說文》，見《廣雅·釋詁》三。

湳

《集韻》上聲感韻：「《說文》：西河美稷保，東北水。」

《說文》十一上水部：「西河美稷保東北水。从水南聲。」

案：「東」下，小徐無「北」字，「水」下有「也」字。

染

《集韻》上聲琰韻：「《說文》：濡也。」

《說文》十一下雨部：「濡也。从雨染聲。」

案：鍇本作「霑也」，然《玉篇》注作「濡也」，同大徐，《集韻》亦是。鍇
本或涉「霑」下訓「雨染也」而改，取其互訓也。

譸

《集韻》平聲尤韻：「《說文》：詶也。引《周書》：無或譸張爲幻。」

《說文》三上言部：「詶也。从言壽聲。讀若醻。《周書》曰：無或譸張爲
幻。」

案：小徐引經作「無或譸張幻」，「幻」上無「爲」字。今《周書·無逸》「幻」
上有「爲」字，小徐脫。

竈

《集韻》去聲号韻：「《說文》：炊竈也。或不省竈。」

《說文》七下穴部：「炊竈也。从穴鼀省聲。𪧧，竈或不省。」

案：鍇本作「炮竈也」，非。段氏從大徐作「炊竈也」，注云：「炊者，爨也。

竈者炊爨之處也。」考《玉篇》注作「炊竈也」，正同大徐。《集韻》
引不誤也。

耡 耒阝

《集韻》去聲隊韻：「《說文》：今桂陽耒阝陽縣。」

《說文》六下邑部：「今桂陽耒阝陽縣。从邑耒聲。」

案：小徐「耒阝陽」下，脫「縣」字。

貢 貢

《集韻》去聲送韻：「《說文》：獻功也。」

《說文》六下貝部：「獻功也。从貝工聲。」

案：《繫傳》「獻」下無「功」字，「聲」下有「獻納總稱尊嚴」六字。田
氏《二徐箋異》云：「貢功目同音相訓。《國語》：蒸而獻功，即謂貢
也。小徐刪『功』也，沾下六字，非是。」是知《集韻》引不誤。

衆 衆

《集韻》去聲送韻：「《說文》：多也。从低目眾意。」

《說文》八上众部：「多也。从低目眾意。」

案：「从低目眾意」，小徐作「從低從目。目眾意」。

宋 宋

《集韻》去聲宋韻：「《說文》：居也。一曰：木者所以成室，以居人也。一
曰地名，商後微子所封。」

《說文》七下宀部：「居也。从宀从木。讀若送。臣鉉等曰：木者所以成室，
以居人也。」

案：《集韻》引「居也」，與二徐同，「一曰：木者所以成室，以居人也」，
徐鉉說，《集韻》未言明也。「一曰：地名。商後微子所封」，係丁氏等
所增，非《說文》；《左傳》昭公十七年「宋，大辰之墟」，在今河南歸
德府商邱縣，周成王封微子啓為宋公，以紹殷後。

罰 詈

《集韻》去聲寘韻：「《說文》：罵也。从网从言，网罪人。」

《說文》七下网部：「罵也。从网从言。网辠人。」

案：「从网从言」，小徐作「从网言」，且無「网，皋人」三字。《集韻》引
　　從大徐，唯「皋」作「罪」，俗字也。

陴　攲

《集韻》去聲寘韻：「《說文》：頃也，从匕。匕，頭頃也。引《詩》：攲彼織女。」
《說文》八上匕部：「頃也，从匕支聲。匕，頭頃也，《詩》曰：攲彼織女。」
案：小徐「頃」作「傾」，一字也。又小徐無「匕，頭頃也」四字，然楚金
　　案語有「傾側其首而望也」句，疑小徐舊本亦有「匕，頭頃也」四字，
　　以解从匕之意。段氏《注》、王筠《句讀》竝采之。

嫶　媿

《集韻》去聲寘韻：「《說文》：不說也。」
《說文》十二下女部：「不說也。从女患聲。」
案：小徐「說」下有「皃」字。

譤　詖

《集韻》去聲寘韻：「《說文》：辯論也。」
《說文》三上言部：「辯論也。古文从爲頗字，从言皮聲。」
案：小徐「辯」作「辨」，誤。「詖」从言，說解亦應从言作「辯」。

嫷　埶

《集韻》去聲至韻：「《說文》：至也。引《周書》：大命不埶。一曰：《虞書》
　　雉埶。」
《說文》十二下女部：「至也。从女執聲。《周書》曰：大命不埶。讀若摯同。
　　一曰：虞書雉埶。」
案：「《虞書》：雉埶」上，小徐無「一曰」二字，非。段云：「此別一義，
　　謂埶即今摯字，引《堯典》：一死贄。以明之。」王筠《句讀》亦曰：
　　「《堯典》：一死贄。《釋文》：贄，本又作摯，引此以爲則義。小徐无
　　一曰，非也。」

弍　二

《集韻》去聲至韻：「《說文》：地之數也。从偶，古作弍。」

《說文》十三下二部：「地之數也。从偶。弐，古文。」

案：「从偶」，小徐作「从偶一」。《五音韻譜》、《集韻》、《類篇》引「偶」
下並無「一」字。又「偶」字，當作「耦」。段云：「偶者，桐人也，
凡云偶爾用之。耦者，二人並耕之偁，故凡奇耦字用之。」

棄

《集韻》去聲至韻：「《說文》：捐也。从廾推𠦒棄之。从云。云，逆子也。
古作弃棄。」

《說文》四下𠦒部：「捐也。从廾推𠦒棄之。从云。云，逆子也。臣鉉等曰：
云他忽切。𠦷，古文棄。𡤕，籀文棄。」

案：「从廾推𠦒棄之」，《繫傳》「之」作「也」。「从云：云，逆子也」，《繫
傳》作「从𠬢；𠬢，逆子也」，田氏《二徐箋異》曰：「𠬢，云重文。
若本从𠬢，則當言从倒古文㐬矣。」故知仍以大徐、《集韻》引爲是。
重文「棄」，大徐云「籀文」，小徐云「古文」，《集韻》引亦視作「古
文」。

冀

《集韻》去聲至韻：「《說文》：北方州也。一曰：欲也。」

《說文》八上北部：「北方州也。从北異聲。」

案：小徐作「北方也」，《玉篇》注：「冀州也。北方州，故从北。」是「州」
字宜有，大徐、《集韻》引不誤也。「一曰：欲也」，非引《說文》，丁
度等增。

鞼

《集韻》去聲至韻：「《說文》：韋繡也。」

《說文》三下革部：「韋繡也。从革貴聲。」

案：《繫傳》作「革繡也」，然徐鍇引《唐史》云：「戎狄婦女或能刺韋爲繡
也。」是小徐舊本當亦作「韋繡也」，段氏從《繫傳》作「革繡也」，
然《注》中引《後漢·烏桓傳》曰：「婦人能刺韋作文繡。」是可證「韋
繡」之語古已有之。《廣韻》上平聲十五灰引正作「韋繡也」，《集韻》
引不誤也。

寐 寐

《集韻》去聲至韻：「《說文》：臥也。」

《說文》七下寐部：「臥也。从㝱省未聲。」

案：鍇本無義，但作「從㝱省未聲」，其上蓋脫「臥也」二字。

蒔 蒔

《集韻》去聲志韻：「《說文》：更別穜。」

《說文》一下艸部：「更別穜。从艸時聲。時吏切。」

案：「更別穜」之「穜」，小徐作「種」，非，古「種植」字，作「穜」，後世多混，大徐、《集韻》引不誤。

佴 佴

《集韻》去聲志韻：「《說文》：伀也。一曰：貳也。」

《說文》八上人部：「伀也。从人耳聲。」

案：許書「佴」上次「伀」篆，此訓「伀也」，段云：「冡遞訓言。」是小徐作「次也」，非許氏之舊。《玉篇》亦作「伀也」。「一曰：貳也」，非引《說文》，見《爾雅·釋言》，亦見《玉篇》。

珥 珥

《集韻》去聲志韻：「《說文》：瑱也。」

《說文》一上玉部：「瑱也。从玉耳。耳亦聲。」

案：小徐本作「瑱者」，苗夔《繫傳校勘記》曰「者當依鉉作也」，段《注》多從小徐，然此亦作「也」。

字 字

《集韻》去聲志韻：「《說文》：乳也。从子在宀下，一曰：文也。」

《說文》十四下子部：「乳也。从子在宀下。子亦聲。」

案：「从子在宀下」，小徐作「从宀子」。王筠《句讀》從大徐，注云：「與宀部安、宨二字說解相儷。」許君「安」下云「从女在宀下」，「宨」下云「从宀，人在屋下」，以語例言，大徐是也，《集韻》引不誤。「一曰：文也」，丁度等增，非引《說文》。

值 值

《集韻》去聲志韻：「《說文》：措也。」

《說文》八上人部：「措也。从人直聲。」

案：小徐尚有「一曰：逢遇也」，蓋後人以引申義誤加，與「但」字同例。
《爾雅・釋訓》：「逢遇，見也。」郭注：「行而相值也。」

亟 亟

《集韻》去聲志韻：「《說文》：敏疾也。从人、从口、从又、从二。二，天地也，徐鍇曰：承天之時，因地之利，口謀之，手執之，時不可失，疾也。」

《集韻》入聲職韻：「《說文》：敏疾也。从人、从口、从又、从二。二，天地也。徐鍇曰：承天之時，因地之利，口謀之，手執之，時不可失，疾也。」

《說文》十三下二部：「敏疾也。从人、从口、从又、从二。二，天地也。徐鍇曰：承天之時，因地之利，口謀之，手執之，時不可失，疾也。」

案：「从人从口从又从二」，小徐作「从人口又二」，無下三「从」字。「時不可失疾」上，小徐尚有「時乎」二字。

諅 諅

《集韻》去聲志韻：「《說文》：忌也。引《周書》：上不諅于凶德。」

《說文》三上言部：「忌也。从言其聲。《周書》曰：上不諅于凶德。」

案：小徐引《周書》作「爾尚不諅于凶德」，然《廣韻》去聲七志引作「上不諅于凶德」，同大徐，《集韻》引亦然。今《書・多方》作「爾尚不忌于凶德」，小徐或後人據今本改。

屝 屝

《集韻》去聲未韻：「《說文》：履也。」

《說文》八上尸部：「履也。从尸非聲。」

案：小徐作「履屬」，段云：「云屬者，履之麤者曰屝也。《方言》曰：屝，麤屨也。」似小徐為長。唯《廣韻》亦曰：「屝，履也。」

氣 氣

《集韻》去聲未韻：「《說文》：饋客芻米也。引《春秋傳》：齊人來氣諸侯。
　　或从既（氣），亦作餼。」

《說文》七上米部：「饋客芻米也。从米气聲。《春秋傳》曰：齊人來氣諸侯。
　　許既切。氣，氣或从既。餼，氣或从食。」

案：《玉篇》引作「饋客芻米也」，同大徐，小徐作「饋客之芻米」，「之」
　　字蓋衍。《集韻》引不誤也。

气 气

《集韻》去聲未韻：「《說文》：雲气也。象形。一曰：息也。」

《說文》一上气部：「雲气也。象形。凡气之屬皆从气。」

案：「雲气也」下小徐本脫「象形」二字。「一曰：息也」，非許書原文，《玉
　　篇》「气」下云「候也、息也」，《集韻》或本此也。

御 御

《集韻》去聲御韻：「《說文》：使馬也。徐鍇曰：卸解車馬也。或彳，或卸，
　　皆御者之職。古作馭。一曰：侍也，進也。」

《說文》二下彳部：「使馬也。从彳从卸。徐鍇曰：卸解車馬也。或卸，或
　　彳，皆御者之職。馭，古文御。从又从馬。」

案：《繫傳》「臣鍇曰：卸解車馬也」下，作「彳，行也，或行或卸，皆御
　　者之職」，大徐引有所節省，《集韻》引從大徐。「一曰」下，非引《說
　　文》；「侍也」，見《小爾雅・廣言》；「進也」，見《廣雅・釋詁》二。

瘀 瘀

《集韻》去聲御韻：「《說文》：積血也。」

《說文》七下疒部：「積血也。从疒於聲。」

案：《繫傳》作「積血病」，恐非。玄應《一切經音義》卷三、卷九引、《玉
　　篇》注皆作「積血也」，《集韻》引亦同大徐。

遻 遻

《集韻》去聲遇韻：「《說文》：不行也。」

《說文》二下辵部：「不行也。从辵壴聲。讀若住。」

案：小徐本作「馬不行也」，「馬」字誤衍，「邌」字，非從馬。《玉篇》注
亦止作「不行也」。

斁 斁

《集韻》去聲莫韻：「《說文》：敗也，引《商書》，彝倫攸斁。」

《說文》四下攴部：「敗也。从攴睪聲，《商書》曰：彝倫攸斁。」

案：引經，小徐「彝」作「夷」，鈕氏《校錄》以爲非，《韻會》引作「彝」，
或小徐舊亦不誤。

瓠 瓠

《集韻》去聲莫韻：「《說文》：匏也。」

《說文》七下瓠部：「匏也。从瓜夸聲。」

案：鍇本作「瓠匏也」，「瓠」字衍。鈕氏《校錄》云《韻會》引與大徐同，
是小徐舊本亦作「匏也」，《玉篇》注亦同。許書包部曰：「匏，瓠也。」
二字相轉注。

嬖 嬖

《集韻》去聲霽韻：「《說文》：便嬖愛也。」

《說文》十二下女部：「便嬖，愛也。从女辟聲。」

案：《繫傳》作「便辟也。愛也」，田氏《二徐箋異》曰：「便嬖愛也，段氏
讀便嬖一讀，最合。小徐兩也字，非是。」今從之。

撎 撎

《集韻》去聲霽韻：「《說文》：撮取也。或从折，从示，兩手急持人也。」

《說文》十二上手部：「撮取也。从手帶聲。讀若《詩》曰：螮蝀在東。𢹏，
撎或从折、从示，兩手急持人也。」

案：小徐本「𢹏」下，尚有重文「𣥎」，云：「古文撎從止辵。臣次立曰：
今《說文》并李舟《切韻》所載徙字如此。」桂氏《義證》曰：「朱
君文藻曰：徐鍇次敘多與《說文》移易，《說文》撎下接搢，《繫傳》
搢上接徙，撎之古之作徙，其形類𣥎，或傳寫錯簡以撎之古文係於𢹏
下，而又譌其文爲𣥎。」是「𣥎」字譌衍，大徐乃刪之，《集韻》亦
不取。

鬄 鬄

《集韻》去聲霽韻：「《說文》：髮也，或髢。」

《集韻》入聲盍韻：「《說文》：髮也，或从也（髢）。」

《說文》九上髟部：「髮也。从髟易聲。鬄，鬄或从也聲。」

案：小徐「髮也」，蓋譌。許書「髮」下訓「鬄也」，二字轉注。《詩・庸風・君子偕老》：「不肖髢也。」箋云：「髢，髮也。」鄭注《周禮・追師》引此句作「不屑髢也」。

癘 癘

《集韻》去聲霽韻：「《說文》：癩也。一曰：瘦皃。」

《說文》七下疒部：「癩也。从疒麗聲。一曰：瘦黑。讀若隸。」

案：「一曰：瘦黑」，《玉篇》注、《廣韻》去聲五寘、十二霽注竝同。小徐作「黑瘦」，義可通。《集韻》引作「瘦皃」蓋傳寫偶誤。

覞 覞

《集韻》去聲霽韻：「《說文》：旁視也。」

《說文》八下見部：「旁視也。从見兒聲。」

案：小徐作「內視」誤。許書目部曰：「眳，衺視也」，與此音義同，《玉篇》注亦作「旁視也」，同大徐。

最 最

《集韻》去聲夳韻：「《說文》：犯而取也。一曰：極也。凡也。」

《說文》七下冃部：「犯而取也。从冃从取。」

案：《繫傳》作「犯取又曰會」，然鍇說曰：「犯而取也，故軍功上曰最，下曰殿。」是小徐舊本，當亦作「犯而取也」。鈕氏《校錄》云《五經文字》亦作「犯而取」，王筠《句讀》「犯而取也」下曰：「猶冡而前也。冡犯皆指冃而言，乃冒突、冒犯之謂也。」「一曰」下二義，非引《說文》，「極也」，見《廣韻》；《漢書・霍去病傳》「最大將軍青凡七出擊匈奴」，注：「最，凡也。」

匄 匄

《集韻》去聲夳韻：「《說文》：气也。逯安說：亡人爲匄。」

《說文》十二下亡部：「气也。逸安說：亡人為匃。」

案：「逸安說」，小徐在「亡人為匃」下，語次有異。

䠋 嬒

《集韻》去聲夳韻：「《說文》：女黑色也。引《詩》：嬒兮蔚兮。」

《說文》十二下女部：「女黑色也。从女會聲，《詩》曰：嬒兮蔚兮。」

案：引《詩》，小徐作「蔚兮嬒兮」，蓋誤倒。艸部薈下引《詩》，作「薈兮
　　蔚兮」，與今《曹風・候人》合。此不應又作「嬒」。段云：「此或為三
　　家《詩》，或本作讀若《詩》曰薈兮蔚兮。今有舛奪，皆未可定也。」

茵 茵

《集韻》去聲祭韻：「說文：以艸補缺，或以為綴。一曰：約空也。」

《說文》一下艸部：「以艸補缺。从艸丙聲。讀若陸。或以為綴。一曰約空
　　　　也。」

案：「以艸補缺」，小徐本作「次艸補闕」。「缺」，器破也；「闕」，門觀也。
　　闕，通用字，缺義引申較近也。

袺 袂

《集韻》去聲祭韻：《說文》袖也。

《說文》八上衣部：「袖也。从衣夬聲。」

案：小徐作「裏」，「裏」蓋「袖」之別體。段注本改作「褎」，是也。「褎」
　　為正字，「袖」為俗字，見許書「褎」字下。

髻 髥

《集韻》去聲怪韻：「《說文》：簪結也。一曰：覆髻也。」

《說文》九上髟部：「簪結也。从髟介聲。」

案：鍇本作「簪髻也」，非。《說文》無「髻」。《玉篇》引作「簪結也」，同
　　大徐，《集韻》亦是。「一曰」者，非引《說文》，丁度等所增。

大 大 大 大

《集韻》去聲夳韻：「《說文》：天大地大人亦大，故大象人形。」

《說文》十下大部：「天大地大人亦大，故大象人形。古文大也。」

《說文》十下大部：「籀文大，改古文，亦象人形。」

案：「人亦大」下，小徐有「焉」；「象人形」上，無「故大」二字。籀文「介」，《集韻》無，或隸寫與篆同，故不複攷也。

疥　疥

《集韻》去聲怪韻：「《說文》：搔也。」

《說文》七下疒部：「搔也。从疒介聲。」

案：小徐作「瘙也」，李注《文選・登徒子好色賦》引同，《禮記・內則・釋文》引作「瘙瘍也」，然《說文》無「瘙」字，段注從大徐作「搔也」，注云：「疥急於搔，因謂之搔，俗作瘙，或作瘵。……《禮記・釋文》引《說文》作『瘙瘍也。』《文選・登徒子好色賦》注引『疥，瘙也。』皆以俗字改正字耳。」故大徐、《集韻》引作「搔」是也。《左傳》昭公二十年：「齊侯疥遂痁。」《正義》引亦作「搔也」。

馱　馱

《集韻》去聲怪韻：「《說文》：系馬尾也。」

《說文》十上馬部：「系馬尾也。从馬介聲。」

案：鍇本作「馬尾也」，「系」字蓋脫。《玉篇》注作「結馬尾也」，《廣韻》去聲十六怪注作「馬尾結也」，竝有「系」意。

叡　叡

《集韻》去聲祭韻：「《說文》：深明也。通也。古作睿，籀作壑。」

《說文》四下奴部：「深明也。通也。从奴、从目、从谷省。睿，古文叡。壑，籀文叡，从土。」

案：鍇本止作「深明也」，無「通也」之訓。然玄應《音義》，卷二引有云，又《漢書・五行志》引《洪範》「思曰睿」，應劭曰：「睿，通也。古文作睿。」是「通也」之義當有。

糒　糒

《集韻》去聲㚁韻：「《說文》：粟重一柘，爲十六斗，太半斗。舂爲米一斛，曰糒。」

《說文》七上米部：「粟重一柘，爲十六斗，太半斗。舂爲米一斛，曰糒。

从米萬聲。」

案：「舂為米」，小徐作「舂為粟」，非。粟為禾黍實之名，舂而去其皮則為米。

癘

《集韻》去聲夳韻：「《說文》：惡疾也。」

《說文》七下疒部：「惡疾也。从疒也。从疒蠆省聲。」

案：小徐作「惡瘡疾也」，非，《說文》無「瘡」篆。《論語》「伯牛有疾」，包氏注：「牛有惡疾。」《論衡・刺孟篇》：「伯牛為癘。」是癘為惡疾也。昭二十年《公羊解詁》：「惡疾謂瘖聾盲癘禿跛傴，不逮人倫之屬。」亦可證也。《玉篇》訓「疫氣也」，又引《說文》作「惡病也」，是所據又不同。

瘢

《集韻》去聲卦韻：「《說文》：劇聲也。」

《說文》七下疒部：「劇聲也。从疒殹聲。」

案：小徐作「病也」，然鍇曰「今謂甚劇曰瘢」，大徐蓋是。段氏從大徐，注云：「劇者，病甚也。瘢者，病甚呻吟之聲，酉部醫下曰：『殹，病聲也。』殹蓋瘢之省。」許書無「劇」字，王筠《句讀》以為當作「勮」。

𢷎

《集韻》去聲怪韻：「《說文》：首至地也。楊雄說：拜从兩手下，古拜。𢱭。」

《說文》十二上手部：「首至地也。从手𠦪，𠦪音忽。徐鍇曰𠦪進趨之疾也。故拜从之。」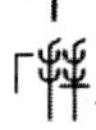，楊雄說拜从兩手下。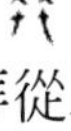，古文拜。」

案：小徐「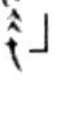」字在「」字上，下云「古文拜從二手」。

瘵

《集韻》去聲怪韻：「《說文》：病也。」

《說文》七下疒部：「病也。从疒祭聲。」

案：鍇本作「病劣也」，《玉篇》、《廣韻》去聲十六怪「瘵」注，竝作「病也」，均無「劣」字。大徐、《集韻》引是也。

𦱤 茉

《集韻》去聲隊韻：「《說文》耕多艸。」

《說文》一下艸部：「耕多艸。从艸耒，耒亦聲。」

案：鍇本作「耕名」，誤，「茉」字从艸耒會意，若作「耕名」，無以見指撝。《玉篇》、《廣韻》去聲十八隊「茉」均訓「耕多草」。

𩓣 頛

《集韻》去聲隊韻：「《說文》：頭不正也。从頁从耒。耒頭傾也。」

《說文》九上頁部：「頭不正也。从頁，从耒。耒頭傾也。讀又若《春秋》陳夏齧之齧。」

案：「从頁从耒」，小徐作「從頁耒」。又「傾」下無「也」字。

𡠗 妹

《集韻》去聲隊韻：「莫佩切。《說文》：女弟也。」

《說文》十二下女部：「女弟也。从女未聲。」

案：鍇本作「夫之女弟也」，「夫之」二字蓋後人肊增，《韻會》引止作「女弟也」。

𬕃 潰

《集韻》去聲隊韻：「《說文》：漏也。一曰：散也。」

《說文》十一上水部：「漏也。从水貴聲。」

案：鍇本「貴」聲下，有「亦決也」三字，《韻會》引無，苗夔《繫傳校勘記》云：「亦決也上，當有臣鍇曰三字。」是此為小徐校語，非許君語，段氏不取。「一曰：散也。」今《說文》無，《左傳》文公三年：「凡民逃其上曰潰。」杜注：「潰，眾散流移，若積小之潰，自壞之象也。」丁氏謂「散」也，意同於此。

隶 隸 𣜩 肄

《集韻》去聲代韻：「說文：及也。从又、从尾省。又持尾者从後及之也。或作肄。引《詩》：肄天之未陰雨。」

《說文》三下隶部：「及也。从又、从尾省。又持尾者，从後及之也。」

《說文》三下隶部：「及也。从隶枲聲。《詩》曰：肄天之未陰雨。臣鉉等曰：

　　　　　　　　　泉非聲，未詳。」

　　案：許書「隶」「隸」各爲二字，竝訓「及也」。《集韻》引則併爲一字，以
　　　　「隸」爲「隶」之或文。釋「隶」字之形，「从又，从尾省」，小徐作
　　　　「從又尾省」。「从後及之也」，小徐作「後從及之」，非是。

態

《集韻》去聲代韻：「《說文》：意也。从心从能。徐鍇曰：心能其事，然後
　　　　有態度也。或从人儱。」

《說文》十下心部：「意也。从心从能。徐鍇曰：心能其事，然後有態度也。
　　　　儱或从人。」

案：《繫傳》徐鍇說，「能」下本有「於」字。

僾

《集韻》去聲代韻：「《說文》：仿佛也。引《詩》：僾而不見。一曰：邑也。」

《說文》八上人部：「仿佛也。从人愛聲。《詩》曰：僾而不見。」

案：《繫傳》無「《詩》曰：僾而不見」六字，田氏《二徐箋異》云：「僾，
　　　仿佛也。正合僾而不見之意，許故引《詩》說之，六字宜有。」今《邶
　　　風・靜女》作「愛而不見。」省形存聲，非古也。「一曰：邑也」，非
　　　引《說文》，「僾」訓「邑」，於古無徵，《爾雅・釋言》「僾，唈也」，《玉
　　　篇》注亦作「唈也」，《集韻》舊本當亦作「唈」也。

廢

《集韻》去聲廢韻：「《說文》：屋頓也。一曰：置也。」

《說文》九下广部：「屋頓也。从厂發聲。」

案：鍇本「頓」作「傾」，誤。《玉篇》注作「大屋頓也」，《淮南・覽冥訓》
　　　「四極廢」，高注：「廢，頓也。」「一曰：置也」，非引《說文》，見
　　　《小爾雅・廣言》。

癈

《集韻》去聲廢韻：「《說文》：固病也。」

《說文》七下广部：「固病也。从广發聲。」

案：小徐作「痼疾也」，《玉篇》：痼重文作痼。許書广部有痼無痼，故當以

大徐爲是。段注亦從大徐。

䨿　震

《集韻》去聲震韻：「《說文》：劈歷振物者。引《春秋傳》：震夷伯之廟。籀作䨿。」

《說文》十一下雨部：「劈歷振物者。从雨辰聲。《春秋傳》曰：震夷伯之廟。臣鉉等曰：今俗別作霹靂，非是。䨿籀文震。」

案：重文「䨿」，大徐云「籀文」，小徐云「古文」。《玉篇》亦云籀文，知大徐是。王筠《繫傳校錄》曰：「凡文絲不殺者，概當爲籀文。」

潤　潤

《集韻》去聲稕韻：「《說文》：水曰潤水。」

《說文》十一上水部：「水曰潤下。从水閏聲。」

案：「水曰潤水」，《書·洪範》文。王肅注：「水之性潤萬物而退下。」鍇本作「水潤下」，「曰」字蓋奪。

朮　朮

《集韻》去聲稕韻：「《說文》：分枲莖皮也。从屮八象枲之皮莖也。」

《說文》七下朮部：「分枲莖皮也。从屮八，象枲之皮莖也。讀若髕。」

案：大徐作「象枲之皮莖也」，小徐作「象枲皮」，段本「从屮」下，注云「象枲莖」，「八，象枲皮」下注云「兩旁皆其皮分離之象」，然則，小徐以「从屮」爲句，第以「八」象皮也。

胤　胤

《集韻》去聲稕韻：「《說文》：子孫相承續也。从肉、从八、象其長也。从幺，象重累也。」

《說文》四下肉部：「子孫相承續也。从肉、从八、象其長也。从幺、象重累也。䰟，古文胤。」

案：「从幺，象重累也」，小徐作「幺亦象重累也」。

鏆　鏆

《集韻》去聲焮韻：「《說文》：鐵屬。」

《說文》十四上金部：「鐵屬。从金奠聲。讀若熏。」

案：小徐作「鐵類也」，《廣韻》上平二十文引亦作「鐵類」，大徐、《集韻》
引則作「鐵屬」，未審許氏之舊究如何也？

𥃩 艮

《集韻》去聲恨韻：「《說文》：很也。从匕目。匕目，猶目相匕不相下也。
引《易》：艮其限。匕目爲艮，匕目爲真也。」

《說文》八上匕部：「很也。从匕目。匕目，猶目相匕不相下也。《易》曰：
艮其限。匕目爲艮，匕目爲真也。」

案：「匕目爲艮，匕目爲真也」小徐作「匕目爲艮，爲真」，「爲真」上省奪
「匕目」二字，下脫「也」字。

𢌱 巽

《集韻》去聲恨韻：「《說文》：具也。从丌𢀖聲。徐鉉曰：庶物皆具丌，以
薦之。古作𢍽。篆作巽。」

《說文》五上丌部：「具也。从丌𢀖聲。臣鉉等曰：庶物皆具丌，以薦之。
𢍽，古文巽。𢌱，篆文巽。」

案：《繫傳》亦有案語，「臣鍇曰」下作「具謂饌具而進之也」。

𤏻 焌

《集韻》去聲恨韻：「《說文》：然火也。引《周禮》：遂籥其焌。焌火在前，
以焞焯龜。」

《說文》十上火部：「然火也。从火夋聲，《周禮》曰：遂籥其焌。焌火在前，
以焞焯龜。」

案：「然火也」鍇本作「然也」，「火」字脫。《韻會》引作「然火也」，知小
徐舊本原不誤。《玉篇》注亦作「然火也」。引《周禮》，大徐作「遂籥
其焌」，小徐「籥」作「炊」，《集韻》引作「籥」，譌以竹，當改。今
《春官·菙氏》作「龡」。

盰 盰

《集韻》去聲翰韻：「《說文》：目多白也。一曰：張目。」

《說文》四上目部：「目多白也。一曰：張目也。从目干聲。」

— 141 —

案：小徐本作「多白也」，無「一曰」之義，而云：「臣鍇曰：張目也。」今考《廣韻》二十八翰「𥄂」下注：「《說文》曰：目多白也。一曰：張目也。」《韻會》十五翰引亦有「一曰：目張」之語，故知舊本當有第二義。《集韻》引不誤，唯「張目」下「也」字，宜補。

𫍙　𦯳

《集韻》去聲翰韻：「《說文》：闕。」

《說文》七上𦯳部：「闕」。

案：《繫傳》「闕」字下，有「且從三日在放中」句。楚金案語曰：「李陽冰云：從三日在放中，蓋籀文。許慎闕義，且字下從人加。」是小徐本「闕」下七字。許慎闕義，且字下後人加。」是小徐本「闕」下七字，當是李陽冰語，不宜沾入。又各本以「𦯳」爲「𦯳」之籀文，皆連屬於「𦯳」下。岩崎氏本《說文》、《集韻》引則各自分立。嚴氏《校議》云：「此云闕者，闕籀文二字；乙部乾，籀文作𠃵，以是知云。」段氏云：「此蓋𦯳籀文也。《汗簡》朝作𪉖，翰作𠃵，亦可證矣。」蓋是。

𪒃　翰

《集韻》去聲換韻：「《說文》：赤色也。」

《說文》十下赤部：「赤色也。从赤𦯳聲。讀若浣。」

案：小徐作「赤也」，脫「色」字。《玉篇》注作「赤色也」，同大徐，《集韻》引不誤。

𡓑　垸

《集韻》去聲換韻：「《說文》：以桼和灰而鬃也。一曰：補垸也。」

《說文》十三下土部：「以桼和灰而鬃也。从土完聲。一曰：補垸。」

案：大徐作「一曰：補垸」，小徐「垸」作「垣」，非。《玉篇》引同大徐，《廣韻》去聲二十九換「垸」注作「桼補垸也」，可證大徐是。《集韻》引同大徐，唯「垸」下衍「也」字。

𡚁　姅

《集韻》去聲換韻：「《說文》：婦人污也。引《漢律》：見姅變不得侍祠。一曰裹子傷也。」

《說文》十二下女部：「婦人污也。从女半聲。《漢律》曰：見姅變不得侍
祠。」

案：小徐作「婦人污見也」，《史記·五帝世家·索隱》引作「女污也」，或
所據本有異，然可證無「見」字。「一曰」者，非引《說文》，丁氏等
所增。《玉篇》注：「又傷孕也」，丁氏蓋本此義也。

㩇 㩇

《集韻》去聲換韻：「《說文》：分離也。从攴从秝。秝，分㩇之意也。」

《說文》七下秝部：「分離也。从攴从秝。秝，分㩇之意也。」

案：「从攴从秝。秝，分㩇之意也」，小徐作「後攴從秝，分散意也。」

㮚 粲

《集韻》去聲換韻：「《說文》：稻重一秅，爲粟二十斗，爲米十斗曰毇。爲
米六斗，太半斗曰粲。」

《說文》七上米部：「稻重一秅，爲粟二十斗，爲米十斗，曰毇。爲米六斗、
太半斗曰粲。从米奴聲。」

案：「太半斗曰粲」，小徐「斗」作「升」，誤。《韻會》引同大徐。

祦 祧

《集韻》去聲換韻：「《說文》：明視以筭之。从二示。引《逸周書》：士分民
之祧，均分以祧之也。」

《說文》一上示部：「明視以筭之。从二示。《逸周書》曰：士分民之祧，均
分以祧之也。讀若筭。」

案：小徐本「明視以筭之」「讀若筭」之「筭」，竝作「算」。「筭」「算」二
字音同，義微別，許書竹部「筭」下訓曰「長六寸計歷數者」，言常弄
乃不誤也，與明視之意合，作「筭」是也。今《逸周書》無「士分民
之祧」等語，當在亡篇內。

㷊 炭

《集韻》去聲換韻：「《說文》：燒木餘也。」

《說文》十上火部：「燒木餘也。从火岸省聲。」

案：小徐作「燒木未灰也」，玄應《音義》卷二十二引《釋名》作「火所燒

餘木曰炭」，似以大徐爲長。

俾　俥

《集韻》去聲換韻：「《說文》：疾也。引《周禮》：句兵欲無俥。」

《說文》八上人部：「疾也。从人單聲。《周禮》曰：句兵欲無俥。」

案：小徐作「病也」，蓋後人妄作。俥訓疾，乃速疾之意，非謂疾病也。《繫
　　傳》有鍇說：「速疾也」之語，又《韻會》引亦作「疾也」，是小徐舊
　　本當不誤也。

但　但

《集韻》去聲換韻：「《說文》：裼也。」

《說文》八上人部：「裼也。从人且聲。」

案：小徐尚有「一曰：徒」之義，蓋後人以引申義誤加。許書衣部曰：「裼，
　　但也。」二篆爲轉注。

彈　彈

《集韻》去聲換韻：「《說文》：行丸也。或从弓持丸（弢）。」

《說文》十二下弓部：「行丸也。从弓單聲。𢏳，彈或从弓持丸。」

案：重文「弢」下，小徐作「或說彈從弓打丸如此」，《說文》無「打」字，
　　蓋「持」之譌也。

雁　雁

《集韻》去聲諫韻：「《說文》：鳥也。徐鉉曰：雁知時鳥，大夫以爲摯、昏
　　禮用之。」

《說文》四上隹部：「鳥也。从隹从人厂聲。讀若鷹。臣鉉等曰：雁知時鳥。
　　大夫以爲摯。昏禮用之。故从人。」

案：《集韻》引「鳥也」，與二徐同。下引鉉說，與大徐同。

霰　霰

《集韻》去聲霰韻：「《說文》：稷雪也。或从見。」

《說文》十一下雨部：「稷雪也。从雨散聲。𩂄，霰或从見。」

案：《繫傳》作「稷霄也」，非。許書「霰」篆上次「霄」，蓋涉此而誤。《御

覽・天部》、《廣韻》去聲三十二霰引皆作「積雪」，王筠《句讀》云：「穄，
一引作積，非也。《埤雅》：霰，閩俗謂之米雪。」是可證大徐、《集韻》
引不誤也。

倩　倩

《集韻》去聲霰韻：「《說文》：人字。東齊壻謂之倩。一曰：美也。一曰：
　　　無廉隅。」

《說文》八上人部：「人字。从人青聲。東齊壻謂之倩。」

案：「東齊」句，小徐作「東齊人謂壻爲倩也」，意雖同，語繁贅。《方言》：「青
　　齊之間，壻謂之倩。」蓋許君所本，大徐語近是。兩「一曰」義，非引
　　《說文》，丁度等所增益。

薦　薦

《集韻》去聲霰韻：「《說文》：水至也。」

《說文》十一上水部：「水至也。从水薦聲。讀若尊。」

案：小徐「也」作「兒」，非。《玉篇》亦作「水至也」。

甸　甸

《集韻》去聲霰韻：「《說文》：天子五百里地。」

《說文》十三下田部：「天子五百里地。从田包省。」

案：鍇本作「天子五百里內田」，恐非，《韻會》引作「天子五百里地」，同
　　大徐。

汜　汜

《集韻》去聲霰韻：「《說文》：水也。出上黨。」

《說文》十一上水部：「水也。从水刄聲。」

案：小徐作「水名也」，《集韻》從大徐。另有「出上黨」三字，《類篇》亦
　　同。考上黨郡無此水，丁氏不知何據也？

羨　羨

《集韻》去聲綫韻：「《說文》：貪欲也。从次从羑省。一曰：餘也。」

《說文》八下次部：「貪欲也。从次从羑省。羑呼之羑，文王所拘羑里。」

案：「欲」下，小徐無「也」字。「从次从羑省」，小徐「羑」上少一「从」
字。「一曰」者，非引《說文》，《詩・十月之交》：「四方有羨。」《傳》
云：「羨，餘也。」

偏 偏

《集韻》去聲綫韻：「《說文》：熾盛也。引《詩》：豔妻偏方處」。

《說文》八上人部：「熾盛也。从人扇聲。《詩》曰：豔妻偏方處。」

案：引《詩》，小徐作「偏方熾」，蓋脫誤。今《詩・小雅・十月之交》作
「艷妻煽方處」，「煽」爲「偏」之俗，餘與大徐同。小徐「熾」字，
涉上「熾盛也」而譌。許引《詩》當是全句，《玉篇》注、《集韻》、《韻
會》引均與大徐同，可證大徐不誤，而小徐舊本亦完也。

轉 轉

《集韻》去聲綫韻：「《說文》：運也。」

《說文》十四上車部：「運也。从甫專聲。」

案：大徐本作「運也」，《集韻》引同，《韻會》引亦同。祁刻《繫傳》作「還
也」，形近而誤。《玉篇》注作「轉運也」，可證。

兌 兌

《集韻》去聲綫韻：「《說文》：冕也。周曰兌，商曰吁，夏曰收。从兒，籀
从廾畀上皆象形。或作弁。」

《說文》八下兒部：「冕也。周曰兌，殷曰吁，夏曰收，从兒，象形。皮變
切。鸞籀文。兌从廾上象形。𩑛，或兌字。」

案：大徐作「殷曰：吁」，小徐「吁」作「哼」，非。段云：「《五經文字》
曰：《字林》作𣌾。經典相承隸省作哼。然則，哼字又出《字林》後，
許書安得有哼。」《集韻》引從大徐，唯「殷」作「商」有異耳。

弔 弔

《集韻》去聲嘯韻：「《說文》：問終也。古之葬者厚衣之以薪。从人持弓會
敺禽。」

《說文》八上人部：「問終也。古之葬者厚衣之以薪，从人持弓會敺禽。」

案：大徐作「从人持弓會敺禽」，小徐作：「从人持弓敺禽也。」顏注《急

就篇》曰：「弔問者持弓會之，以助彈射也。」是大徐義較長。《集韻》
引同大徐。小徐「毆禽也」下，尚有「弓蓋往復弔問之」。《繫傳·袪
妄》云：「弔從二人往返相弔問之義。」後人蓋以陽冰語羼入鍇本也。

窵 窵

《集韻》去聲嘯韻：「《說文》：窵窅，深也。」

《說文》七下冗部：「窵窅，深也。从穴鳥聲。」

案：小徐作「窵窅也」，蓋脫「深」字。《玉篇》注作「窵窅深也」，同大徐，
　　且《繫傳》楚金案語曰「深邃皂也」，是當有「深」字。

窔 窔

《集韻》去聲嘯韻：「《說文》：窅窔，深也。一曰：室中東南隅謂之窔。」

《說文》七下穴部：「窅窔，深也。从穴交聲。」

案：小徐作「窅窔，深篠兒」，然韻會引同大徐作「窅窔，深也」，是小徐舊
　　貌當亦如此。段注亦從大徐。「一曰」者，非引《說文》，《爾雅·釋宮》
　　「東南隅謂之窔」，丁氏等蓋本此而補益之也。

召 召

《集韻》去聲笑韻：「《說文》：評也。」

《說文》二上口部：「評也。从口刀聲。」

案：小徐本作「嘑也」。「評」，《說文》在言部，訓「召」也，與此字轉注。
　　苗夔《繫傳校勘記》亦以爲當作「評」。

效 效

《集韻》去聲效韻：「《說文》：象也。一曰：功也。」

《說文》三下攴部：「象也。从攴交聲。」

案：小徐作「爲也」，蓋僞。《左傳》襄公三十一年：「則而象之。」象即效
　　法之意。《小雅·鹿鳴》：「是則是傚。」傚即效之俗字。「一曰」者，
　　非引《說文》，《淮南·脩務》「效亦大矣」，注：「效，功也」。

礐 礐

《集韻》去聲效韻：「《說文》：闕。」

《說文》十二下氐部：「闕。臣鉉等案：今篇韻音胎、又音效，注云誤也。」

案：大徐本云「闕」，小徐本無「闕」，作「家本無注」，徐鍇曰：「此云家本無注，疑許慎子許冲所言也。」

橈　橈

《集韻》去聲效韻：「《說文》：曲木。」

《說文》六上木部：「曲木。从木堯聲。」

案：《繫傳》作「曲也」，蓋脫，《玉篇》引作「曲木也」，可證「曲」下當有「木」字。

報　報

《集韻》去聲号韻：「《說文》：當罪人也。从幸从及。服罪也。一曰：苔也。告也。」

《說文》十下幸部：「當罪人也。从幸、从及，及，服罪也。」

案：小徐作「當罪也。」「人」字脫。《韻會》引同大徐，知小徐舊本不誤。「从幸从及。及，服罪也。」二徐竝同，《集韻》引下一「及」字無，蓋脫。「一曰」下二義，非引《說文》，丁氏等增。

暴　暴

《集韻》去聲号韻：「《說文》：疾有所趣也。从日出夲廾之。」

《說文》十下夲部：「疾有所趣也。从日出夲廾之。」

案：大徐作「从日出夲廾之」，小徐止作「从本……」，下闕文。

媚　媚

《集韻》去聲号韻：「《說文》：夫妒婦也。一曰：相視。」

《說文》十二下女部：「夫妒婦也。妟冒声。一曰：相視也。」

案：「一曰：相視也」，小徐作「一曰：梅目相視也」，錢坫《說文解字斠詮》引《雜記》：「視容梅梅」當之，王筠《句讀》：「梅梅，乃形容之詞，豈可用一梅字，且是喪容，與從女無涉。」王筠又云：「相視也」之義，蓋謂與唱通也。目部：暶，氏目視也。故知大徐、《集韻》引是也。

癆　癆

《集韻》去聲号韻：「《說文》：朝鮮謂藥毒曰瘮。一曰：痛也。」

《說文》七下疒部：「朝鮮謂藥毒曰瘮。从疒勞聲。」

案：《繫傳》作「朝鮮謂飲藥毒曰瘮。」《廣韻》去聲三十七号引亦同。然《方言》曰：「凡飲藥、傅藥而毒，北燕、朝鮮之間，謂之瘮。」蓋不專言「飲」也。王筠《句讀》亦謂：「小徐『謂』下有『飲』字，然既與瘌說異，又遺傅藥一事，不可從也。」是大徐、《集韻》引不誤也。「一曰：痛也。」非引《說文》，見《廣雅·釋詁》二。

𠂇 左

《集韻》去聲箇韻：「《說文》：手相左助也。」

《說文》五上左部：「手相左助也。从ナ工。則箇切。臣鉉等曰今俗別作佐。」

案：小徐作「手左相佐也。」「手左」義不可通，「左」字疑衍。又「佐」字《說文》無。故當以大徐爲是。《集韻》引不誤。

卸 卸

《集韻》去聲禡韻：「《說文》：舍車解馬也。从卩上午。」

《說文》九上卩部：「舍車解馬也。从卩止午。讀若汝南人寫書之寫。臣鉉等曰：午馬也，故从午。」

案：大徐作「从卩止午」，小徐作「从卩止午聲」，田吳炤《二徐箋異》云：「从午止，謂逆而止之也，宜從會意。」是大徐爲長。《集韻》引從大徐，然「止」字缺，誤作「上」，當改。

駕 駕

《集韻》去聲禡韻：「《說文》：馬在軛中。籀作䮾。」

《說文》十上馬部：「馬在軛中，从馬加聲。䮾，籀文駕。」

案：鍇本作「軛中」，敓「馬在」二字。《韻會》引作「馬在軛中」，知小徐舊本不誤。《廣韻》去聲四十禡引作「馬在軛中也」。「軛」爲「軛」之正字。

幏 幏

《集韻》去聲禡韻：「《說文》：南郡蠻夷賨布。」

《說文》七下巾部：「南郡蠻夷賨布。从巾家聲。」

案：鍇本作「槀羣蠻夷賨布也。」苗夔《繫傳校勘記》云：「槀羣當依鉉作
　　南郡。」《御覽》七百八十五〈四夷部〉、《通典》一百八十七引竝作「南
　　郡蠻夷布也。」故作「南郡」是。又上二引「夷」下無「賨」字，沈
　　濤以爲今本衍，非。許書貝部曰：「賨者，南蠻賦也。」正與此應。

稼　稼

《集韻》去聲禡韻：「《說文》：禾之秀實爲稼。莖節爲禾。一曰：稼，家事
　　也。一曰：在野曰稼。」

《說文》七上禾部：「禾之秀實爲稼。莖節爲禾。从禾家聲。一曰：稼，家
　　事也。一曰：在野曰稼。」

案：「一曰：稼，家事也。」小徐作「稼，家也」，《詩》：「好是稼穡。」《釋
　　文》：「稼作家事者，有所事也。」是「事」字不當少。「一曰：在野曰
　　稼。」小徐作「禾在野爲稼」，有「禾」無「禾」，意同。

匠　匠

《集韻》去聲漾韻：「《說文》：木工也。从匚从斤，斤所以作器也。」

《說文》十二下匚部：「木工也。从匚从斤，斤所以作器也。」

案：「从匚从斤」，小徐作「从匚斤」。「斤所以作器也。」小徐作「斤所作
　　器也。」當依鉉補「以」字。

趄　趄

《集韻》去聲漾韻：「說文：行貌。」

《說文》二上走部：「行皃。从走匠聲。讀若匠。」

案：小徐作「行」下無「皃」字，蓋轉寫脫去也。

㕤　㕤

《集韻》去聲漾韻：「說文：秦晉謂兒泣不止曰㕤。」

《說文》二上口部：「秦晉謂兒泣不止曰㕤。从口羌聲。」

案：小徐本作「秦晉謂兒泣下不止曰㕤」，「泣」下增一「下」字。《方言》
　　「自關而西，秦晉之間凡大人小兒泣而不止謂之㕤」，小徐「下」字，
　　或是後人涉《方言》「而」字而誤衍，宜從大徐。

冏 宕

《集韻》去聲宕韻：「《說文》：過也。一曰：洞屋。汝南項有宕鄉。」

《說文》七下宀部：「過也。一曰：洞屋。从宀，碭省聲。汝南項有宕鄉。」

案：「汝南項有宕鄉」，謂汝南郡項縣有宕鄉，小徐作「汝南有項宕鄉」，誤倒。段云：「汝南郡項縣，《地理志》、《郡國志》同。《春秋經》之項國也。今河南陳州府項城縣是其地。」

伉 伉

《集韻》去聲宕韻：「《說文》：人名。《論語》有陳伉。曰匹也，健也。」

《說文》八上人部：「人名。从人亢聲。《論語》有陳伉。」

案：鍇本「有」作「曰」，欠妥。今《論語》作「亢」。「匹也」，非引《說文》，《後漢書·張衡傳》：「疇可與乎比伉？」注「偶也。」即匹耦之義。《漢書·朱博傳》注：「伉，健也。」又許書「健」篆下訓「伉也。」

竟 竟

《集韻》去聲映韻：「《說文》：樂曲盡爲竟。」

《說文》三上音部：「樂曲盡爲竟。从音从人。」

案：小徐作「樂曲盡竟。」省「爲」字，不詞。段注從大徐。

慶 慶

《集韻》去聲映韻：「《說文》：行賀人也。从心从文。吉禮以鹿皮爲贄。故从鹿省。」

《說文》十下心部：「行賀人也。从心从夊。吉禮以鹿皮爲贄。故从鹿省。」

案：大徐作「从心从夊」，小徐作「從心夊」。《集韻》引同大徐，然「夊」訛作「文」，與字體不符。

敻 敻

《集韻》去聲勁韻：「《說文》：營求也。从敻。」

《說文》四上敻部：「營求也。从敻从人在穴上。《商書》曰：高宗夢得說，使百工敻求得之傅巖。巖，穴也。徐鍇曰：人與目隔穴經營而見之，然後指使以求之，攴所指畫也。」

案：「从敻从人」，小徐作「从敻人」。引《商書》「夢」字，小徐作「瘳」，

正字也。「徐鍇曰」云云，楚金原作「人與目隔穴，刀，人字也，目經
營而見之，然後指使人求之也。攴，所以指畫也。」鉉引略有簡省，《集
韻》則從鉉省。

瀞 瀞

《集韻》去聲勁韻：「《說文》：無垢薉也。」

《說文》上水部：「無垢薉也。从水靜聲。」

案：小徐作「無垢也」，然《韻會》引作「無垢薉也。」，知小徐舊亦有「薉」
　　　字。

鼬 鼬

《集韻》去聲宥韻：「《說文》：如鼠赤黃而大，食鼠者。」

《說文》十上鼠部：「如鼠赤黃而大，食鼠者。从鼠由聲。」

案：小徐作「如貔，赤黃色，尾大，食鼠者。」蓋本《釋獸》郭注改。郭
　　　云：「似貔，赤黃色，大尾。」《說文》無「貔」，「貔」即「貂」之俗。
　　　《釋文》引《字林》作「如鼠，赤黃而大。」呂忱正本《說文》。大徐、
　　　《集韻》引當不誤。

富 富

《集韻》去聲宥韻：「《說文》：備也。一曰：厚也。」

《說文》七下宀部：「備也。一曰：厚也。从宀畐聲。」

案：鍇本無「一曰：厚也」句，富，厚叠韻為訓，《韻會》引在「畐聲」之
　　　下，可證小徐舊本亦有此義。

佝 佝

《集韻》去聲候韻：「《說文》：務也。」

《說文》八上人部：「務也。从人句聲。」

案：小徐本作「覆也。」非。《玉篇》引《楚辭》作「直佝愁以自苦。」務
　　　乃愁之通用字，大徐、《集韻》引是也。

薽 薽

《集韻》去聲候韻：「《說文》：毒艸也。」

《說文》一下艸部：「毒艸也。从也務聲。」

案：「蕔」字，段本無，蓋「蕔」為「務」之訛增。鈕氏《校錄》曰：「段云蕔當是薞。《玉篇》蕔下引《說文》：卷耳，後人增也，又出蕔字，引《說文》，亦後人增。」參見「薞」字考。

屚　屚

《集韻》去聲候韻：「《說文》：屋穿水下也。从雨在尸下。尸者，屋也。」

《說文》十一下雨部：「屋穿水下也。从雨在尸下。尸者，屋也。」

案：《繫傳》作「屋穿水入也。」《玉篇》、《韻會》廿六宥引並同，是大徐、《集韻》引「入」作「下」，誤。大徐作「从雨在尸下。尸者，屋也。」《集韻》引同。小徐作「從雨在尸下，屋也。」省「尸者」二字，非是。許書尸部屋下云：「尸，象屋形。」小徐「尸下」遽接「屋也」，語欠明曉。

匼　匼

《集韻》去聲候韻：「《說文》：側逃也。一曰：箕屬。」

《說文》十二下匚部：「側逃也。从匚丙聲。一曰：箕屬。臣鉉等曰：丙非聲，義當从內，會意。疑傳寫之誤。」

案：「箕屬」上，小徐複舉「匼」字。

鏤　鏤

《集韻》去聲候韻：「《說文》：剛鐵，可以刻鏤。引《夏書》：梁州貢鏤。一曰：釜也。」

《說文》十四上金部：「剛鐵，可以刻鏤。从金婁聲。《夏書》曰：梁州貢鏤。一曰：鏤釜也。」

案：「鐵」下，小徐有「也」字。引《夏書》，小徐「鏤」下有「金」字，田氏《二徐箋異》曰：「金也二字衍，此舉經目證誼，無足重加解釋也。」《集韻》引從大徐，亦無「金」字。「釜也」上，二徐竝複舉「鏤」字，《集韻》無，蓋省。

淦　淦

《集韻》去聲勘韻：「《說文》：水入船中也。一曰：泥也。或作汵。」

《說文》十一上水部：「水入船中也。一曰：泥也。从水金聲。」

案：「一曰：泥也。」，小徐作「汜也。」考《玉篇》引正作「泥也。」小
　　徐作「汜」，誤字也。

耇　者

《集韻》去聲栝韻：「《說文》：老人面如點也。」

《說文》八上老部：「老人面如點也。从老省古聲。讀若耿介之耿。」

案：鍇本作「老人面如點處」，恐非。《玉篇》注：「老人面如墨點也。」蓋
　　本《說文》。

舀　舀

《集韻》上聲小韻：「《說文》：抒臼也。引《詩》：或簸或舀。或作扰㧬。」

《說文》七上臼部：「抒臼也。从爪臼。《詩》曰：或簸或舀。扰，舀或从手
　　　　　　　　从宂。㉽，舀或从臼宂。」

案：《繫傳》作「杼臼」，然段注、王筠《句讀》皆從大徐作「抒臼也」，《詩·
　　生民》：「或舂或揄，或簸或蹂。」毛《傳》：「揄，抒臼也。」段云：「然
　　則，揄者舀之叚借字也。抒，挹也。既舂之乃於臼中挹出之，今人凡
　　酌彼注此，皆曰舀，其引伸之語也。」《廣韻》上聲三十小引亦作「抒
　　臼也」。

汜　汜

《集韻》去聲梵韻：「《說文》：濫也。」

《說文》十一上水部：「濫也，从水巳聲。」

案：小徐尚有「一曰：淹」之義，王筠《句讀》曰：「淹篆下無此義，於此
　　補。」然他書引皆不見此訓。

䊳　䊳

《集韻》入聲屋韻：「《說文》：未練治䊳也。徐鉉以為後非聲，疑从復。今
　　　　　　　　按：沃字韻有䊳，蓋从沃。」

《說文》七下麻部：「未練治䊳也。从麻後聲。臣鉉等曰後非聲，疑後字誤。
　　　　　　　　當从復省，乃得聲。」

案：《集韻》引「未練治䊳也」，與二徐同。下引徐鉉說，語有改易，意仍
　　同。「今按」者，當為丁氏等人所按。桂馥《義證》云：「䊳，䊳未練，

此即𪃾之別體，不得據以易𪃾字也。」

沐 沐

《集韻》入聲屋韻：「《說文》：濯髮也。一曰：水名，在青州。」

《說文》十一上水部：「濯髮也。从水木。」

案：《繫傳》作「灌髮也」，「灌」乃「濯」之譌。《韻會》引作「濯髮也」，知小徐舊本不誤。《玉篇》注亦作「濯髮也」。「一曰」者，非引《說文》，丁度等所增益也。

禿 禿

《集韻》入聲屋韻：「《說文》：無髮也。从人上，象禾粟之形，取其聲。王育說：倉頡出，見禿人伏禾中，因以制字。未知其審。」

《說文》八下禿部：「無髮也。从人上，象禾粟之形，取其聲。王育說：蒼頡出，見禿人伏禾中，因以制字。未知其審。」

案：「象禾粟之形。」小徐「禾」作「采」。段氏從大徐，然注云：「按粟當作秀，以避諱改之也。采下云：禾成秀也。然則秀采爲轉注。」段說姑存。

麓 麓

《集韻》入聲屋韻：「《說文》：守山林吏也。一曰：林屬於山爲麓。引《春秋傳》：沙麓崩。古从录（𤫊）。」

《說文》六上林部：「守山林吏也。从林鹿聲。一曰：林屬於山爲麓。《春秋傳》曰：沙麓崩。𤫊，古文从录。」

案：《繫傳》《春秋》下有「左」字，恐非。《說文》通篇不稱「左」也，許《敍》言：其於《春秋》以左爲主，故不著其姓，惟公羊乃特明之耳。

福 福

《集韻》入聲屋韻：「《說文》：祐也。」

《說文》一上示部：「祐也。从示畐聲。」

案：《繫傳》「福」訓「備也」，與《禮記・祭統》合，《韻會》一屋引亦作「備」。《玉篇》、《集韻》、《類篇》引則作「祐」，同大徐。田吳炤《二

徐箋異》以爲：作祐者，舊本也，小徐訓「備」，參之《祭統》，又屬聲訓，固非肊說，而福下直次祐文，許書舊本亦不可厚非。田氏云：「專論字義，則備訓可從，若就部次論，則祐訓實不可易」，可謂折衷之論。

蕧 蕧

《集韻》入聲屋韻：「艸名。《說文》：盜庚也。一曰：旋蕧似菊。」

《說文》一下艸部：「盜庚也，从艸復聲。」

案：二徐均作「盜庚也」，《集韻》作「盜庾也」，「庾」顯係「庚」之譌。「一曰：旋蕧似菊」，非許書原文，乃郭璞《爾雅注》。

窤 窤

《集韻》入聲屋韻：「《說文》：地室也。引《詩》：陶窤陶穴。」

《說文》七下穴部：「地室也。从穴復聲。《詩》曰：陶窤陶穴。」

案：《繫傳》無「《詩》曰：陶窤陶穴。」六字，而有作「《詩》古公亶父避狄于岐下。陶窤陶穴，謂於地旁巖築下爲室，若陶竈也。」在「臣鍇曰」之下，是爲校語。考《玉篇》引《詩》同大徐本，小徐當亦有此六字，後人蓋因鍇釋語而刪之也。

坶 坶

《集韻》入聲屋韻：「《說文》：朝歌南七十里地。《周書》：武王與紂戰于坶野。」

《說文》十三下土部：「朝歌南七十里地。《周書》：武王與紂戰于坶野。从土母聲。」

案：小徐「地」下有「也」字，「周書」下有「曰」字，「戰」下無「于」字。《集韻》引從大徐，故「周書」上無「引」字。「武王與紂戰于坶野」，《牧誓》序文。

尗 尗

《集韻》入聲屋韻：「《說文》：豆也。象尗豆生之形也。」

《說文》七下尗部：「豆也。象尗豆生之形也。」

案：「象尗豆生之形也」，小徐作「象尗豆生形」，無「之」字。

柷　柷

《集韻》入聲屋韻：「《說文》：樂木空也，所以止音為節。」

《說文》六上木部：「樂木空也，所以止音為節。从木，祝省聲。」

案：小徐作「樂木工用祝，聲音為亨。」與大徐頗有出入。田吳炤《二徐箋異》云：「木空即《詩・毛傳》『木椌也』，借空為椌，別無疑誼。所以止音為節，《禮記》王制『則目柷將之』，注『柷敔所目節』，此可為所目止音為節之証。《說文》儴柎古誼，類如此。小徐本不可句讀，昷有舛誤。」段本作「樂木椌也。所目止音為節。」幾全從大徐，雖注云：「柷以始樂，非以止音。」然徐灝《箋》引《風俗通》「柷，止音為節。」及高誘注《呂覽・仲夏紀》「柷如漆桶中有木椎，左右擊以節樂」為駁，然則大徐、《集韻》引是也。

茜　茜

《集韻》入聲屋韻：「《說文》：禮祭束茅，加于裸圭，而灌鬯酒是為茜，象神歆之也。一曰：茜，榼上塞也。引《春秋傳》：爾貢包茅不入，王祭不供，無以茜酒。」

《說文》十四下酉部：「禮祭束茅，加于裸圭，而灌鬯酒是為茜，象神歆之也。一曰：茜，榼上塞也。从酉从艸。《春秋傳》曰：尔貢包茅不入，王祭不供，無以茜酒。」

案：「一曰：茜，榼上塞也。」，小徐在引《春秋傳》下。

筑　筑

《集韻》入聲屋韻：「《說文》：以竹曲五弦之樂也。从竹、从巩。巩持之也。」

《說文》五上竹部：「以竹曲五弦之樂也。从竹、从巩。巩，持之也。竹亦聲。」

案：釋字之形，小徐作「從巩。巩，持之也。從竹亦聲。」

畜　畜

《集韻》入聲屋韻：「《說文》：田畜也。引《淮南子》：玄田為畜。魯《郊禮》，畜或从田从茲。茲益也。」

《說文》十三下田部：「田畜也。《淮南子》曰：玄田為畜。𤲸，魯《郊禮》，

畜从田从茲，茲益也。」

案：「淮南子」，小徐作「淮南王」，然《玉篇》、《廣韻》、《韻會》引竝作「子」。「魯郊禮」下，小徐作「畜從茲田。茲，益也。」語稍異。

坴 坴

《集韻》入聲屋韻：「《說文》：土塊坴坴也。一曰：坴梁。」

《說文》十三下土部：「土塊坴坴也。从土圥聲。讀若逐。一曰：坴梁。」

案：「一曰：坴梁。」下，小徐有「地」字。

蓶 蓶

《集韻》入聲屋韻：「《說文》：艸也。引《詩》：食鬱及蓶。」

《說文》一下艸部：「艸也。从艸崔聲。《詩》曰：食鬱及蓶。」

案：小徐本無「《詩》曰：食鬱及蓶。」六字。嚴氏《校議》云：「《釋艸疏爾雅翼》卷一引《韓詩》如此。」小徐本蓋因今《詩》作「薁」而刪之也，不知許君偁《詩》以毛爲主，而亦間用三家《詩》也。

蘜 蘜

《集韻》入聲屋韻：「《說文》：治牆也。今之秋華菊。」

《說文》一下艸部：「治牆也。从艸鞠聲。」

案：《繫傳》「牆」作「蘠」。《集韻》七之云：「蔷蘠，艸名。」《說文》「蘜」篆下，即爲「蘠」篆，大徐，集韻引作「治牆」，或爲假借，未敢遽定。《玉篇》注「牆」亦作「蘠」。「今之秋華菊」，非許書原文，見《爾雅·釋草》「蘜，治牆」下郭注。

壌 壌

《集韻》入聲屋韻：「《說文》：四方土可居也。古作壤。」

《說文》十三下土部：「四方土可居也。从土奧聲。壌，古文壌。」

案：小徐作「四方上下可居者。」然《韻會》引亦同大徐，知小徐舊本不誤。《玉篇》作「四方之土可居」，亦不作「上下」也。

澳 澳

《集韻》入聲屋韻：「《說文》：隈厓也。其內曰澳，其外曰隈。」

《說文》十一上水部：「隈厓也。其內曰澳，其外曰隈。从水奧聲。」

案：「厓」字，小徐作「崖」。《爾雅・釋丘》「厓內為隩，外為隈」，鈕氏《校錄》云「澳與隩通」，然則當作「厓」為是。

牿 牿

《集韻》入聲沃韻：「《說文》：牛馬牢也。引《周書》：今惟牿牛馬。」

《說文》二上牛部：「牛馬牢也。从牛告聲。《周書》曰：今惟牿牛馬。」

案：小徐本引《周書》作「今惟淫舍牿牛馬」，然《韻會》引作「今惟牿牛馬」，是小徐舊本亦無「淫舍」二字。

督 督

《集韻》入聲沃韻：「《說文》：察也。一曰：目痛也。」

《說文》四上目部：「察也。一曰：目痛也。从目叔聲。」

案：「一曰」之義，鍇本作「目病也」，《廣韻》入聲二沃引作「目痛也」，《玉篇》注亦同，是作「病」義雖可通，恐非許氏之舊。

粟 粟

《集韻》入聲燭韻：「《說文》：嘉穀實也。孔子曰：粟之為言續也。籀作粟。」

《說文》七上卤部：「嘉穀實也。从卤从米。孔子曰：粟之為言續也。粟，籀文粟。」

案：引孔子說，「粟之為言續也」，小徐「粟」作「粟」，从隸寫。

ㄩ 曲

《集韻》入聲燭韻：「《說文》：象器曲受物之形。古作ㄣ。」

《說文》十二下曲部：「象器曲受物之形，或說曲蠶薄也。ㄣ，古文曲。」

案：小徐無古文「ㄣ」，《玉篇》作「ㄣ」，亦云「古文」，是本當有此字，小徐敚奪。

局 局

《集韻》入聲燭韻：「《說文》：促也。从口在尺下復局之。一曰：博所以行棊。象形。徐鍇曰：人之無涯者惟口，故口在尺下，則為局。博局外有垠堮周限也。」

《說文》二上口部：「促也。从口在尺下復局之。一曰：博所以行棊。象形。

徐鍇曰：人之無涯者，唯口，放口在尺下則爲局。博局外有垠堮周限也。」

案：徐鍇案語，《繫傳》原作：「臣鍇曰：人之無涯者唯口耳，故君子重無擇言，故口在尺下則爲局。又人言棊局取象於博局外有垠堮周限可用，故謂人材爲棊局，在尺下則爲會意。象博局形，廣異聞也。」是鉉本乃括引之也。《集韻》引又從鉉之括引。

斠 斠

《集韻》入聲覺韻：「說文：平斗斠也。」

《說文》十四上斗部：「平斗斠也。从斗菁聲。」

案：「斠」下，小徐有「量」字，衍。玄應《音義》卷十四引作「平斗斠也。」，同大徐，《韻會》引亦同。

嶽 嶽

《集韻》入聲覺韻：「《說文》：東岱、南靁、西華、北恆、中泰室。王者之所以巡狩所至。古作岳。」

《說文》九下山部：「東岱、南霍、西華、北恆、中泰室。王者之所以巡狩所至。从山獄聲。𡶓，古文。象高形。」

案：「至」上，鍇本無「所」，蓋脫。《韻會》引有，又《玉篇》注作「王者巡狩所至之山」可證。

雹 雹

《集韻》入聲覺韻：「《說文》：雨冰也。古作𩅏。」

《說文》十一下雨部：「雨冰也。从雨包聲。𩅏，古文雹。」

案：「冰」字，小徐作「仌」，是也。大徐、《集韻》引竝用後起字。

穮 穮

《集韻》入聲覺韻：「《說文》：特止也。徐鍇曰：特止，卓立也。」

《說文》六下禾部：「時止也。从稽省卓聲。徐鍇曰：特止，卓立也。」

案：「特止，卓立也」，徐鍇原文「止」下有「者」字。

實 實

《集韻》入聲質韻：「《說文》：富也。从宀从貫。貫，貨貝也。」

《說文》七下宀部：「富也。从宀从貫。貫，貨貝也。」

案：「从宀从貫」，小徐作「从宀貫」。「貫，貨貝也」，小徐作「貫爲貨物」，當以大徐爲是，貫从母貝，許書訓「錢貝之貫」。

彈　彈

《集韻》入聲質韻：「《說文》：躲也。引《楚詞》：弙焉彈日。一曰弦也。」

《說文》十二下弓部：「躲也。从弓畢聲。《楚詞》曰：弙焉彈日，畢吉切。」

案：引《楚詞》，小徐作「夫弙焉彈日也」，今《天問》作「羿焉彈日」，無「夫」「也」二字，小徐衍，「一曰」者，非引《說文》，丁度等所增。

匹　匹

《集韻》入聲質韻：「《說文》：四丈也。从八匚，八揲一匹。一曰偶也。」

《說文》十二下匚部：「四丈也。从八匚，八揲一匹，八亦聲。」

案：「从八匚」，小徐作「从匚八」。「一曰：偶也」，非引《說文》，《禮記·三年問》「失喪其羣匹」，註：「偶也。」

駜　駜

《集韻》入聲質韻：「《說文》：馬飽也。引《詩》：有駜有駜。」

《說文》十上馬部：「馬飽也。从馬必聲。《詩》云：有駜有駜。」

案：徐鍇無「《詩》云：有駜有駜」句，田氏《二徐箋異》曰：「駜驈皆引《詩》，此字亦當有，小徐敚。」

弼　弼

《集韻》入聲質韻：「《說文》：輔也。重也。徐鍇曰：丙，舌也。舌柔而弼剛以柔，从剛輔弼之意。或从二丙（弼），古作弜，弗。」

《說文》十二下弜部：「輔也。重也。从弜丙聲。徐鍇曰：丙，舌也，非聲。舌柔而弼剛以柔，从剛輔弼之意。弼，弼或如此。弜，弗，並古文弼。」

案：重文「弼」下，大徐云「弼或如此」，小徐云「古文弼如此」。《玉篇》「弼」下收「弼」，註云「同上」，是「弼」爲或文，非古文。又「弗」字，大徐並「弜」以爲古文，小徐則云「弼或如此」。《玉篇》無「弗」，而力部有「弗」，云「古弼字」，是「弗」字當亦是古文。大徐、《集韻》引不誤。

眣　眣

《集韻》入聲質韻：「《說文》：目不正也。」

《說文》四上目部：「目不正也。从目失聲。」

案：小徐本作「目不從正也」，「從」字衍，《玉篇》：「眣，目不正。」同大
　　徐本，《集韻》引亦不誤。

桌　桌

《集韻》入聲質韻：「《說文》：木也。其實下垂，故从卤，古作𣡫。徐巡說：
　　木至西方戰桌。」

《說文》七上卤部：「木也。从木，其實下垂，故从卤。𣡫，古文桌，从西，
　　从二卤，徐巡說：木至西方戰桌。」

案：引徐巡說，「戰桌」二字，小徐作「戰栗」，蓋从隸寫。

逸　逸

《集韻》入聲質韻：「《說文》：失也。从辵兔，兔謾訑善逃也。」

《說文》十上兔部：「失也。从辵兔，兔謾訑善逃也。」

案：《繫傳》「逃」下，有「失」字，蓋衍。《韻會》引同大徐，知小徐舊本
　　原不誤。

戌　戌

《集韻》入聲術韻：「《說文》：滅也。九月陽气微，萬物畢，成陽下入地也。
　　五行土生於戊盛於戌，从戊含一。」

《說文》十四下戌部：「滅也。九月陽气微，萬物畢，成陽下入地也，五行
　　土生於戊，盛於戌，从戊含一。」

案：「陽下入地」下，小徐有「戊含一」三字，而「盛於戌」下，作「從戊，
　　一亦聲」。許君說干支等字，頗涉陰陽五行之說，難審其是非。

遹　遹

《集韻》入聲術韻：「《說文》：回避也。一曰：述也。」

《說文》二下辵部：「回避也。从辵矞聲。」

案：小徐作「迴避也」，「迴」字宜改作「回」，小徐「避」篆下亦作「回」。
　　「一曰：述也」，非引《說文》，見《爾雅·釋言》。

沸　沸

《集韻》入聲勿韻：「《說文》：畢沸濫泉。」

《說文》十一上水部：「畢沸濫泉。从水弗聲。」

案：鍇本作「滭沸濫泉也」，王筠《句讀》謂：「《說文》無滭字，濫下已引沸濫泉矣，且單言，沸豈遂無義乎？」是大徐、《集韻》引不誤。

肦　肦

《集韻》入聲迄韻：「說文：振肦也。」

《說文》四下肉部：「振肦也。从肉八聲。」

案：《繫傳》作「振也」，《漢書・禮樂志》：「鸞路龍鱗罔不肦飾。」師古註：「肦，振也，謂皆振整而飾文也。」胗從肦，故得與肦同義。《玉篇》註：「肦，振眒也。」「眒」當爲「胗」之譌。段氏即依《玉篇》改「肦」註爲「振胗也」，實則「肦」「胗」義同，不勞更改也。小徐作「振也」，《字林》引同，亦非不可通。

趉　趉

《集韻》入聲迄韻：「《說文》：走也。」

《說文》二上走部：「走也。从走出聲。讀若無尾之屈。」

案：小徐「從走出聲，讀若無尾之屈」，無「走也」之本義，蓋傳寫脫失也，宜補。

月　月

《集韻》入聲月韻：「《說文》：闕也。太陰之精。象形。」

《說文》七上月部：「闕也。太陰之精。象形。」

案：鍇本「闕也」下，有「十五稍減故曰闕也」八字，王筠《句讀》曰：「二句蓋庾注。」

氒　氒

《集韻》入聲月韻：「《說文》：木本。」

《說文》十二下氐部：「木本。从氐大於末。讀若厥。」

案：小徐作「木末也」，然《列子・黃帝篇》「厥株駒」，《釋文》云：「厥，本或作橛，《說文》作氒，木末也。」故知小徐非，大徐、《集韻》「本」

字下，宜補一「也」字。

勵 勵

《集韻》入聲月韻：「《說文》：勥也。」

《說文》十三下力部：「勥也。从力厲聲。」

案：小徐「勥」作「強」，殘字也。《玉篇》引、《廣韻》十月注作「強力也」，
乃「勥」字之誤分。許書力部有「勥」字，訓「迫也」。

噦 噦

《集韻》入聲月韻：「《說文》：气牾也。」

《說文》二上口部：「气牾也。从口歲聲。」

案：小徐本作「气牾也」，《說文》無「牾」字，「牾」係「牾」字之譌，玄
應《一切經音義》卷二、卷廿兩引均作「气牾也」。

暍 暍

《集韻》入聲月韻：「《說文》：傷暑也。」

《說文》七上日部：「傷暑也。从日昜聲。」

案：鍇本作「傷熱暑」，鈕氏《校錄》云：「《晉書音義》及《韻會》引同大
徐，乃小徐真本，今作『傷熱暑』，譾人所改。」故知大徐、《集韻》
引是也。

崛 崛

《集韻》入聲沒韻：「說文：崩聲。」

《說文》九下山部：「崩聲。从屵配聲。讀若費。」

案：鍇本作「崩也」，恐非。《玉篇》注亦作「崩聲」。

割 割

《集韻》入聲曷韻：「《說文》：剝也。」

《說文》四下刀部：「剝也。从刀害聲。」

案：鍇本訓「開也」，誤。許書「割」上次「剝」，註云：「一曰：剝，割也。」
段注「割」訓「剝」，註曰：「蒙剝之弟二義互訓」是也。遍檢經典，
割無訓開者。《廣韻》入聲十二曷「割」下訓「剝也。害也。斷也。截

也」，「剝」訓在前，可證剝爲割之本訓。

笪 笪

《集韻》入聲曷韻：「《說文》：笘也。一日：覆舟簞。」

《說文》五上竹部：「笘也。从竹旦聲。」

案：小徐本作「竹也」，誤。《玉篇》、《廣韻》去聲二十八翰「笪」注皆訓「笘也」。「一日」者，非引《說文》，蓋丁氏自增也。

獺 獺

《集韻》入聲曷韻：「說文：如小狗也，水居食魚。」

《說文》十上犬部：「如小狗也。水居食魚。从犬賴聲。」

案：《繫傳》作「小狗也。食魚」，蓋脫。玄應《音義》卷十五、十六引，竝作「形如小犬，水居食魚者也」，《御覽》九百十二〈獸部〉引作「如小狗，水居食魚」，字句互有出入，然知「獺」似小狗，而非小狗。

瘌 瘌

《集韻》入聲曷韻：「《說文》：楚人謂藥毒曰痛瘌。一日瘍，疥也。」

《說文》七下疒部：「楚人謂藥毒曰痛瘌。从疒剌聲。」

案：《繫傳》作「楚人謂藥毒痛瘌」，無「曰」字。「一日」下二義，皆非引《說文》，《廣雅・釋詁》：「瘌，傷也。」《集韻》云：「瘍也。」檢字書無作「瘍」者，「瘍」蓋「傷」之譌。「疥也」之義，亦不見字書，瘌或作癩，今俗謂癩痢者，蓋亦指長疥子也，《集韻》或謂此也。

糳 糳

《集韻》入聲末韻：「《說文》：麩也。」

《說文》七上米部：「麩也。从米薩聲。」

案：小徐作「麳也」：嚴氏可均云：「麩也，宋本及《五音韻譜》、《集韻》十三末、《類篇》、《韻會》七曷引皆同。」

佸 佸

《集韻》入聲末韻：「《說文》：會也。引《詩》：曷其有佸。一日：佸佸，力兒。」

《說文》八上人部：「會也。从人昏聲。《詩》曰：曷其有佸。一曰：佸佸，
　　力皃。」
案：大徐「佸」字，小徐、《集韻》引竝作「佸」，隸變字也。小徐無「一
　　曰：佸佸，力皃」六字，《韻會》引有，則今本《繫傳》脫。《集韻》
　　末韻「佸」字兩引《說文》，「苦活切」下止作「會也」，「古活切」下，
　　竝引《詩》及「一曰」義，蓋詳略互見也。

潘　湉

《集韻》入聲末韻：「《說文》：水流聲。或从聒（湉）。」
《說文》十一上水部：「水流聲。从水昏聲。潘，湉或从聒。」
案：小徐作「流聲也」，《韻會》引同。然《廣韻》入聲十三末兩收「湉」（作
　　活，隸變字也。）竝訓「水流聲」。

魃　魃

《集韻》入聲末韻：「《說文》：旱鬼也。《周禮》：有赤魃氏，除牆屋之物。
　　引《詩》：旱魃爲虐。」
《說文》九上鬼部：「旱鬼也。从鬼犮聲，《周禮》：有赤魃氏，除牆屋之物
　　也。《詩》曰：旱魃爲虐。」
案：「赤魃」下，小徐無「氏」字，蓋脫。徐鍇案語云：「《周禮》赤犮氏掌
　　除牆屋，謂除自理之物。」是小徐原未脫，「赤魃氏」之「魃」，今《秋
　　官》作犮。

穴　穵

《集韻》入聲黠韻：「《說文》：空大也。」
《說文》七下穴部：「空大也。从穴乙聲。」
案：大徐作「空大也」，《廣韻》入聲十四黠、《集韻》引同。小徐作「空也」，
　　《玉篇》同。

幧　幧

《集韻》入聲黠韻：「《說文》：帾也。一曰：帗也。一曰：婦人脅衣。」
《說文》七下巾部：「帾也。一曰：帗也。一曰：婦人脅衣。从巾戔聲。讀
　　若末殺之殺。」

案：「婦人脅衣」，小徐作「婦人脅巾」，段氏《注》、王筠《句讀》竝從大
　　徐作「脅衣」，桂氏《義證》引宣九年《左傳》「衷其袒服，解作脅衣」，
　　又云：「字或作袜，楊慎曰：袜，女人脅衣也。」是「脅衣」二字較
　　常見。

䆜 察

《集韻》入聲黠韻：「《說文》：覆也。徐鉉曰：祭祀必質明。明，察也。故
　　从祭。」

《說文》七下宀部：「覆也。从宀祭。臣鉉等曰：祭祀必天質明。明，察也，
　　故从祭。」

案：大徐作「覆也」，《廣韻》入聲十四黠引、《集韻》引竝同，《玉篇》註
　　亦同。小徐作「覆審也」，多一「審」字。《集韻》引徐鉉說，首句「必」
　　下敓「天」字，當補。

茁 茁

《集韻》入聲黠韻：「《說文》：艸初生出地皃。引《詩》：彼茁者葭。」

《說文》一下艸部：「艸初生出地皃。从艸出聲。《詩》曰：彼茁者葭。」

案：《繫傳》作「艸初生地皃」，無「出」字，蓋脫。《召南‧騶虞》「彼茁
　　者葭」，毛《傳》：「茁，出也。」是茁字固以出得義也。大徐本有「出」
　　字，正以說解「茁」字也，小徐亡，非。玉篇「茁」訓「草出皃」，
　　亦有「出」字，可為佐證。

飻 飻

《集韻》入聲屑韻：「《說文》：貪也。引《春秋傳》：謂之饕飻。」

《說文》五下食部：「貪也。从食殄省聲。」

案：小徐引《春秋傳》作「是謂饕飻」，非。今《左傳》文公十八年作「謂
　　之饕餮」，《說文》「飻」本从殄省，今不省。

㳻 涅

《集韻》入聲屑韻：「《說文》：黑土在水中也。一曰：化也。一曰：水名。
　　一曰：縣名，在上黨。」

《說文》十一上水部：「黑土在水中也。从水从土，白聲。」

案：鍇本「中」作「者」，非。《韻會》引亦作「黑土在水中也」。三「一曰」
　　義：皆非引《說文》，丁度等所增。「化也」，見《方言》卷三。

桔　桔

《集韻》入聲屑韻：「《說文》：桔梗，藥名。一曰：直木。」

《說文》六上木部：「桔梗，藥名。从木吉聲。一曰：直木。」

案：《繫傳》無「一曰：直木」四字，然「臣鍇案」下有「一莖直上，三四
　　葉相對，似人參，故曰直木」等語，似小除舊本不當無此四字，殆今
　　本脫去耳。

噎　噎

《集韻》入聲屑韻：「《說文》：飯窒也。」

《說文》二上口部：「飯窒也。从口壹聲。」

案：「飯窒也」，鍇本作「飲窒也」。慧琳《一切經音義》卷十八、卷七十七、
　　卷九十四「噎」注引《說文》「飯窒也」，與大徐本同。故知鍇本「飲」
　　係「飯」字形近而譌也。又慧琳《音義》卷四十一、卷八十引有「食
　　在喉不在下」句，疑誤以他書為《說文》也。

決　決

《集韻》入聲屑韻：「《說文》：行流也。盧江有決水，出於大別山。一曰：
　　斷也。」

《說文》十一上水部：「行流也。从水从夬。盧江有決水，出於大別山。」

案：「出」下，小徐無「於」，《廣韻》入聲屑韻兩收，亦無「於」字，《韻
　　會》引同。「一曰」者，非引許書，《曲禮》「濡肉齒決」，注：「決，猶
　　斷也。」

擎　擎

《集韻》入聲屑韻：「《說文》：別也。一曰：擊也。拂也。」

《說文》十二上手部：「別也。一曰：擊也，从手敝聲。」

案：「一曰：擊也」，小徐「擊」作「繫」，非。《玉篇》注作「擊也」，可證。
　　屑韻下又有「拂也」之訓，非引《說文》，《漢書・揚雄傳》：「浮蔑蠓
　　而擎天。」顏注：「擎，拂也。」王筠《句讀》依《韻會》補「一曰：

拂也」之訓，實則此乃《韻會》本《集韻》而誤增。

䎴 聅

《集韻》入聲薛韻：「《說文》：軍法以矢貫耳也。引《司馬法》：小罪聅，中
罪刖，大罪剄。」

《說文》十二上耳部：「軍法以矢貫耳也。从耳从矢。《司馬法》曰：小罪聅，
中罪刖，大罪剄。」

案：「罪」字，二徐竝同，當作「辠」。引《司馬法》，「聅」下、「刖」下、「剄」
下，小徐皆有「之」字。《司馬法》等語，今無攷，然《玉篇》引同大徐，
《集韻》亦同，竝無三「之」字。

罬 罬

《集韻》入聲薛韻：「《說文》：捕鳥覆車也。」

《說文》七下网部：「捕鳥覆車也。从网叕聲。輟，罬或从車。」

案：小徐作「捕魚覆車也」，非。《韻會》引「魚」作「鳥」，是小徐舊本不
誤。《廣韻》入聲十七薛作「捕鳥覆車网」。又二徐竝有重文「輟」，《集
韻》未引，宜補。

埒 埒

《集韻》入聲薛韻：「《說文》：卑垣也。一曰：丘名。」

《說文》十三下土部：「卑垣也。从土守聲。」

案：小徐「卑」作「庳」，非。《玉篇》引作「卑垣也」，同大徐。「一曰」
者，非引許書，丁氏等所增。

獡 獡

《集韻》入聲藥韻：「《說文》：犬獡獡不附人也。南楚謂相驚曰獡。」

《說文》十上犬部：「犬獡獡不附人也。从犬舄聲。南楚謂相驚曰獡。讀若
愬。」

案：「南楚謂相驚曰獡」，小徐作「讀若南楚相驚曰獡」，蓋傳寫誤。《方言》：
「宋衛南楚凡相驚曰獡，或曰透。」

㸤 㸤

《集韻》入聲藥韻：「《說文》：日初出東方湯谷。所登榑桑。桑，木也。籒作舝。」

《說文》六下叒部：「日初出東方湯谷。所登榑桑，叒木也。象形，叒，籒文。」

案：「湯谷」小徐作「暘谷」，《楚辭》、《淮南》皆云「日出湯谷」，《山海經》云「湯谷上有扶桑」，則大徐、《集韻》引是也。

屩 屩

《集韻》入聲藥韻：「《說文》：屐也。」

《說文》八下履部：「屐也。从履省喬聲。」

案：《繫傳》作「履」，然許書「屐」下訓「屩也」，是二字互訓，當以大徐本爲是。《集韻》引不誤也。

籜 籜

《集韻》入聲鐸韻：「《說文》：艸木凡皮葉落陊地爲籜。引《詩》：十月隕籜。」

《說文》一下艸部：「艸木凡皮葉落陊地爲籜。从艸擇聲。《詩》曰：十月隕籜。」

案：《繫傳》作「艸木皮葉落墮地爲籜。从艸擇聲。《詩》曰：十月殞籜」，無「凡」字，「陊」作「墮」，「隕」作「殞」。田氏《二徐箋異》云：「凡者，最括也。落陊地者有艸木之分，皮葉之異，故目凡字最括之，此許書古誼也，小徐淆淆，非也。」又云：「自部『陊，落也』，《吳都賦》『硉陊山谷』；陊即墮字，義當本《說文》。」又云：「歹部無殞字，隕殞正俗字，今《詩》正作隕。」田氏一一爲之辨解，知大徐、《集韻》引不誤。

槖 槖

《集韻》入聲鐸韻：「《說文》：木葉陊也。」

《說文》六上木部：「木葉陊也。从木毞聲。讀若薄。」

案：小徐「陊」作「隋」。田氏《二徐箋異》云：「自部陸：敗城曰陸，重文墮。不當木葉。陊意陊落也，是其誼。」故知小徐非。

郝 郝

《集韻》入聲鐸韻：「《說文》：右扶風鄠盩厔鄉。」

《說文》六下邑部：「右扶風鄠盩厔鄉。从邑赤聲。」

案：「鄠盩厔鄉」，小徐作「鄠鄉盩厔縣」。段氏云：「右扶風之鄠縣、盩厔縣皆有郝鄉。」則鉉本爲是。

𠮨 各

《集韻》入聲鐸韻：「《說文》：異辭也。从口夊。夊者，有行而止之，不相聽也。」

《說文》二上口部：「異辭也。从口夊。夊者，有行而止之，不相聽也。」

案：「夊者有行而止之，不相聽也」，「也」字，小徐作「意」。田吳炤《二徐箋異》云：「意字，未定之詞，有行而止之不相聽，各字會意如此，宜從大徐。」《集韻》引「夊」字皆訛作「久」，當改。

閣 閣

《集韻》入聲鐸韻：「《說文》：所以止扉也，一曰：觀也。一曰：度藏之所。」

《說文》十二上門部：「所以止扉也。从門各聲。」

案：「止扉」下，小徐作「者」。《玉篇》引作「所以止扉也。」同大徐，《集韻》亦同。兩「一曰」義，非引許書，丁度等所增益也。

百 百

《集韻》入聲陌韻：「《說文》：十十也。从一白。數十百爲一貫相章也。」

《說文》四上白部：「十十也。从一白。數十百爲一貫相章也。𦣻，古文百从自。」

案：《繫傳》重文「𦣻」下云：「古文百」，無「从自」二字。

擇 擇

《集韻》入聲陌韻：「《說文》：柬選也。」

《說文》十二上手部：「柬選也。从手睪聲。」

案：鍇本作「簡選也」，許書「柬」訓「分別簡之也」，「簡」訓「牒也」，故知大徐、《集韻》引是也。

𣏝 挌

《集韻》入聲陌韻：「《說文》：枝挌也。一曰：木枝橫者。」

《說文》四下丰部：「枝格也。从丰各聲。」

案：小徐作「枝格也」，「格」當作「𢓜」。《玉篇》：「𢓜，枝柯也。」王筠《句讀》謂「攺𢓜，今作枝格，枝柯多橫生，故從丰」，是小徐作「格」非。「一曰」者，非引《說文》，丁氏等自增益也，可參見王筠說。

㝡 索

《集韻》入聲陌韻：「說文：入家搜也。」

《說文》七下宀部：「入家搜也。从宀索聲。」

案：小徐作「入家搜索之皃」，非。《玉篇》引、希麟《續音義》卷五引竝作「入家搜也」，與大徐本合，是《集韻》引亦不誤也。

皛 㿟

《集韻》入聲陌韻：「《說文》：際見之白也。从白上下小見。」

《說文》七下白部：「際見之白也。从白上下小見。」

案：鍇本作「際見之皃」，「皃」為「白」之誤，《玉篇》云：「壁際見白也。」「上下小見」下，小徐有「之」字，王筠《句讀》從之。

幘 幘

《集韻》入聲麥韻：「《說文》：髮有巾曰幘。一說：古賤服，漢元帝頂有壯髮，故服之，王莽禿又加巾。」

《說文》七下巾部：「髮有巾曰幘。从巾責聲。」

案：鍇本「髮有巾」上尚有「幘也」二字，蓋是衍文，段氏不取。「一說」云云，非許書原文，見鍇本案語，其說曰：蔡邕《獨斷》曰：漢元帝額有壯髮，不欲人見，故加幘以布包之也。至王莽內加巾，故時人云「王莽禿幘施屋」。《集韻》蓋本此也。唯「額」作「頂」，當改。《後漢書·輿服志》亦作「額」。

猲 猲

《集韻》入聲麥韻：「《說文》：犬張耳皃。」

《說文》十上犬部：「犬張耳皃。从犬易聲。」

案：「張」上，小徐有「開」字，蓋衍。《玉篇》訓「犬張耳」。

广 庌

《集韻》入聲麥韻：「《說文》：倚也。人有疾病，象倚箸之形。」

《說文》七下疒部：「倚也，人有疾病，象倚箸之形。」

案：《繫傳》作「痾也。人有疾痛，象倚箸之形」，然《玉篇》引作「倚也」，同大徐，且鍇語曰：「痾者，病气有所倚也。」「痾」者，「疴」之俗字，「疴」篆下，鍇語亦云「疴猶倚也」，是「疒」篆下，小徐本爲人竄改可知。

覈 覈

《集韻》入聲麥韻：「《說文》：實也。考事，西箄邀遮其辭得實曰覈，或從雨（覈）。」

《說文》七下西部：「實也。考事，西箄邀遮其辤得實曰覈。從西敫聲。覈，覈或從雨。」

案：《後漢書‧和帝紀》注、《文選‧長笛賦》注、玄應《音義》卷七、卷十二引竝作「考實事也」，蓋古本如是。嚴氏《校議》謂大徐作「實也。考事」轉寫到，說頗有據。「考事」下等語，沈氏《古本考》以爲當是庾氏注，王筠《句讀》亦謂「句似庾注」，今從沈說。小徐本今止存「箄邀遮其辭得實曰覈」等字，本義脫。然《韻會》引同大徐，又鍇曰「實謂考之使實也」，是徵小徐舊本不敚。《集韻》引從大徐，「西」訛作「西」。

劃 劃

《集韻》入聲麥韻：「《說文》：錐刀曰劃。」

《說文》四下刀部：「錐刀曰劃，從刀從畫，畫亦聲。」

案：小徐止作「錐刀也」，無「曰劃」二字，然義仍同。

踖 踖

《集韻》入聲盇韻：「《說文》：長脛行也。」

《說文》二下足部：「長脛行也。從足沓聲。一曰：踑踖。」

案：小徐作「長踁行也」，許書有「脛」無「踁」，大徐本、《集韻》引是也。

夃 夃

《集韻》入聲盇韻：「《說文》：窊夃也。」

《說文》七下穴部：「窏泧也，从穴夕聲。」

案：小徐作「窏泧夜也」，「夜」字誤衍。《玉篇》注正作「窏泧」，沾「夜」字無意。段注、王筠《句讀》竝從大徐。

睗　睗

《集韻》入聲昔韻：「《說文》：目疾視也。」

《說文》四上目部：「目疾視也。从目易聲。」

案：鍇本作「目熟視也」，非。玄應《一切經音義》卷一引作「目疾視也」，《玉篇》注同，知大徐、《集韻》引不誤。

疫　疫

《集韻》入聲昔韻：「《說文》：民皆疾也。」

《說文》七下疒部：「民皆疾也。从疒役省聲。」

案：《繫傳》作「民皆病曰疫」，然《廣韻》入聲二十二昔「疫」注引作「民皆疾也」，與大徐同。又《韻會》引作「民皆疾疫」，疑小徐舊本亦同大徐，「疫」字乃後人妄加。

汨　汨

《集韻》入聲錫韻：「《說文》：長沙汨羅淵，屈原所沈之水。」

《說文》十一下水部：「長沙汨羅淵，屈原所沈之水。从水冥省聲。」

案：「淵」下小徐有「也」字，又「屈原」作「屈平」，且「沈」下無「之」字。《玉篇》引作「長沙汨羅淵也，屈平所沈之水。」《韻會》引盡同小徐，似以小徐近古本。

歷　歷

《集韻》入聲錫韻：「《說文》：過也。」

《說文》二上止部：「過也。从止厤聲。」

案：小徐「過也」下，有「傳也」二字。王筠《句讀》云：「當作傅也。《釋詁》：歷，傅也。」竊疑「傅也。」二字，乃後人據《爾雅》沾入，而又訛其字也。

曆　曆

《集韻》入聲錫韻：「《說文》：石聲也。」

《說文》九下石部：「石聲也，从石厤聲。」

案：鍇本作「磊砢也」，與鉉本大異。許書石部「砢」下訓「磊砢也」，鍇本蓋爲後人以「砢」注誤竄。《集韻》引作「石聲也」，同大徐，當不誤。《玉篇》注作「礰礰，小石聲」。

瀝 瀝

《集韻》入聲錫韻：「《說文》：浚也。一曰：水下滴瀝。」

《說文》十一上水部：「浚也。从水歷聲。一曰：水下滴瀝。」

案：鍇本無「一曰：水下滴瀝」六字，江淹《擬謝臨川詩》：「乳竇既滴瀝。」李善注引作「滴瀝，水下滴瀝也」，是古有此訓。《繫傳》徐鍇案語由有云：「《魯靈光殿賦》曰：動滴瀝以成響，凡言滴瀝者，皆謂漉出而餘滴也。」據此校語，似小徐所見本亦有此六字，不知何以敓奪！

汯 汯

《集韻》入聲錫韻：「《說文》：沒也。」

《說文》十一上水部：「沒也。从水从人。」

案：鍇本作「沒水也」，「水」字衍。《韻會》引作「沒也」，同大徐，知小徐舊亦無「水」字。

墼 墼

《集韻》入聲錫韻：「《說文》：瓴適也。一曰：未燒也。」

《說文》十三下土部：「瓴適也。一曰：未燒也。从土毄聲。」

案：「一曰：未燒也」，小徐作「一曰：不燒」，《玉篇》引作「未燒者」，段氏《注》、王筠《句讀》並依《玉篇》改，《韻會》引作「未燒磚也」，非，說文無「磚」。

郹 郹

《集韻》入聲錫韻：「《說文》：蔡邑也。引《春秋傳》：郹陽封人之女奔之。」

《說文》六下邑部：「蔡邑也。从邑臭聲。《春秋聲》曰：郹陽封人之女奔之。」

案：「郹陽封人之女奔之」，見《左傳》昭公十九年。《繫傳》作「郹陽人女奔之」，蓋脫。

戠　戠

《集韻》入聲職韻：「《說文》：闕。」

《說文》十二下戈部：「闕。从戈从音。」

案：小徐「闕」下有「職从此。古職字。古之職役皆執干戈」十四字，《廣
　　韻》入聲廿四職引「闕」下有「職識字从此」，皆校語也。

稙　稙

《集韻》入聲職韻：「《說文》：早穜也。引《詩》：稙稚尗麥。」

《說文》七上禾部：「早穜也。从禾直聲。《詩》曰：稙稚尗麥。」

案：《集韻》引「早穜也」，與二徐同。引《詩》，小徐「稚」作「稺」，「尗」
　　作「菽」。作「稺」是也，郭景純註《方言》曰：「稺古稚字。」《韻會》
　　十三職引亦作「稺」。作「菽」則非，《說文》無「菽」字，今《詩・
　　閟宮》亦作「稙稺尗麥」。

熄　熄

《集韻》入聲職韻：「《說文》：畜火也。一曰：滅火。」

《說文》十上火部：「畜火也。从火息聲，亦曰滅火。」

案：《繫傳》無「亦曰：滅火」四字，蓋脫。《玉篇》注：「畜火滅也。」疑
　　本《說文》。段注：「滅與蓄義，似相反而實相成，止息即滋息也。孟
　　子曰：王者之迹熄而《詩》亡，《詩》亡然後《春秋》作。」《集韻》
　　引「亦曰」作「一曰」，義得兩通。

即　即

《集韻》入聲職韻：「《說文》：即食也。一曰：就也。」

《說文》五下皀部：「即食也。从皀卩聲。徐鍇曰：即，就也。」

案：小徐作「即湌也」，「湌」爲「餐」之或文，大徐作「食」是，《集韻》
　　引同。「一曰：就也」，非許書原文，楚金案語有云「即猶就也」，《玉
　　篇》注亦有此訓。

�　恜

《集韻》入聲職韻：「《說文》：惕也。引《春秋國語》：於其心恜然。」

《說文》八上人部：「惕也。从人式聲。《春秋國語》曰：於其心侙然。」

案：小徐「侙然」下有「是也」二字。

 淔

《集韻》入聲職韻：「《說文》：水也。曰出潁川。一曰：艸名。」

《說文》十一上水部：「水也。从水直聲。」

案：小徐作「水名也」，《集韻》引同大徐。兩「一曰」義，非引《說文》，《漢書・地理志》潁川郡無淔水，《水經志》亦不載，未知丁氏何據？菌芝，一名淔灌。故丁氏云：「一曰：艸名。」

 檍

《集韻》入聲職韻：「《說文》：杶也。」

《說文》六上木部：「杶也。从木意聲。」

案：鍇本無此篆，段本亦無。段氏於「楮」篆下注曰：「心部啻，今作憶；艸部蓄，今作薏；水部澿，今作澺；人部僖，今作億；然則，經典檍字，即《說文》之楮，何疑？」段說甚是。黃公紹《韻會》云：《說文》作楮，今作檍。可爲佐證。鉉本蓋後人誤增，然嚴可均校議又有言曰：「余謂說解與篆誤到。檍，杶也；舊本當是，梯也。檍即俗楮字，《詩・隰有杻》，《釋木》：杻，檍。《毛傳》同。則許書不得無杻字。」嚴氏以爲「」形近「杶」而譌，議移杶篆之重文於此，云：「楮也。从木丑聲。」嚴說亦足以發人，玆附存於此。

 蜮

《集韻》入聲職韻：「《說文》：短狐也。似鼈三足，以气射害人。一曰：蝦蟇也，或从國（蟈）。」

《說文》十三上虫部：「短狐也。鼈三足，以气䠶害人。从虫或聲。，蜮又从國。臣鉉等曰：今俗作古獲切，以爲蝦蟇之別名。」

案：「一曰：蝦蟇也」，非許君語，徐鉉曰：「今俗作古獲切。以爲蝦蟇之別名」，丁氏蓋本此而改作「一曰：蝦蟇也」。

 特

《集韻》入聲德韻：「《說文》：朴特，牛父也。一曰：獨也。」

《說文》二上牛部：「牻特，牛父也。从牛寺聲。」

案：小徐作「特牛也」。《楚辭·天問》：「焉得夫牻牛。」王注：「牻，大也。」
又注《九章》曰「壯大爲牻」。「牛父也」者，與下文「牝」注「畜母
也」對言。故大徐說似較長。《集韻》引亦同。「一曰：獨也」，非引許
書，見《廣雅·釋詁》三。

䵮 䵮

《集韻》入聲德韻：「《說文》：治黍禾豆下潰葉。」

《說文》七上黍部：「治黍禾豆下潰葉。从黍畐聲。」

案：小徐作「治粟麥禾豆下潰葉也」，考《玉篇》注作「治黍豆也」，《廣
韻》入聲二十五德作「黍豆潰葉也」，是大徐作「黍」不誤也。䵮字
从黍，自不關粟麥也。《集韻》引從大徐，唯「潰」訛作「潰」，當改。
段氏云：「潰葉菸矮，恐其傷穀，故必治之。」作「潰」則無義矣。

鰂 鰂

《集韻》入聲德韻：「《說文》：烏鰂，魚名。或从即（鯽）。」

《說文》十一下魚部：「烏鰂，魚名。从魚則聲。鯽，鰂或从即。」

案：小徐作「烏鰂也」，無「魚名」二字。

亯 克

《集韻》入聲德韻：「《說文》：肩也。象屋下刻木之形。徐鍇曰：肩，任也。
負何之名也。與人肩膊之義通，作勝此物謂之克。古作亯，㒷。」

《說文》七上克部：「肩也，象屋下刻木之形，徐鍇曰：肩，任也。負何之
名也。與人肩膊之義通，能勝此物謂之克。亯，古文克。㒷，亦古
文克。」

案：《繫傳》「臣鍇曰」下，作「肩者，任也。《尚書》曰：朕不肩好，貨
不委任，好貨也。任者又負荷之名也，與人肩膊之肩義通，故此字下
亦微象肩字之上也，能勝此物謂之克，故亦象刻木也。」大徐引頗有
省改。《集韻》從大徐，唯「能勝此物」之「能」，引作「作」，宜改。

勃 勃

《集韻》入聲德韻：「《說文》：尤極也。一曰：自彊也。」

《說文》十三下力部：「尤極也。从力克聲。」

案：鍇本作「尤劇也」，然《五音韻譜》、《集韻》、《類篇》引竝作「尤極也」，今仍依大徐。「一曰」者，非引《說文》，丁氏等所增。

泣 泣

《集韻》入聲緝韻：「《說文》：無聲出涕曰泣。」

《說文》十一上水部：「無聲出涕曰泣。从水立聲。」

案：《繫傳》作「無聲出涕者」，與鉉本微異。《玉篇》注曰：「無聲出涕也。」與鉉作「曰泣」語意相合。

颯 颯

《集韻》入聲合韻：「《說文》：翔風也。」

《說文》十三下風部：「翔風也。从風立聲。」

案：鍇本作「朔風也」，「朔」為「翔」之訛。《韻會》引作「翔風也。」同大徐，可證。

軜 軜

《集韻》入聲合韻：「《說文》：驂馬內轡繫軜前者。引《詩》：茷以觼軜。」

《說文》十四上車部：「驂馬內轡繫軜前者，从車內聲。《詩》曰：茷以觼軜。」

案：引《詩》，小徐作「鋈以觼軜」，今《詩·秦風·小戎》亦作「鋈」，箋：「繫軜於軾前。」

倢 倢

《集韻》入聲葉韻：「《說文》：佽也，一曰：倢伃，女字。」

《說文》八上人部：「佽也。从人疌聲。」

案：許書「佽」下訓「便利也」，「倢」下訓「佽也」，段云：「此解冡便利之訓。」小徐作「次也」，非許氏之舊。「一曰」，丁度等所附益，非《說文》，漢婦官有倢伃。

疌 疌

《集韻》入聲葉韻：「《說文》：疾也。从止，从又。又，手也。屮聲。」

《說文》二上止部：「疾也。从止，从又。又，手也，屮聲。」

案：釋字之形，小徐作「从又。又，手也，从止」，若此，則「坴」當入「又」
　　部也，是語次仍以大徐、《集韻》引爲是。

甾 鬯

《集韻》入聲葉韻：「《說文》：毛鬯也。象髮在囟上，及毛髮鬯鬯之形。」

《說文》十下囟部：「毛鬯也。象髮在囟上。及毛髮鬯鬯之形。此與籀文子
　　　字同。」

案：「毛鬯」下，小徐無「也」；而「象」下，有「形」字，衍。許蓋以「象」
　　連下之「形」爲句。大徐、《集韻》引不誤。

品 喦

《集韻》入聲葉韻：「《說文》：多言也。从品相連。引《春秋傳》：次于喦北。」

《說文》二下品部：「多言也。从品相連。《春秋傳》曰：次于喦北。讀與聶同。」

案：「从品相連」，小徐作「从品山相連」，非。山非山川之山，喦从三口，
　　　而山以連之，即絮聒之義也。

甄 甄

《集韻》入聲帖韻：「《說文》：蹈瓦聲。一曰：瓦薄也。」

《說文》十二下瓦部：「蹈瓦聲。从瓦夾聲。」

案：鍇本作「蹈瓦甄也」，《玉篇》：「甄甄，蹈瓦聲。」《通俗文》曰：「瓦
　　　破聲曰甄。」玄應《音義》卷十一引作「蹈瓦聲蹀蹀也」，「蹀蹀也」
　　　三字，乃玄應所增，是可證小徐「瓦」下奪「聲」，且衍「甄」字。「一
　　　曰」者，非引《說文》，丁度等自增。

協 協

《集韻》入聲帖韻：「《說文》：同心之和。」

《說文》十三下劦部：「同心之和。从劦从心。」

案：小徐作「同心和也」，苗夔《繫傳校勘記》云：「同心下，當依鉉補之字。」

痰 痰

《集韻》入聲帖韻：「《說文》：病息也。」

《說文》七下疒部：「病息也。从疒夾聲。」

案：大徐作「病息也」，《廣韻》入聲三十帖、《集韻》引並同。小徐作「病
小息也」，許書女部曰：「㚟，息也。一曰：少氣也。」《玉篇》「痆」
作「瘶」，訓「病少氣」，王筠《句讀》曰：「然則小息即少氣之謂也。」
是鍇說亦可取。

䜱 譣

《集韻》入聲帖韻：「《說文》：和也。从言、从又炎。徐鉉曰：此蓋从燮省，
言語以和之也，二字義相出入故也。」

《說文》三下又部：「和也。从言从又炎。籀文燮从羊，羊音飪讀若溼。臣
鉉等案燮字義大孰也，从炎从又即孰物可持也，此燮蓋从燮省，言
語以和之也。二字義相出入故也。」

案：大徐作「从言从又炎」，視為會意。小徐作「從言又炎聲」，視為形聲，
小徐非。《廣韻》入聲三十帖引作「从言又炎」，同為會意。

瓗 瓅

《集韻》入聲帖韻：「《說文》：石之次玉者。」

《說文》一上玉部：「石之次玉者。从玉燮聲。」

案：《繫傳》作「石之玉言次玉者」，苗夔《繫傳校勘記》云：「『玉言』二
字衍。」田吳炤《二徐箋異》云：「『玉言』二字寫者誤多。此殆涉下
文『珆』而誤。」段氏以「石之玉」為句，注云：「鍇本如此，下有
『言次玉者』四字，蓋注釋語。」惟田氏云：「段氏以『石之玉』句，
以『言次玉者』四字為注釋語，殊為穿鑿。」然則大徐、《集韻》引
不誤也。「瓅」，《玉篇》、《廣韻》入聲三十帖皆云「石似玉」。

擖 擖

《集韻》入聲業韻：「《說文》：『摺也。一曰：拉也。』」

《說文》十二上手部：「摺也。从手劦聲。曰：拉也。」

案：「一曰：拉也」，小徐作「一曰：擸也」，《廣韻》入聲業及《韻會》引
並作「拉也」，可證大徐、《集韻》引不誤也。

舂 舀

《集韻》入聲洽韻：「《說文》：舂去麥皮也。从臼千。所以舀之。」

《說文》七上臼部：「舂去麥皮也。从臼干。所以臿之。」

案：大徐作「从臼干」，小徐作「从臼干聲」，無「所以臿之」四字。嚴氏
　　《校議》云：《韻會》十七洽引有「一曰：干所以臿之」句，此小徐眞
　　貌也。《集韻》引從大徐，唯「从臼干」誤作「从臼千」，當改。

甲

《集韻》入聲狎韻：「《說文》：東方之孟，陽气萌動。从木戴孚甲之象。一
　　曰：人頭空爲甲，甲象人頭。古作命。始於十，見於千，成於木之
　　象。一曰：介鎧也。一曰：狎也。」

《說文》十四下甲部：「東方之孟，陽气萌動。从木戴孚甲之象。一曰：人頭
　　宜爲甲。甲象人頭。命，古文甲始於十，見於千，成於木之象。」

案：「東方」之上，小徐有「位」字。「丙」下，二徐竝作「位南方」，是
　　此亦當有。大徐作「一曰：人頭宜爲甲，甲象人頭」，小徐作「《大一
　　經》曰：頭玄爲甲，甲爲人頭」，《集韻》從大徐，而「宜」作「空」，
　　段氏從之，注曰：「空爲善。空腔古今字，許言頭空、履空、額空、
　　脛空，皆今之腔也。人頭空，謂髑髏也。」重文「命」下，小徐作「古
　　文甲，始於一，見於十歲，成於木之象」，頗有出入，許氏說干字十
　　二字，每多附會之言，今不詳考。兩「一曰」義，非引《說文》，《易・
　　說卦傳》「離爲甲胄」，此指護首之介鎧也；《爾雅・釋言》：「甲，狎
　　也。」

呷

《集韻》入聲狎韻：「《說文》：吸呷也。」

《說文》二上口部：「吸呷也。从口甲聲。」

案：小徐作「吸呷皃」。《文選・吳都賦》注、玄應《一切經音義》卷十七、
　　卷廿引作「吸也」，少一「呷」字。《玉篇》、《廣韻》引正作「吸呷也」，
　　同大徐，故知《集韻》引不誤。

嚃

《集韻》入聲合韻：「《說文》：嗛也。一曰：齧脣。」

《說文》二上口部：「嗛也。从口朁聲。」

案：《繫傳》作「從也」，與口義大不類。玄應《一切經音義》卷十七、卷十

八引作「銜也」，《玉篇》亦訓「銜」，是知「從」字係「銜」字之譌。「含」字下，大徐訓「嗛」，小徐訓「銜」，為其確証。「一曰」者，非引《說文》，丁度等所增益也。

三、《集韻》與小徐是，大徐非者

（計一百零八字）

庸

《集韻》平聲鍾韻：「《說文》：用也。从用庚。庚，更事也。引《易》：先庚三日。一曰：常也。愚也。」

《說文》三下用部：「用也。从用从庚。庚，更事也。《易》曰：先庚三日。」

案：大徐作「从用从庚」，小徐作「从用庚」。《集韻》引同小徐。「一曰」下二義，皆非引《說文》，「常也」，見《爾雅・釋詁》，「愚也」，蓋丁度等自增。

匈

《集韻》平聲鍾韻：「《說文》：膺也。或作胷。」

《說文》九上勹部：「聲也。从勹凶聲。胷。匈或从肉。」

案：鍇本作「膺也」，《集韻》引同。慧琳《音義》卷六十五、卷七十四兩引皆作「膺也」，知大徐作「聲也」誤。許書肉部曰：「膺，匈也。」二篆相轉注。《玉篇》注亦作「膺也」，大徐之誤，自無可疑。

柘

《集韻》平聲鍾韻：「《說文》：樅椐木也。」

《說文》六上木部：「檑椐木也。从木邛聲。」

案：大徐作「檑」字，小徐作「樅」，《集韻》引同。鈕氏《校錄》云：「宋

本初印本、《五音韻譜》及《類篇》引樱竝作樗，蓋譌。《說文》無樗。」
嚴氏《校議》云：「《釋木》：椳，柜梛。樱椳形近，恐有一誤。」段氏
云：「樗字無考……《說文》蓋取諸《爾雅》。樱與椳形似，椐與柜聲
同。樱疑椳之誤。」合諸家說以觀，似以作「樱」爲是。

旆　施

《集韻》平聲支韻：「《說文》：旗皃。齊欒施字子旗。知施者旗也。一曰：
　　設也。」

《說文》七上㫃部：「旗皃。从㫃也聲。亝欒施字子旗。知施者旗也。」

案：「亝欒施字子旗」，小徐「亝」作「齊」，《集韻》引同，俗寫也。「一曰：
　　設也」，非引《說文》，見《漢書·董仲舒傳》集注。

碑　碑

《集韻》平聲支韻：「《說文》：豎石。徐鍇曰：紀功德也。鄭康成曰：宮有
　　碑所以識日景，宗廟則麗牲焉，其材：宮廟以石，窆用木。」

《說文》九下石部：「豎石也。从石卑聲。」

案：小徐作「豎石」，《集韻》引同。徐鍇說，原作「古宗廟立碑以繫牲耳，
　　非石也。後人因於其上紀功德。」《集韻》蓋節引之也。鄭康成云云，
　　非許書本有，見《檀弓》注。

脽　脽

《集韻》平聲脂韻：「《說文》：尻也。一曰地名，祠后土汾脽是也。」

《說文》四下肉部：「屍也。从肉隹聲。」

案：鍇本作「尻也」，《御覽》卷三百七十六、《韵會》四支引亦作「尻也」，
　　許書尸部：「尻，脽也。」二字轉注，故知《集韻》引不誤。「一曰：
　　地名」以下非引《說文》，《漢書·武帝紀》：「元鼎四年，立后土祠于
　　汾陰脽上。」

濱　濱

《集韻》平聲脂韻：「《說文》：久雨涔濱也。一曰：水名。」

《說文》十一上水部：「久雨涔資也。一曰：水名。从水資聲。」

案：《繫傳》作「久雨涔濱也」，《集韻》引同。大徐「濱」作「資」，非。

許槤《讀說文記》云：「㳽濱，雙聲漢人語。」《廣韻》下平六脂「濱」
注云：「又：㳽濱，久雨。」

𨸐 陜

《集韻》平聲微韻：「《說文》：酒泉天陜阪也。漢有天陜縣。」

《說文》十四下自部：「酒泉天依阪也。从自衣聲。」

案：大徐作「酒泉天依阪也」，小徐「依」作「陜」，《集韻》引同。《漢書・
地理志》：「酒泉郡天陜縣。」師古曰：「此地有天陜阪，故以名。」是大
徐作「依」，誤。「漢有天陜縣」，非許書原文，丁氏本《漢志》而增也。

𩠐 頎

《集韻》平聲微韻：「《說文》：頭佳皃。一曰：長皃。」

《說文》九上頁部：「頭佳也。从頁斤聲。讀又若鬢。」

案：鍇本「頹」篆後，有「頎」篆，注云：「頭佳也。从頁斤聲。讀若鬢。」
今鉉本脫此篆，然《集韻》八微引有「頎」字，訓「頭佳皃」，是丁氏
所據本猶未誤脫。《類篇》、《韻會》五微引亦作「頭佳皃」，段本同。「一
曰」者，非引許書，《衞風》「碩人其頎」，《傳》曰：「頎，長皃。」

𣹾 潿

《集韻》平聲微韻：「《說文》：回也。一曰：水名。」

《說文》十一上水部：「回也。从水韋聲。」

案：小徐有「一曰：水名」四字，《集韻》引同。《韻會》引作「又水名」。
《玉篇》、《廣韻》竝訓「水名」，故知大徐本敓奪。

𣽊 渠

《集韻》平聲魚韻：「《說文》：水所居也。一曰：渠渠，勤也。」

《說文》十一上水部：「水所居。从水榘省聲。」

案：「居」下，小徐有「也」，《集韻》引同。「一曰」義，非引《說文》，《詩・
權輿》：「夏屋渠渠。」《箋》：「猶勤勤也。」

玗 玗

《集韻》平聲虞韻：「《說文》：石之似玉者。《爾雅》：東方之美者，有醫無

閭之珣玗琪焉。」

《說文》一上王部：「石之似玉者。从玉于聲。」

案：《集韻》引「石之似玉者」，與二徐同。下引《爾雅》，見《釋池》。鍇本案語亦引此文。唯「美」下無「者」字。

䛻　迷

《集韻》平聲齊韻：「《說文》：惑也。」

《說文》二下辵部：「或也，从辵米聲。」

案：小徐本作「惑也」，《集韻》引同。《說文》心部曰：「惑，亂也。」段氏注、桂氏《義證》、王氏《句讀》均作「惑也」。

煨　煨

《集韻》平聲灰韻：「《說文》：盆中火也。一曰：煻火曰煨。」

《說文》十上火部：「盆中火。从火畏聲。」

案：小徐作「盆中火也」，《集韻》引同。「一曰」者，非引《說文》，丁度等所增。《通俗文》曰：「熱灰謂之煻煨。」《廣韻》上平十五灰注：「煻，煨火。」丁氏蓋本此而遞訓也。

催　催

《集韻》平聲灰韻：「《說文》：相擣也。引《詩》：室人交徧催我。一曰：促期。」

《說文》八上人部：「相儔也。从人崔聲。《詩》曰：室人交徧催我。」

案：小徐作「相擣也」，《集韻》引同。《玉篇》注亦作「相擣也」，大徐作「儔」，蓋譌。段氏從小徐，注曰：「猶相迫也。《邶風》北門曰：室人交徧摧我。《傳》曰：摧，沮也。《音義》曰：摧或作催。據許則催是也。不從《傳》者，《傳》取沮壞之義，與摧訓擠、訓折義同。蓋當時字作催，而毛釋爲摧之假借，許則釋其本義也。」「一曰」者，非引《說文》，丁氏等所增。

份　份

《集韻》平聲眞韻：「《說文》：文質備也。引《論語》文質份份。古从彡林。俗作斌，非是。」

《說文》八上人部：「文質僣也。从人分聲。《論語》曰：文質份份。彬，古
　　文份，从彡林，林者从焚省聲。臣鉉等曰：今俗作斌，非是。」

案：小徐作「文質備也」，《廣韻》上平十七眞引同，《集韻》引亦同。大徐
　　「備」作「僣」，非。「僣」訓「儗也」，非此之用。

巡　巡

《集韻》平聲諄韻：「《說文》：視行皃。」

《說文》二下辵部：「延行皃。从辵川聲。」

案：小徐本作「視行皃」，《集韻》引同。《書‧大傳》「維元祀巡守」，注：
　　「巡行視所守也。」《舜典》「歲二月東巡守」，鄭注：「巡守者，行視
　　所守也。」是「視行」與經義合。《玉篇》引作「視行」，《廣韻》十八
　　諄引作「視行也」，雖詞尾有所不同，作「視行」則一也。故知大徐本
　　作「延行皃」爲誤。

寅　寅

《集韻》平聲諄韻：「《說文》：髕也。正月陽氣動，去黃泉欲上出，陰尚強。
　　象宀不達髕寅於下也。古作𡩟。」

《說文》十四下寅部：「髕也。正月陽气動，去黃泉欲上出，陰尚彊，象宀
　　不達、髕寅於下也。徐鍇曰：髕斥之意，人陽气銳而出上閡於宀日
　　所以擯之也。𡩟，古文寅。」

案：大徐作「陰尚彊」，小徐「彊」作「強」，《集韻》引同，借字也。

黄　黄

《集韻》平聲諄韻：「《說文》：兔瓜也。」

《說文》一下艸部：「兎苽也。从艸寅聲。」

案：小徐作「兔瓜也」，《集韻》引同。鈕氏《說文校錄》云：「瓜，宋本作
　　苽，誤。」《爾雅‧釋草》：「黃，菟瓜。」王筠《句讀》云：「釋草作
　　菟，俗字。」故小徐、《集韻》引不誤。

熏　熏

《集韻》平聲文韻：「《說文》：火煙上出也。从屮从黑。屮黑，熏象也。」

《說文》一下屮部：「火煙上出也。从屮、从黑。屮黑，熏黑也。」

案：「屮黑熏黑」小徐作「屮黑熏象」，《集韻》引同。段注從小徐，云：「此煙上出而煙所到處成黑色之象也。」桂氏《義證》云：「屮黑熏象也者，本書『黑，火所熏之色也。』從炎上出四，馥謂炎出四，如屮之出土，所以爲熏象。」王氏《句讀》亦作「屮黑熏象」，注云：「屮本不黑，而今黑者，熏之所致也。」三家雖各有說解，作「熏象」則一也。

𧤼　觛

《集韻》平聲元韻：「《說文》：角上也。一曰：牛角一頫一仰。」
《說文》四下角部：「角上也。从角亘聲。讀若讙。」
案：大徐作「角上也」，小徐作「角匕也」，《玉篇》、《廣韻》上平二十二元「觛」注竝作「角匕」，《集韻》引亦作「角匕也」，知大徐「上」字爲「匕」字之形譌。許書「匕」下曰「匕，所以比取飯，一名栖」，「栖」下曰「匕也」，《士冠禮》：「天官玉府，皆有角栖。」「角栖」即「角匕」也。「一曰」者，非引《說文》，丁氏等所增。

繙　繙

《集韻》平聲元韻：「《說文》：冤也。一曰：亂也。」
《說文》十三上糸部：「冕也。从糸番聲。」
案：鍇本作「冤也」，《集韻》引同。大徐作「冕也」，當係形誤。《玉篇》注亦作「冤也」，《莊子·天道》：「于是繙十二經以說老聃。」《釋文》引司馬彪云：「繙，煩冤也。」

看　看

《集韻》平聲寒韻：「《說文》：睎也。从手下目。或从倝。」
《說文》四上目部：「睎之。从手下目。𥇙，看或从倝。」
案：《繫傳》作「睎也」，《集韻》引同。大徐作「睎之」，義不可通，《玉篇》注亦作「睎也」，是小徐、《集韻》引不誤。

儞　儞

《集韻》平聲寒韻：「《說文》：何也。」
《說文》八上人部：「儞何也。从人𠥑聲。」
案：小徐作「何也」，《集韻》引同。《玉篇》注亦同。大徐作「儞何也」，

段云：「未聞。」又曰：「假令訓爲僮何，則又不當析廁於此。或當作
僮佪。《九章》曰：欲僮佪以干傺。又曰：入溆浦余僮佪。王逸曰：僮
佪猶低佪也。」段說姑存。

逮　逮

《集韻》平聲先韻：「《說文》：自進極也。一曰：至也。」

《說文》二下辵部：「目進極也。从辵聿聲。」

案：《繫傳》作「自進極也」，《玉篇》注，《廣韻》下平一先引竝同。大徐
　　本「自」作「目」，形譌也。「一曰：至也」，非引許也，亦見《玉篇》。

嬋　嬋

《集韻》平聲先韻：「《說文》：《甘氏星經》曰：太白上公妻曰女嬋。居南斗、
　　食屬天下祭之曰明星。」

《說文》十二下女部：「《甘氏星經》曰：太白上公妻曰女嬋。女嬋居南斗、
　　食屬天下祭之曰明星。从女前聲。」

案：小徐本「居南斗」上，不重「女嬋」二字，《集韻》引同。

揅　揅

《集韻》平聲先韻：「《說文》：摩也。」

《說文》十二上手部：「摩也。从手研聲。」

案：段本「揅，摩也」下注云：「宋本奪此字，今依小徐、《集韻》、《類篇》
　　補。」手部部末「文二百六十六」處，王筠《繫傳校錄》云：「大徐二
　　百六十五，汲古增揅字，而改五爲六。」

湔　湔

《集韻》平聲僊韻：「《說文》：水出蜀郡緜虒玉壘山東南入江。一曰手瀚也。
　　洒也，傍沾也。」

《說文》十一上水部：「水出蜀郡緜虒玉壘山東南入江。从水前聲。一曰手瀚
　　之。」

案：大徐作「手瀚之」，小徐「之」作「也」。《集韻》引同小徐。《六書故》、
　　《韻會》引亦同，故當作「手瀚也」。「洒也」，非引《說文》，見《廣
　　雅·釋詁》二；「傍沾也」，亦非引《說文》，見《通俗文》。

嫥　嫥

《集韻》平聲僊韻：「《說文》：壹也。一曰：女嫥嫥。一曰：愛兒。」

《說文》十二下女部：「壹也。从女專聲。一曰：嫥嫥。」

案：「一曰：嫥嫥」，小徐「嫥嫥」上有「女」字，《集韻》引同。《集韻》又曰「一曰：愛兒」，今《說文》無，又「愛」上有闕文。考《玉篇》、《廣韻》皆云「可愛之兒」。「愛」上之闕文，當是「可」字，當取以補之。

樵　樵

《集韻》平聲宵韻：「《說文》：散木也。」

《說文》六上木部：「散也。从木焦聲。」

案：鍇本作「散木也」，《集韻》引同。「散」字，宜作「散」。鉉本作「散也」，《廣韻》四宵、玄應《音義》卷十五引作「木也」，蓋竝脫。《華嚴經・音義》卷十三引作「薪也」，與諸書引又異，《釋木・釋文》引《字林》亦云「薪也」，則《華嚴經・音義》乃涉《字林》而誤。

嚄　嚄

《集韻》平聲宵韻：「《說文》：疾也。引《詩》：匪車嚄兮。」

《說文》二上口部：「疾也。从口燿聲。《詩》曰：匪車嘌兮。」

案：《繫傳》引《詩》作「匪車嚄兮」，《集韻》同。大徐「嚄」作「嘌」，蓋用隸省字。

鉊　鉊

《集韻》平聲宵韻：「《說文》：大鎌也。鎌或謂之鉊。張徹說。」

《說文》十四上金部：「大鐵也。从金召聲。鎌謂之鉊。張徹說。」

案：鍇本有「大鎌也」，又大徐「鎌謂之鉊」，小徐作「鎌或謂之鉊」，《集韻》引同。大徐「鎌」作「鐵」，非。《廣雅釋器》：「鉊，鎌也。」《廣韻》「鉊，淮南呼鎌」，皆可爲證。

膠　膠

《集韻》平聲爻韻：「《說文》：昵也。作之以皮。一曰：欺也、糾也。」

《說文》四下肉部：「昵也。作之以皮。从肉翏聲。」

案：「昵」字小徐本作「昵」，《集韻》引同。《考工記‧弓人》說膠曰：「凡
昵之類不能方。」知大徐作「昵」非。「一曰」以下非引《說文》，《廣
雅‧釋詁》二：「膠，欺也。」《禮記‧王制》「周人養國老於東膠」，《注》：
「膠之言糾也。」

磽

《集韻》平聲爻韻：「《說文》：磬石也。」

《說文》九下石部：「磬石也。从石堯聲。」

案：《孟子》「地有肥磽」，趙注：「磽，薄也。」《漢書‧賈山傳》：「地之磽
者，難有善種，不能生焉。」顏注：「磽确，瘠薄也。」許書「确」訓
「磬石也」，是「磽」亦訓「磬石也」。小徐、《集韻》引不誤，大徐「磬」
作「磐」，非。

豪

《集韻》平聲豪韻：「《說文》：豕鬣如筆管者。籀从豕（豪）。」

《說文》九下希部：「豕鬣如筆管者。出南郡。从希高聲。豪，說文从豕。臣
鉉等曰：今俗則作毫，非是。」

案：重文「豪」下，大徐云「說文从豕」，小徐云「籀文從豕」，大徐「說」
爲「籀」之誤，顯然可知。《集韻》云「籀从豕」，不誤也。

猺

《集韻》平聲豪韻：「《說文》：山在齊地。引《詩》：遭我乎猺之間兮。」

《說文》九下山部：「山在齊地。从山猺聲。《詩》曰：遭我于猺之間兮。」

案：大徐引《詩》作「遭我于猺之間兮」，小徐、《集韻》引「于」作「乎」，
與今《齊風‧還篇》合。

抲

《集韻》平聲歌韻：「《說文》：抲撝也。引《周書》：盡執抲。」

《說文》十二上手部：「抲擔也。从手可聲。《周書》曰：盡執抲。」

案：小徐作「抲撝也」，《集韻》引同。大徐作「抲擔也」，「擔」字誤。《玉
篇》注作「撝也」，可證。

鈋 鈋

《集韻》平聲戈韻：「《說文》：鈋圜也。」

《說文》十四上金部：「吪圜也。从金化聲。」

案：鍇本作「鈋圜也」，《集韻》、《類篇》引同。大徐作「吪圜也」，段氏從
之，而曲爲之說曰：「吪，動也。謂本不圜，變化而圜也。」王紹蘭《段
注訂補》曰：「《玉篇》：鈋，削也。《廣韻》：鈋，刌也。去角也。然則，
鈋圜者，刌削方器，去其稜角而爲圜也。鼎臣本誤，鈋作吪，段氏不
加訂正，訓吪爲動，又轉爲變化，其失也，疏而迂也。」

儺 儺

《集韻》平聲戈韻：「《說文》：行有節也。引《詩》：佩玉之儺。」

《說文》八上人部：「行人節也。从人難聲。《詩》曰：佩玉之儺。」

案：《繫傳》作「行有節也」，《玉篇》、《詩·竹竿·釋文》、《集韻》引並同。
大徐「有」作「人」，誤。《衞風·竹竿》「佩玉之儺」下，《毛傳》亦
曰：「儺，行有節度。」

萇 萇

《集韻》平聲陽韻：「《說文》：萇楚銚弋。一曰：羊桃。」

《說文》一下艸部：「萇楚跳弋。一名羊桃。从艸長聲。」

案：小徐本作「萇楚銚弋」。《廣雅·釋草》：「銚弋，羊桃也。」正作「銚」。
《玉篇》引與《詩·檜風·隰有萇楚》毛《傳》並作「銚」，是知小徐、
《集韻》不誤，大徐字譌。「一名羊桃」，二徐並同，《集韻》引改「一
名」爲「一曰」，義同。

鄉 鄉

《集韻》平聲陽韻：「《說文》：國離邑，民所封鄉也。嗇夫別治。封圻之內，
六鄉六卿治之。」

《說文》六下嗇部：「國離邑，民所封鄉也。嗇夫別治。封圻之內，六鄉六
鄉治之。从嗇自聲。」

案：大徐作「六鄉六鄉治之」，小徐作「六鄉六卿治之」，《集韻》引同。段
注云：「六鄉六卿治之，謂《周禮》也。」嚴氏《校議》云：「《集韻》

十陽、《類篇》引作『六鄉六卿治之。』與《周禮》合。」今考《周禮·大司徒》：「五州爲鄉。」鄭司農云：「百里內爲六鄉。」《卿大夫職》曰：「每鄉卿一人。」是《集韻》引不誤也。

秧

《集韻》平聲陽韻：「《說文》：禾若秧穰也。一曰：蒋謂之秧。」

《說文》七上禾部：「禾若秋穰也。从禾央聲。」

案：鍇本作「禾若秧穰也」，《集韻》引同。大徐「秧」作「秋」，誤。《玉篇》注：「禾苗秧穰也」。「一曰：蒋謂之秧」者，非《說文》本有，丁度等所增。

岡

《集韻》平聲唐韻：「《說文》：山脊也。」

《說文》九下山部：「山骨也。从山网聲。」

案：鍇本作「山脊也」，《集韻》引同。大徐「脊」作「骨」，形訛也。《詩·卷耳》：「陟彼高岡。」《傳》云「山脊曰岡。」《玉篇》注亦作「山脊也」，《釋名》亦云「山脊曰岡」，皆足徵大徐之誤。

𢀡

《集韻》平聲庚韻：「《說文》：亂也。一曰：窒𢀡。籀作𢀡。」

《說文》二上𠃤部：「亂也。从爻工交𠃤，一曰窒𢀡，讀若襄。徐鍇曰：一口噂杳也。爻物相交質也。工人所作也。己象交構形。𤔌，籀文𢀡。」

案：小徐「一曰」之下作「窒𢀡」，《集韻》引同。《玉篇》引作「窒穰」，《廣韻》十二庚引作「窒𢀡」，故知大徐作「窒」者，乃傳寫之誤。

程

《集韻》平聲清韻：「《說文》：品也。十髮爲程，一程爲分，十分爲寸。」

《說文》七上禾部：「品也。十髮爲程，十程爲分，十分爲寸。从禾呈聲。」

案：大徐作「十程爲分」，小徐作「一程爲分」，《集韻》引同小徐。《藝文類聚》五十四、《太平御覽·刑法部》引皆作「十發爲程，十程爲寸。」是十程不得爲分之証。沈濤《古本考》以爲「發」乃「髮」字傳寫之誤，今本「爲分十分」四字衍，說亦通。

俜　俜

《集韻》平聲青韻：「《說文》：俠也。」

《說文》八上人部：「使也。从人甹聲。」

案：小徐作「俠也」，《集韻》引同，《韻會》、《類篇》引亦同。許書「俜」下次「俠」，訓「俜也」，則此訓「俠」，當不誤。《廣雅・釋詁》亦訓「俠也」，大徐作「使也」，恐非許氏之舊，許書彳部：「娉，使也。」後人或據此而改。

鼶　鼶

《集韻》平聲青韻：「《說文》：鼶令，鼠。一曰：鼠子。」

《說文》十上鼠部：「鼮令，鼠。从鼠平聲。」

案：《繫傳》作「鼶令，鼠」，《集韻》引同，另《五音韻譜》、《廣韻》、《類篇》引竝同。大徐「鼶」作「鼮」，非。「一曰：鼠子」，非引《說文》，丁度等所增。

瓴　瓴

《集韻》平聲青韻：「《說文》：甖似瓶。」

《說文》十二下瓦部：「兊似瓶也。从瓦令聲。」

案：大徐作「兊似瓶也」，小徐「兊」作「甕」。《史記・高祖本紀》：「譬猶居高屋之上建瓴水也。」晉灼《集解》引許慎曰：「瓴，甕似瓶者也。」《集韻》去聲送韻「甕」下云「亦作雍」，是甕即瓮之俗，然則大徐作「兊」者，當係「瓮」之爛文。《集韻》引作「甖」。甖，《說文》作罌，《集韻・送韻》「瓮」下又云「通作罌」。

厷　厷

《集韻》平聲登韻：「《說文》：臂上也。古作乚。徐鍇曰：象人曲腕而寫之，乃得其實。不爾，即多相亂。」

《說文》三下又部：「臂上也。从又从古文。𠃜，古文厷。象形。肱，厷或从肉。」

案：《集韻》引「臂上也」，與二徐同。下引徐鍇說，《繫傳》原作「臣鍇曰：此既象形，宜學人曲肱而寫之，乃得其實。不爾，即多相亂。」《集韻》

首二句約引爲「象人曲腕而寫之」，「腕」爲「肱」之誤。

軌　軌

《集韻》平聲尤韻：「《說文》：病寒鼻窒也。」

《說文》四上鼻部：「病寒鼻室也。从鼻九聲。」

案：《禮記・月令・釋文》引作「病寒鼻窒也」，徐鍇本同，《集韻》引亦同。大徐本作「鼻室」，室字爲窒字之誤。《玉篇》作「病寒鼻塞也」，「塞」與「窒」義得兩通。

滮　滮

《集韻》平聲幽韻：「《說文》：水流皃。引《詩》：滮池北流。」

《說文》十一上水部：「水流皃。从水彪省聲。《詩》曰：滮沱北流。」

案：引《詩》，小徐作「滮池北流」，《集韻》引同。今《詩・小雅白華》作「滮」，不省。

任　任

《集韻》平聲侵韻：「《說文》：保也。」

《說文》八上人部：「符也。从人壬聲。」

案：鍇本作「保也」，《集韻》引同。玄應《一切經音義》卷六、卷二十三引皆作「保也」，《玉篇》引亦同。可證古本如是。大徐作「符也」，誤字。《廣雅・釋詁》亦云：「任，保也。」

涔　涔

《集韻》平聲侵韻：「《說文》：漬也。一曰：涔陽渚在郢中。」

《說文》十一上水部：「潰也。一曰：涔陽渚在郢中。从水岑聲。」

案：《繫傳》作「漬也」，《集韻》引同。田氏《二徐箋異》曰：「涔、漬、漚三篆相次。漚，久漬也。漬，漚也。涔自應訓漬也，義迺相生。潰係譌字。」又小徐「涔陽」上無「一曰」二字，「郢」下無「中」字。

伛　伛

《集韻》平聲侵韻：「《說文》：伛伛，行皃。一曰：伛豫未定。」

《說文》五下门部：「淫淫，行皃。从人出门。」

案：《後漢書・來歙傳》注引作「冘冘，行皃。音淫。」《馬援傳》「冘豫未
　　決」注云「冘，行皃也。義見《說文》。」蓋古本作「冘冘，行皃」，《集
　　韻》引不誤也。《玉篇》「冘」字重出，一在冂部，訓「行皃。从人出
　　冂」；另別有「冘」部，訓「冘冘，行皃」，後一解蓋本《說文》，前者
　　或爲孫強所增。今大徐本「冘冘」作「淫淫」，疑涉音讀而誤，小徐本
　　誤同。「皃」下又衍「也」字。「一曰」者，非引《說文》，《後漢書・
　　來歙傳》「故久冘豫不決」，顏注：「冘豫，不定之意也。」丁氏蓋本此
　　意也。

黚　黚

《集韻》平聲沾韻：「《說文》：赤黃也。一曰：輕易人。黚䵴也。」
《說文》十三下黃部：「赤黃也。一曰：輕易入。黚䵴也。从黃夾聲。」
案：「一曰：輕易人。黚䵴也」，小徐、《集韻》、《類篇》引同，《玉篇》注
　　亦同。大徐「人」作「入」，形似而誤也。

倲　使

《集韻》上聲止韻：「《說文》：令也。」
《說文》八上人部：「伶也。从人吏聲。」
案：小徐作「令也」，《集韻》引同。段云：「大徐令作伶，誤。令者，發號
　　也。《釋詁》：使，從也。其引申之義也。」然《詩・車鄰》：「寺人之
　　令。」《釋文》云：「令，《韓詩》作伶，云使伶。」則古令伶通。

矣　矣

《集韻》上聲止韻：「《說文》：語已詞也。」
《說文》五下矢部：「語以詞也。从矢以聲。」
案：鍇本作「語已詞也」，《集韻》引同。語詞之「矣」，多在句末，表完結
　　之語氣，故作「已」是也，大徐作「以」則誤。

圉　圉

《集韻》上聲語韻：「說文：圉圉，所以拘罪人。一曰：圉垂也。一曰：圉
　　人掌馬者。」
《說文》十下㚔部：「圉圉。所以拘罪人。从㚔从口。一曰：圉垂也。一曰：

圉人掌馬者。」

案：大徐作「囹圄」，小徐作「圉圉」，《集韻》引同小徐。段云：「卒爲罪
　　人，口爲拘之，故其字作圉。他書作囹圄者，同音相叚也。」王筠《釋
　　例》曰：「蓋圉爲古字，圄爲後作。」又曰：「《韻會》圄下云：《說文》
　　本作圉。即引『圉圉所以拘人』，又引《前漢書·東方朔傳》：『囹圄空
　　虛』以爲證。又曰：今作圄。則其所據小徐本無圄明矣。」然則，今
　　許書口部有圄，蓋後人增。兩「一曰」義，小徐本無，然《韻會》引
　　有，是小徐本舊亦有之。

誣 誣

《集韻》上聲姥韻：「《說文》：相毀也。一曰：畏誣。」

《說文》三上言部：「相毀也。从言亞聲。一曰：畏亞。」

案：「一曰：畏亞」，小徐「亞」作「誣」，《集韻》引同。王筠《繫傳校錄》
　　云：「大徐誣譌作亞。」段注於「畏誣」下，注云：「此與惡惡之惡略
　　同。」桂氏《義證》云：「亞當爲誣，本書：畏，惡也。《本草》某畏
　　某，又言惡某。」王筠《句讀》亦云：「藥性有畏有惡，《左傳》：『合
　　左師畏而惡之。』皆當作此誣。」故《集韻》引作「畏誣」不誤也。

禮 禮

《集韻》上聲薺韻：「《說文》：履也。所以事神致福也。古作礼。」

《說文》一上示部：「履也。所以事神致福也。从示从豊。豊亦聲。𥘆，古
　　文禮。」

案：《集韻》所引字義與二徐同。古文禮，大徐作「𥘆」，小徐作「𥘆」，
　　《集韻》同小徐。

䓶 䓶

《集韻》上聲準韻：「《說文》：牛藻也。似藻葉大。」

《說文》一下艸部：「井藻也。从艸君聲。讀若威。」

案：《繫傳》作「牛藻也」，《五音韻譜》、《玉篇》、《廣韻》注並同，蓋本《釋
　　草》。大徐「牛」作「井」誤；牛藻，大藻也。「似藻葉大」，非許書原
　　文，見《釋草》郭注。

㹬　犉

《集韻》上聲產韻：「《說文》：畜牲也。」

《說文》二上牛部：「畜㹬也。从牛產聲。」

案：《繫傳》作「畜牲也」，《集韻》引同。鈕氏《說文校錄》、桂馥《義證》、《通訓定聲》亦皆作「畜牲也」。大徐「牲」作「㹬」，非。

搧　搧

《集韻》上聲獮韻：「《說文》：搏也。」

《說文》十二上手部：「撫也。从手扁聲。」

案：小徐本作「搏也」，《集韻》引同。《類篇》引、《玉篇》注並同。大徐作「撫也」，非。

勉　勉

《集韻》上聲獮韻：「《說文》：強也。」

《說文》十三下刀部：「彊也。从力免聲。」

案：小徐作「強也」，《集韻》引同。「強」為「彊」之借字。

昆　昆

《集韻》上聲筱韻：「《說文》：望遠合也。从日匕。匕，合也。徐鍇曰：匕，相近也。」

《說文》七上日部：「望遠合也。从日匕。匕，合也。讀若窈窕之窈。徐鍇曰：比，相近也。故曰：合也。」

案：《繫傳》「臣鍇曰」下，作「匕，相比近也」，徐鉉引作「比，相近也」，「比」為「匕」之譌，《集韻》引不誤也；「相近也」，非有脫文，蓋節取其意也。

堛　堛

《集韻》上聲晧韻：「《說文》：堡也。一曰：高土。」

《說文》十三下土部：「保也。高土也。从土毒聲。讀若毒。」

案：「高土也」上，小徐有「一曰」二字，《集韻》引同。此為別一義也，當有「一曰」之字。

槷 槷

《集韻》上聲養韻：「《說文》：驚走也。一曰：往來皃。引《周書》：伯槷。」

《說文》十下夰部：「驚走也。一曰：往來也。从夰臩。《周書》曰伯槷。古文臩、古文囧字，臣鉉等臩居況切。臩猶乎也。臩亦聲。言古囧字、未詳。」

案：「一曰」之義、大徐作「往來也」，小徐作「往來皃」，段云：「皃，大徐作也，非。」《玉篇》注同小徐作「往來皃」，《廣韻》上聲三十六養引亦同。是《集韻》引不誤也。

侹 侹

《集韻》上聲迥韻：「《說文》：長皃。一曰：著地。一曰：代也。勇也。」

《說文》八上人部：「長皃。一曰：箸地。一曰：代也。从人廷聲。他鼎切。」

案：大徐作「一曰：箸地」，小徐「箸」作「著」，《集韻》引同。「勇也」之義，非引《說文》，丁度等增。

訆 訆

《集韻》上聲厚韻：「《說文》：扣也。如求婦先訆奻之。一曰：訆訆笑也。」

《說文》三上言部：「扣也。如求婦先言奻之。从言从口。口亦聲。」

案：「如求婦先言奻之」，小徐作「如求婦先訆奻之」，《集韻》引同。作「訆」是也，楚金案語云：「此當引當時俗語爲證也。訆奻猶言扣嗑之也。」如作「言」字，則無以爲證。「一曰」者，非引《說文》，《廣雅·釋訓》：「訆訆，笑也」。

黵 黵

《集韻》上聲敢韻：「《說文》：大污也。」

《說文》十上黑部：「天污也。从黑詹聲。」

案：鍇本作「大污也」，《集韻》引同。大徐作「天污也」，義不可通，「天」明爲「大」之譌。《廣韻》上聲四十九敢「黵」注曰：「大污垢黑。」

湛 湛

《集韻》上聲豏韻：「《說文》：沒也。一曰：湛水，豫州浸。古作潗。」

《說文》十一上水部：「沒也。从水甚聲。一曰：湛水，豫章浸。潗，古文。」

案：《周禮‧職方氏》：「正南曰荊州，其浸潁湛。」鄭注：「潁，宜屬豫州，在此非也。」《地理志》：「荊州藪曰潁湛。」顏注：「潁水宜屬豫州。許慎又云：湛水豫州浸。竝未詳也。」據上引，知大徐作「豫章」，非也；小徐、《集韻》引作「豫州」是。又「浸」字，小徐作「濅」。

俁 俁

《集韻》去聲寘韻：「《說文》：惰也。」

《說文》八上人部：「隋也。从人只聲。」

案：小徐作「惰也」，《集韻》引同。《廣韻》去聲五寘注亦作「惰也」，段云：「惰者，不敬也。《醫經解》㑊之㑊，當作此字。」許書肉部「隋」訓「裂肉也」，非此之用。

示 示

《集韻》去聲至韻：「《說文》：天垂象，見吉凶，所以示人也。从二，古文上字，三垂，日月星也。觀乎天文，以察時變，示神事也。古作示。」

《說文》一上示部：「天垂象，見吉凶，所以示人也。从二，二古文上字。三垂，日月星也。觀乎天文，以察時變，示神事也。示，古文示。」

案：小徐「从二」下，無「二，古文上字」五字，「皆从示」下有「臣鍇曰：二，上字也」等語。古文示，大徐作「示」，小徐作「示」，《集韻》所引從小徐。王筠《說文釋例》云：「大徐作示，非也；小徐作示，鐘鼎文亦祇示示二體。」《博古圖‧齊侯鐘》四，皇祖字兩見，一作祖，一作祖，知小徐是（說見王氏《繫傳校錄》）。

霽 霽

《集韻》去聲至韻：「《說文》：見雨而止息。」

《說文》八下覞部：「見雨而比息。从覞从雨。讀若欷。」

案：《繫傳》作「見雨而止息」，《集韻》引同。大徐「止」作「比」，誤字也。《玉篇》覞部「霽」注引《說文》正作「止息」，又雨部「霽」下引亦同。《廣韻》去聲六至「霽」下注：「《說文》云：見雨而止息曰霽。」足徵作「止」不誤。

坒　坒

《集韻》去聲至韻：「《說文》：地相次坒也。」

《說文》十三下土部：「地相次比也。衞大夫貞子名坒。从土比聲。毗至切。」

案：大徐作「地相次比也」，小徐「比」作「坒」，《集韻》引同，《玉篇》
　　注亦同。

怚　怚

《集韻》去聲御韻：「《說文》：驕也。」

《說文》十下心部：「矯也。从心且聲。」

案：《繫傳》作「驕也」，《集韻》引同。大徐作「矯也」，誤。《廣韻》下平
　　九麻曰：「怚與媎同。」許書「媎」下正訓「驕也」（大徐作嬌，乃驕
　　之俗。）《方言》注曰：「怚，音驕怚。」又《玉篇》亦訓「驕也」，皆
　　可證大徐之譌。

妎　妎

《集韻》去聲夳韻：「《說文》：妒也。」

《說文》十二下女部：「如也。从女介聲。」

案：鍇本作「妒也」，《集韻》引同。許書人部曰：「俠，妎也。」《字林》
　　云：「疾，妎妒也。」是鉉本作「如也」，譌。

䶖　䶖

《集韻》去聲卦韻：「《說文》：陋也。从䚹。䒼，籀文嗌字。或作隘。」

《說文》十四下䚹部：「陋也。从䚹䒼聲。籀文嗌字。隘，籀文䶖从自益。」

案：「䒼，籀文嗌字」五字，小徐無。此當是校語，後人羼入鉉本。《集韻》
　　誤從之，「籀」又訛作「榴」。重文「隘」，大徐云「籀文」，小徐云「篆
　　文」，段云：「䶖，籀文也；隘，小篆也。先籀後篆者，爲其字之从兩
　　自也。」許書自部無隘篆，小徐以爲篆文當不誤。《集韻》引亦不云「籀
　　作隘」，而云「或作隘」，是也。

頯　頯

《集韻》去聲怪韻：「《說文》：頭蔽頯也。謂頭癡。」

《說文》九上頁部：「頭蔽巇也。从頁冢聲。」

案：鍇本作「頭蔽巇也」，楚金案語云：「字書蔽即蒯。」段注云：「蔽巇，疊韻字，蓋古語也。」又云：「錢氏大昕曰：春秋戰國人名有蒯聵者，疑即此蔽巇字。」王筠《句讀》亦謂「衞太子蒯聵，蔽即蒯之古字」。《集韻》引同小徐，不誤也。大徐「蔽」作「蔽」，形近而譌。「謂頭癡」三字，非許書原文，丁氏申釋之語也。

鎩　鎩

《集韻》去聲怪韻：「《說文》：鈹有鐔也。」

《說文》十四上金部：「皮有鐸也。从金殺聲。」

案：小徐作「鈹有鐔也」，《集韻》引同。大徐「鐔」作「鐸」，形訛也。鐔，劍鼻也。

逭　逭

《集韻》去聲換韻：「《說文》：逃也。或作𤖴。」

《說文》二下辵部：「兆也。从辵官聲。𤖴，逭或从雚从兆。」

案：小徐本作「逃也」，《集韻》引同。大徐作「兆也」，譌。《書·太甲》：「自作孽不可逭。」《傳》云：「逭，逃也。」《爾雅·釋言》亦云：「逭，逃也。」

汕　汕

《集韻》去聲諫韻：「《說文》：魚游水皃。引《詩》：烝然汕汕。」

《說文》十一上水部：「魚游水皃。从水山聲。《詩》曰：蒸然汕汕。」

案：引《詩》，小徐作「烝然汕汕」，《集韻》引同。今《詩·小雅·南有嘉魚》作「烝」，嚴氏《校議》曰：「《詩考》不出蒸爲異文。」據此，則作「烝」是也。

澱　澱

《集韻》去聲霰韻：「《說文》：滓垽也。」

《說文》十一上水部：「滓滋也。从水殿聲。」

案：鍇本作「滓垽也」，《集韻》引同。許書土部曰：「垽，澱也。」是澱垽互訓，大徐「垽」作「滋」，誤字也。又《玉篇》「澱」訓「垽也」。《爾

雅・釋器》：「澱謂之垽。」皆其確證。

灋 橫

《集韻》去聲映韻：「《說文》：小津也。一曰：以船渡也。」

《說文》十一上水部：「水津也。从水橫聲。一曰：以船渡也。」

案：《繫傳》作「小津也」，《集韻》引同。《玉篇》、《廣韻》去聲映韻引亦作「小津也」，據此，知大徐作「水津也」，「水」乃「小」之誤。

㑋 佞

《集韻》去聲徑韻：「《說文》：巧讇高材也。」

《說文》十二下女部：「巧讇高材也。从女信省。臣鉉等曰：女子之信近於佞也。」

案：《繫傳》作「巧讇高材也」，許書言部「讇」下曰：「諛也。」是《繫傳》不誤，《集韻》引同。大徐作「調」，當是形訛也。

鄅 鄅

《集韻》去聲證韻：「《說文》：地名。」

《說文》六下邑部：「地名，从邑興聲。」

案：「鄅」字，鍇本有，鉉本無。《廣韻》下平十六蒸「鄅」注亦曰：「《說文》曰：地名也。」《集韻》證韻「鄅」字亦引《說文》，是可知許書當有此字。

秀 秀

《集韻》去聲宥韻：「實也。有實之象下垂也。徐鍇說。」

《說文》七上禾部：「上諱。漢光武帝名也。徐鍇曰：禾，實也。有實之象下垂也。」

案：漢光武帝諱秀，故許書但存秀篆，闕而不釋其義。《集韻》引「實也」云云，爲徐鍇說，今亦視同引《說文》。

伏 伏

《集韻》入聲屋韻：「《說文》：伺也。」

《說文》八上人部：「司也。从人从犬。臣鉉等曰：司今人作伺。」

案：段本「伏，司也」下注曰：「司者，臣司事於外者也。司，今之伺字。

凡有所司者，必專守之。伏伺即服事也。」是小徐作「伺」，後起俗字也，《集韻》引亦從俗。

煜　煜

《集韻》入聲屋韻：「《說文》：燿也。」

《說文》十上火部：「熠也。从火昱聲。」

案：《繫傳》作「燿也」，《集韻》引同。玄應《音義》卷四、卷五、卷八、卷十一、卷十五引皆作「燿也」。《類篇》、《韻會》引亦同。故知大徐作「熠也」，誤。

淯　淯

《集韻》入聲屋韻：「《說文》：水出弘農盧氏山，東南入沔。一曰出酈山西。」

《說文》十一上水部：「水出弘農盧氏山，東南入海。从水育聲。或曰出酈山西。」

案：大徐作「東南入海」，小徐「海」作「沔」，《集韻》引同，《五音韻譜》、《類篇》亦同。《水經》：「沔水東過襄陽縣北，又從縣東屈西南，淯水從北來注之。」故知大徐非。又大徐作「或曰：出酈山西」，小徐作「或以為」，《集韻》引作「一曰」，三者各異，然無關要誼。

觸　觸

《集韻》入聲燭韻：「《說文》：牴也。」

《說文》四下角部：「抵也。从角蜀聲。」

案：鍇本作「牴也」，《玉篇》注同。許書牛部曰：「牴，觸也。」與此互訓，知作「牴」是也。《集韻》引不誤，大徐誤作「抵」。

蠢　蠢

《集韻》入聲燭韻：「《說文》：直轅車鞻也。」

《說文》十四上車部：「直轅車鞻也。从車且聲。」

案：大徐作「直轅車鞻也」，小徐「鞻」作「鞻」，是也。《說文》無「鞻」字，革部：鞻或作鞻，云「車衡三束也，曲轅鞻縛，直轅鞻縛」，《集韻》引亦作「鞻」，不誤也。

嚌

《集韻》入聲質韻：「《說文》：野人之言。」

《說文》二上上部：「野人言之。从口質聲。」

案：小徐《繫傳》作「野人之言」，《集韻》引同。大徐作「野人言之」，「言之」二字不詞，《玉篇》訓「野人之言也」，《廣韻》引正作「野人之言」，知小徐不誤。

謐

《集韻》入聲質韻：「《說文》：靜語也。一曰：無聲。一曰：愼也。」

《說文》三上言部：「靜語也。从言㿽聲。一曰：無聲也。」

案：小徐「一曰」下作「無聲」，無「也」字，《集韻》引同。又「一曰：愼也」，非引許也，《爾雅・釋詁》：「溢，愼也。溢愼，謐靜也。」

歇

《集韻》入聲曷韻：「《說文》：欲歠也。」

《說文》八下欠部：「欲歠歠。从欠渴聲。」

案：歇注，大徐本作「欲歠歠」，嚴氏《校議》曰：「下歠，乃『也』之誤。」《集韻》引作「欲歠也」，許書歠部曰：「歠，歠也。」「歠，歠也。」兩通。《五音韻譜》、《類篇》竝同。小徐本作「欲飲」，亦合。

秳

《集韻》入聲末韻：「《說文》：舂𥻆不潰也。一曰：生也，謂未生。」

《說文》七上禾部：「舂𥻆不漬也。从禾昏聲。」

案：小徐作「舂粟不潰也」，「粟」者，𥻆之隸寫。段注云：「水部曰：潰，漏也。舂粟不潰者，謂無散於外者也。」大徐作「漬」，形僞也。《玉篇》注亦作「舂粟不漬也」，《廣韻》入聲十三末「秳」訓「舂穀不潰也」。「一曰」下，非引許書，「生也」之訓，見《廣雅・釋詁》一。「謂未生」，乃丁度等所加。

谻

《集韻》入聲藥韻：「《說文》：相踦谻也。」

《說文》三下丮部：「相踦之也。从丮谷聲。」

案：小徐作「相踦𪘆也」，《集韻》引同。《玉篇》「𪘆」訓「相踦卻也」，與小徐語合，「卻」殆「𪘆」之譌。段氏注、桂氏《義證》、王氏《句讀》並作「相踦𪘆也」。

嗼 嗼

《集韻》入聲鐸韻：「《說文》：𠻸嗼也。一曰：定也。」

《說文》二上口部：「淑嗼也。从口莫聲。」

案：大徐本作「淑嗼也」，「淑」當作「𠻸」。《說文》「嗼」字上承「𠻸」篆，从口。小徐本即作「𠻸嗼也」，《集韻》引不誤。「一曰：定也」，非引許書，見《爾雅‧釋詁》。

佰 佰

《集韻》入聲陌韻：「《說文》：相什佰也。」

《說文》八上人部：「相什伯也。从人百。」

案：小徐作「相什佰也」，《集韻》引同。大徐作「伯」字，非。《玉篇》引亦作「相十佰也」，段云：「佰連什言者，猶伍連參言也。佰之言百也。」段說是也。《廣韻》入聲二十陌「佰」下注：「一百爲一佰。」

礊 礊

《集韻》入聲麥韻：「《說文》：石地惡也。」

《說文》九下石部：「石也。惡也。从石鬲聲。」

案：鍇本作「石地惡也」，《集韻》引同。大徐「地」作「也」，非。周雲青曰：「唐寫本《玉篇》礊注引《說文》：石地也。」唐本《玉篇》引雖與二徐稍異，然可證小徐、《集韻》引作「地」，不誤也。

糪 糪

《集韻》入聲昔韻：「《說文》：漬米也。」

《說文》七上米部：「潰米也。从米辟聲。」

案：小徐作「漬米也」，《集韻》引同。《廣韻》入聲二十二昔韻引作「漬米也」，《玉篇》注同，故知大徐作「潰米也」，非。《詩‧生民》「糪之叟叟」，《傳》曰：「糪，淅米也。」漬米亦淅米之意也。

𤲃 𤲃

《集韻》入聲錫韻：「《說文》：仄也。」

《說文》九下厂部：「反也。从厂辟聲。」

案：小徐作「仄也」，《玉篇》「𠪳」下注「仄也」，《廣韻》入聲二十三錫注亦同。故知小徐、《集韻》引不誤也。大徐作「反也」，「反」字當是「仄」之形譌。

𩨗　駒

《集韻》入聲錫韻：「《說文》：馬自顙也。一曰：駿也。引《易》：爲駒顙。」

《說文》十上馬部：「馬白額也。从馬的省聲。一曰：駿也。《易》曰：爲的顙。」

案：引《易》，大徐作「爲的顙」，小徐「的」作「駒」，《集韻》引同。今《易・說卦傳》作「的」，《釋文》云：「《說文》作駒。」故知小徐、《集韻》引是也。

黬　黬

《集韻》入聲職韻：「說文：羔裘之縫。」

《說文》十上黑部：「羔文之縫。从黑或聲。」

案：小徐作「羔裘之縫」，《集韻》引同。大徐「裘」作「文」，非。《詩・召南・羔裘》「羔羊之革，素絲五緎」，《傳》曰：「革，猶皮也。緎，縫也。」段云「許所據《詩》作黬」，《爾雅・釋訓》：「緎，羔裘之縫也。」正許君所本。

粒　粒

《集韻》入聲緝韻：「《說文》：糂也。古从食（�）。」

《說文》七上米部：「糂也。从米立聲。𩚴，古文粒。」

案：重文「𩚴」下，大徐云「古文粒」，小徐云「古文從食」，《集韻》引蓋本小徐。

疊　疊

《集韻》入聲帖韻：「《說文》：揚雄說，以爲古理官決罪三日，得其宜乃行之，从晶宜。亡新以爲疊，从三日太盛，改爲三田。一曰厚也。屈也。懷也。」

《說文》七上晶部：「揚雄說，以爲古理官決罪三日，得其宜乃行之，从晶从宜。亡新以爲曡，从三日太盛，改爲三田。」

案：大徐作「从晶从宜」，小徐作「从晶宜」，《集韻》引同小徐。「一曰」下數義，均非引《說文》，「厚也」，見《廣雅·釋詁》三，《廣雅·釋詁》四「曡，詘也」，「詘」與「屈」同。「懷也」，見《廣雅·釋言》。

愶　愶

《集韻》入聲帖韻：「《說文》：快也。」

《說文》十下心部：「快心，从心医聲。」

案：鍇本作「快也」，《集韻》引同。《韻會》引亦同。大徐本作「快心」，非。《漢書·文帝紀》：「未有愶志。」顏注：「愶，快也。」《玉篇》亦作「服也。又，快也」。

酓　酓

《集韻》上聲琰韻：「《說文》：酒味苦也。」

《說文》十四下酉部：「酒味苦也。从酉今聲。臣鍇曰：歓字从此。」

案：「酓」篆，祁刻《繫傳》有，《續古逸叢書本》、岩崎氏本竝無。汲古閣所據宋本亦奪此篆此解，而毛扆補之於部末。《玉篇》「酓」注作「酒味苦也」，《廣韻》上聲五十琰注同，今《集韻》引《說文》亦同，是可證丁氏所據鉉本未奪「酓」篆，其後傳鈔敚失，說解誤竄「醰」字下，「醰」義遂又湮滅不存（參見「醰」字考）。然亦有未能釋疑者，丁氏所見既未奪「酓」篆、「酓」義，何以「醰」下所引乃誤竄之義？抑其時「醰」義已失，淺人復以「酓」義系「醰」篆之下耶？

四、《集韻》、大徐、小徐詞異而義得互通者（計四百三十八字）

侗 侗

《集韻》平聲東韻：「《說文》：大皃。引《詩》：神罔時侗。一曰：侗未成器之人。」

《說文》八上人部：「大皃。从人同聲。《詩》曰：神罔時侗。」

案：「罔」字，小徐作「网」。「网」爲本字。「罔」乃或體。「一曰」者，非引《說文》，《論語》「侗而不愿」，皇《疏》：「侗，未成器之人。」

芃 芃

《集韻》平聲東韻：「《說文》：草盛也。引《詩》：芃芃黍苗。」

《說文》一下艸部：「艸盛也。从艸凡聲。《詩》曰：芃芃黍苗。」

案：二徒竝作「艸盛也」，《集韻》引「艸」作「草」，俗字也。

鰲 鯦

《集韻》平聲東韻：「《說文》：魚名。」

《說文》十一下魚部：「魚名。从魚翁聲。」

案：小徐「名」作「也」。

風 風

《集韻》平聲東韻：「《說文》：八風也。風動蟲生，故蟲八日而化。一曰諷也。古作飌。」

《說文》十三下風部：「八風也：東方曰明庶風，東南曰清明風，南方曰景風，西南曰涼風，西方曰閶闔風，西北曰不周風，北方曰廣莫風，東北曰融風。風動蟲生，故蟲八日而化。从虫凡聲。凡風之屬皆从風。方戎切。凬，古文風。」

案：「八風也」下，二徐竝有八風之名，《集韻》未引，蓋省。「一曰：諷也」，非引《說文》，丁氏等所增。

融 融

《集韻》平聲東韻：「《說文》：炊氣上出也。一曰和也。《方言》：宋衛荊吳之間謂長曰融。籀不省。」

《說文》三下鬲部：「炊气上出也。从鬲蟲省聲。䁐，籀文融不省。」

案：「炊气上出也」，二徐竝同。《集韻》引「气」作「氣」，借字也。「一曰：和也」，非引《說文》，丁氏等所增。左隱元年《傳》「其樂也融融」，注：「和樂也」。下引《方言》，見卷一。

营 营

《集韻》平聲東韻：「《說文》：营蒻，香艸也。司馬相如說从弓（芎）。」

《說文》一下艸部：「营蒻，香艸也。从艸宮聲。芎，司馬相如說：营或从弓。」

案：小徐本「芎」下云「司馬相如說：营從弓」，無「或」字，《集韻》引亦無。

彤 彤

《集韻》平聲冬韻：「《說文》：丹飾也，从彡，彡，其畫也。」

《說文》五下丹部：「丹飾也，从丹从彡，彡，其畫也。」

案：大徐作「从丹从彡」，小徐作「从丹彡」，《集韻》從大徐，止節取「从彡」二字。又「畫」下，小徐無「也」字。

鱅 鱅

《集韻》平聲鍾韻：「《說文》：魚名。」

《說文》十一下魚部：「魚名。从魚庸聲。」

案：小徐「名」作「也」。

輕　軡

《集韻》平聲鍾韻：「《說文》：車跡也。」

《說文》十四上車部：「車迹也。从車從省聲。臣鉉等曰：今俗別蹤，非是。」

案：小徐作「車跡也」，《集韻》引同。「跡」爲「迹」之俗。

夆　夆

《集韻》平聲鍾韻：「《說文》：牾也。《爾雅》：甹夆製曳也。」

《說文》五下夂部：「牾也。从夂丰聲。讀若縫。」

案：小徐「牾」作「牾」，《集韻》引同。然「牾」俗字也，許書午部曰：「牾，逆也。」當作「牾」爲是。

龒　龍

《集韻》平聲鍾韻：「《說文》：鱗蟲之長，春分而登天，秋分而潛淵。一曰：寵也。」

《說文》十一下龍部：「鱗蟲之長，能幽能明，能細能巨，能短能長，春分而登天，秋分而潛淵。从肉，飛之形，童省聲，臣鉉等曰：象死轉飛動之皃。」

案：「鱗蟲之長」下，二徐竝有「能幽能明，能細能巨，能短能長」十二字，《集韻》引蓋省。「一曰：寵也」，非引《說文》，見《廣雅·釋言》。

雝　雝

《集韻》平聲鍾韻：「《說文》：雝𪄳也。」

《說文》四上隹部：「雝𪄳也。从隹邕聲。」

案：小徐「𪄳」作「渠」，《玉篇》同，《爾雅·釋鳥》亦作「雝渠」，然許書鳥部有𪄳字，是作「𪄳」亦不誤也。

厖　厖

《集韻》平聲江韻：「《說文》：石大皃，一曰：厚也。」

《說文》九下厂部：「石大也。从厂尨聲。」

案：二徐竝作「石大也」，《集韻》引「也」作「皃」。《方言》：「自關而西，秦晉之間，凡大皃謂之厖。」是作「皃」亦通。「一曰」者，非引《說文》，《商頌·長發》：「爲下國駿厖。」《傳》曰：「厖，厚也。」

澭 滝

《集韻》平聲江韻：「《說文》：涂也。」

《說文》十一上水部：「涂也。从水从上尨聲。讀若隴。」

案：「涂」字，小徐作「塗」，後起字也。

楮 楮

《集韻》平聲支韻：「《說文》：柱砥，古用木，今以石。引《易》：楮常凶。」

《說文》六上木部：「柱砥，古用木，今以石。从木耆聲。《易》：楮恒凶。」

案：引《易》，二徐竝作「楮恒凶」，《集韻》引改「恒」爲「常」，蓋避宋
真宗諱也。「楮恒凶」，今《易》無此文，趙宧光《說文長箋》謂此即
《易·恒卦》「振恒凶」之文，馬宗霍《說文解字引經考》云：「楮恒
凶者，恒上六爻辭文，今《易》作振。」

縰 縰

《集韻》平聲支韻：「《說文》：粗緒也。一曰：繒屬。」

《說文》十三上糸部：「粗緒也。从糸璽聲。臣鉉等曰：今俗別作絁，非是。」

案：「粗」字，小徐作「麤」。「一曰」者，非引《說文》，丁度等所增。

澌 澌

《集韻》平聲支韻：「《說文》：流冰也。」

《說文》十一下仌部：「流仌也。从仌斯聲。」

案：二徐竝作「流仌也」，《集韻》引「仌」作「冰」，後起字。

螭 螭

《集韻》平聲支韻：「《說文》：若龍而黃，北方謂之地螻。一說無角螭。」

《說文》十三上虫部：「若龍而黃，北方謂之地螻。从虫离聲。或云無角曰
螭。」

案：「或云：無角曰螭」，二徐竝同，《集韻》引作「一說：無角螭」，有所
省改。

鮍 鮍

《集韻》平聲支韻：「《說文》：魚名。一曰：破魚。」

《說文》十一下魚部:「魚名。从魚皮韻。」

案:「名」字,小徐作「也」。「一曰」者,非引《說文》,丁氏等所增。

歔 歔

《集韻》平聲支韻:「《說文》:人相笑相歔瘉。」

《說文》八下欠部:「人相笑相歔瘉。从欠虖聲。」

案:小徐「笑」下無「相」字,於義無礙。

陸 陸

《集韻》平聲支韻:「《說文》:敗城阜曰陸。徐鉉曰蓋从二左、眾力左之。
　　　　或作墮。」

《說文》十四下阜部:「敗城阜曰陸。从阜㐨聲。臣鉉等曰《說文》無㐨字。
　　　　蓋二左也。眾力左之,故从二左。今俗作隓,非是。𡐦,篆文。」

案:「二左」上,徐鉉無「从」字,《集韻》節引鉉說,故加「从」字以就
　　行文也。

觭 觭

《集韻》平聲支韻:「《說文》:角一俛一仰也。」

《說文》四下角部:「角一俛一仰也。从角奇聲。」

案:小徐「俛」作「俯」,俗字也。

鷬 鷬

《集韻》平聲支韻:「《說文》:鵔鷬。秦漢之初,侍中所冠。鵔鷬鷩也,似
　　　　山雞而小。」

《說文》四上鳥部:「鵔鷬也。从鳥義聲。秦漢之初,侍中冠鵔鷬冠。」

案:「秦漢」句,二徐竝云「秦漢之初,侍中冠鵔鷬冠」,《集韻》引作「秦漢
　　之初,侍中所冠」,乃節引其意也。《集韻》又云「鵔鷬,鷩也」,蓋復引
　　許書「鵔」下注。又云「似山雞而小」,非許君語,乃《爾雅》郭注。

虧 虧

《集韻》平聲支韻:「《說文》:氣損也。或从兮(𧦴)。」

《說文》五上亏部:「气損也。从亏雐,虧或雐聲。𧦴,从兮。」

案：二徐竝作「气損也」，《集韻》引「气」作「氣」，借字也。

隹　隹

《集韻》平聲脂韻：「《說文》：鳥之短尾揔名也。」

《說文》四上隹部：「鳥之短尾總名也。象形。」

案：二徐竝作「鳥之短尾總名也」，《集韻》引「總」作「揔」，宜併改作「總」爲是。《廣韻》上平六脂引作「鳥之短尾者總名」，或古本有「者」字，今奪。

厶　厶

《集韻》平聲脂韻：「《說文》：姦衺也。韓非曰：倉頡造字自營爲厶。」

《說文》九上厶部：「姦衺也。韓非曰：蒼頡作字自營爲厶。」

案：「姦衺」之「衺」，小徐作「邪」，俗字也。「蒼頡作字」二徐竝同，《集韻》引「作」作「造」。韓非〈五蠹篇〉曰：「古者蒼頡之作書也，自環者謂之私，背私者謂之公。」是當依二徐作「作」爲宜。

墀　墀

《集韻》平聲脂韻：「《說文》：涂地也。引《禮》：天子赤墀。」

《說文》十三下土部：「涂地也。从土犀聲。《禮》：天子赤墀。」

案：「涂」，小徐作「塗」，古今字也。

檋　檋

《集韻》平聲脂韻：「《說文》：山行所乘者。引《虞書》：予乘四載山行乘檋。一曰前無齒。」

《說文》六上木部：「山行所乘者。从木纍聲。《虞書》曰：予乘四載，水行乘舟，陸行乘車，山行乘檋，澤行乘䡽。」

案：小徐引《虞書》「四載」下，竝有「水行」，「陸行」、「山行」等句，與大徐同。唯「乘」書作「桀」有異耳。《集韻》引但有「山行乘檋」句，非脫，蓋節引之，特證「檋」字之義耳。「一曰：前無齒」，非引《說文》，丁度等所增。

灅　灅

《集韻》平聲脂韻：「《說文》：水出鴈門陰管累頭山，東入海。一曰治水
也。」

《說文》十一上水部：「水出鴈門陰館累頭山，東入海。或曰治水也。从水
彙聲。」

案：二徐竝作「或曰治水也」，《集韻》引作「一曰」，義得兩通。

秜　秜

《集韻》平聲脂韻：「《說文》：一稃二米。引《詩》：維秬維秠，天賜后稷之
嘉穀也。」

《說文》七上禾部：「一稃二米。从禾丕聲。《詩》曰：誕降嘉穀，惟秬惟秠，
天賜后稷之嘉穀也。」

案：引《詩》「維秬維秠」上，二徐竝有「誕降嘉穀」句，《集韻》引或省。

毗　毗

《集韻》平聲脂韻：「《說文》：人臍也。从囟，囟取氣通也。一曰朋也。輔
也。厚也。」

《說文》十下囟部：「人臍也。从囟，囟取气通也。从比聲。」

案：「囟取气通也」，二徐竝同，《集韻》引「气」作「氣」，借字也。「一
曰」下數義，非引《說文》，《方言》卷十三：「毗，明也。」《詩・小
雅・節南山》：「天子是毗。」《傳》：「毗，厚也。」《箋》：「毗，輔也。」

湄　湄

《集韻》平聲脂韻：「《說文》：水草交為湄。」

《說文》十一上水部：「水艸交為湄。从水眉聲。」

案：「為」字，小徐作「曰」，義得兩通。

麋　麋

《集韻》平聲脂韻：「《說文》：鹿屬。冬至解其角。」

《說文》十上鹿部：「鹿屬。从鹿米聲。麋，冬至解其角。」

案：「屬」下，小徐有「也」字。「冬」上，二徐竝有「麋」字，《集韻》引
無，非脫，蓋省。

司　司

《集韻》平聲之韻：「《說文》：臣司事於外者，與后相反。一曰：后道寬惠，
　　司家褊急，違於君也。」

《說文》九上司部：「臣司事於外者。从反后。」

案：「从反后」，二徐竝同，《集韻》引作「與后相反」，取其意，而非其詞
　　也。「一曰」云云，非引《說文》，丁度等所增。

𦣞　台

《集韻》平聲之韻：「《說文》：悅也。一曰：我也。」

《說文》二上口部：「說也。从口目聲。」

案：《繫傳》作「悅也」，《集韻》引同。段注云：「台說者，今之怡悅字。《說
　　文》『怡』訓『和』，無悅字。」故知「悅」爲後起俗字。「一曰我也」，
　　非許書原文，見《玉篇》。

醫　醫

《集韻》平聲之韻：「《說文》：治病工也。殹，惡恣也。醫之性然得酒而使。
　　从酉。王育說一曰殹病聲酒，所以治病也。《周禮》有醫酒。古者
　　巫彭初作醫。」

《說文》十四下酉部：「治病工也。殹，惡姿也。醫之性然得酒而使。从酉，
　　王育說，一曰殹病聲酒。所以治病也。《周禮》有醫酒。古者巫彭
　　初作醫。」

案：大徐作「殹，惡姿也」，小徐「姿」作「恣」，《集韻》引同。王筠《句
　　讀》從大徐，注：「凡精于小道者，其性多乖戾。女部：嫛，婗也。婗，
　　婦人惡兒。」似大徐爲是，然「恣」訓「縱」，義得兩通。

淇　淇

《集韻》平聲之韻：「《說文》：水出河內共北山，東入河。一曰：出隆慮西
　　山。」

《說文》十一上水部：「水出河內共北山，東入河，或曰：出隆慮西山。从
　　水其聲。」

案：二徐竝作「或曰」，《集韻》引作「一曰」，義得兩通。

敖　敖

《集韻》平聲微韻:「《說文》:妙也。徐鉉曰:从耑省,耑,物初生之題。
　　尚微也。」

《說文》八上人部:「妙也。从人从攴豈省聲。臣鉉等案豈字从散省,散不
　　應从豈省。蓋傳寫之誤。疑从耑省。耑物初生之題,尚散也。」

案:《集韻》引「妙也」,與二徐同。下引鉉說,乃節取之也,非完文。

非 非

《集韻》平聲微韻:「《說文》:違也。从飛下狋取其相背。」

《說文》十一下非部:「違也。从飛下狋,取其相背。」

案:「狋」字,小徐作「翄」,俗字也。

饑 饑

《集韻》平聲微韻:「《說文》:穀不熟爲饑。」

《說文》五下食部:「穀不孰爲饑。从食幾聲。」

案:小徐「孰」作「熟」,《集韻》引同。然「熟」爲後起俗字,宜用本字
　　「孰」爲是。

稀 稀

《集韻》平聲微韻:「《說文》:疏也。徐鍇:从禾爻巾,爻者稀疏之義。巾
　　象禾之根莖。」

《說文》七上禾部:「疏也。从禾希聲。徐鍇曰:當言从爻从巾,無聲字,
　　爻者稀疏之義,與爽同意。巾象禾之根莖。至於莃晞皆當从稀省,
　　何以知之,《說文》無希字故也。」

案:《集韻》引「疏也」,與二徐同。下引徐鍇說,頗有簡省,楚金原文甚
　　冗長,茲不贅引。

沂 沂

《集韻》平聲微韻:「《說文》:水出東海費東,西入泗。一曰:沂水出泰山,
　　蓋青州浸。」

《說文》十一上水部:「水出東海,西入泗。从水斤聲。一曰:沂水出泰山,
　　蓋青州浸。」

案:小徐「浸」作「濅」,是也。「浸」爲隸變字。

棘 棘

《集韻》平聲微韻：「《說文》：束也。徐鍇曰：束之象木華實之相累也。」

《說文》七上棗部：「束也。从棘韋聲。徐鍇曰：言束之象木華實之相累也。」

案：引徐鍇說，「束」上二徐本竝有「言」字，《集韻》蓋省。

媁 媁

《集韻》平聲微韻：「《說文》：不悅皃。」

《說文》十二下女部：「不說皃。从女韋聲。」

案：二徐竝作「不說皃」，《集韻》引「說」作「悅」，俗字也。

凵 凵

《集韻》平聲魚韻：「《說文》：凵盧。飯器。以柳爲之。象形。或作筥。」

《說文》五上凵部：「凵盧。飯器。以柳爲之。象形。筥，凵或从竹去聲。」

案：「以柳爲之」，小徐作「目柳作之」，義得兩通。

疋 疋

《集韻》平聲魚韻：「《說文》：足也。」

《集韻》平聲魚韻：「《說文》：足也。上象腓腸。下从止。《弟子職》曰：問　　疋何止。一曰記也。」

《集韻》上聲馬韻：「《說文》：古詩大疋字。」

《說文》二下疋部：「足也。上象腓腸，下从止。《弟子職》曰：問疋何止。　　古文以爲《詩》大疋字，亦以爲足字。或曰胥字。一曰疋記也。」

案：《集韻》平聲魚韻「疋」字兩見，竝引《說文》。一在「新於切」下，　　引云「足也」；一在「山於切」下，引云「足也。上象腓腸，下从止。　　《弟子職》曰：『問疋何止。』一曰：記也。」又見引於上聲馬韻，云　　「古《詩》大疋字。」各有詳畧，以互足其義也。

蒩 蒩

《集韻》平聲魚韻：「《說文》：茅藉也。引《禮》：封諸侯以土蒩白茅。」

《說文》一下艸部：「茅藉也。从艸租聲。《禮》曰：封諸侯以土蒩以白茅。」

案：二徐引《禮》竝作「封諸侯以土蒩以白茅」，《集韻》引省一「以」字。　　今《三禮》無此文，無由考證；然省「以」字，無害於義也。

書　書

《集韻》平聲魚韻：「《說文》：著也。一曰：如也。庶也。紀庶物也。」

《說文》三下聿部：「箸也。从聿者聲。」

案：「箸也」，二徐竝同，《集韻》引作「著也」。許書未收「著」字，當改从竹爲宜。「一曰」以下，非許書原文。許《敍》曰：「箸于竹帛謂之書。書者如也。」「庶也」之說，見《釋名・釋書契》。

初　初

《集韻》平聲魚韻：「《說文》：始也。从刀衣，裁衣之始。」

《說文》四下刀部：「始也。从刀从衣。裁衣之始也。」

案：大徐「从刀从衣」，小徐作「从刀衣」，《集韻》引同。

欨　欨

《集韻》平聲魚韻：「《說文》：安氣也。」

《說文》八下欠部：「安气也。从欠與聲。」

案：小徐作「安气」，無「也」。《集韻》引「气」作「氣」，俗字也。

禺　禺

《集韻》平聲虞韻：「《說文》：母猴屬。一曰：日在巳曰禺中。」

《集韻》去聲遇韻：「《說文》：母猴屬。頭似鬼。」

《說文》九上由部：「母猴屬。頭似鬼。从由从内。牛具切。」

案：《集韻》引「母猴屬。頭似鬼」，與二徐同。虞韻下，無「頭似鬼」三字，蓋互見也。此釋从由之意也。「一曰」者，非引《說文》，丁度等所增。

愚　愚

《集韻》平聲虞韻：「《說文》：戇也。从心禺，禺猴屬，獸之愚者。」

《說文》十下心部：「戇也。从心从禺，禺猴屬，獸之愚者。」

案：釋字之形，大徐作「从心从禺」，小徐作「从心禺」，《集韻》引同小徐。

漹　漹

《集韻》平聲虞韻：「《說文》：水出趙國襄國之西山，東北入寖。」

《說文》十一上水部：「水出趙國襄國之西山，東北入寖。从水禺聲。」

案：「寖」字，小徐作「浸」。又「西山」上無「之」字，當補。

亏 于

《集韻》平聲虞韻：「《說文》：於也。象氣之舒。亏从丂。一者，其氣平也。一曰：往也。由也。」

《說文》五上亏部：「於也。象气之舒。亏从丂从一。一者其气平之也。今變隸作于。」

案：釋字之形，二徐竝作「从丂从一」。《集韻》引但作「从丂」，省「从一」二字。又「一者」二徐竝作「其气平之也」，《集韻》引無「之」字。嚴氏《校議》云：「《韻會》七虞引作：其气平也。」是《韻會》亦無「之」字。段注、桂氏《義證》、王氏《句讀》竝從之。「一曰」下二義，非引《說文》，《詩・桃夭》「之子于歸」，《傳》：「于，往也」；「由也」，蓋丁氏自增。

昫 昫

《集韻》平聲虞韻：「《說文》：日出溫也。」

《集韻》去聲遇韻：「《說文》：日出溫也。北地有昫衍縣。」

《說文》七上日部：「日出溫也。从日句聲。北地有昫衍縣。」

案：二徐竝有「北地有昫衍縣」句，《集韻》平聲虞韻引無，去聲遇韻引有，蓋互見也。

奭 奭

《集韻》平聲虞韻：「《說文》：目邪也。一曰：矢長六指。」

《說文》四上䀠部：「目袤也。从䀠从大，大人也。」

案：二徐竝作「目袤也」，《集韻》引「袤」作「邪」，俗字也。「一曰」者，非引《說文》，丁氏等所增益也。

俘 俘

《集韻》平聲虞韻：「《說文》：軍所獲也。引《春秋傳》：以爲俘馘。一曰取也。」

《說文》八上人部：「軍所獲也。从人孚聲。《春秋傳》曰：以爲俘聝。」

案：引《春秋傳》，大徐作「以爲俘馘」，小徐「馘」作「聝」，《集韻》亦
是。許書耳部馘下亦引「以爲俘馘」。又曰「聝，或馘字也」，故小徐、
《集韻》引爲或文。今《左傳》成公三年亦作「聝」。「一曰取也」，非
引《說文》，見《爾雅・釋詁》。

𣪊 扶

《集韻》平聲虞韻：「《說文》：左也。一曰：相也。古从支（攴）。」
《說文》十二上手部：「左也。从手夫聲。𢺵，古文扶。」
案：「左」，小徐作「佐」，俗字也。「一曰相也」，非引《說文》，丁度等增。

紨 紨

《集韻》平聲虞韻：「《說文》：布也。一曰：粗紬。」
《說文》十三上糸部：「布也。一曰：粗紬。从糸付聲。」
案：「粗」字，小徐作「麤」，本字也。

袾 袾　　妹 妭

《集韻》平聲虞韻：「《說文》：好佳也。引《詩》：靜女其袾。」
《說文》八上衣部：「好佳也。从衣朱聲。《詩》曰：靜女其袾。」
《說文》十二下女部：「好也。从女妭聲，《詩》曰：靜女其妭。」
案：許書「袾」字在衣部，訓「好佳也」，小徐無「也」，引《詩》「靜女其
袾」；「妭」在女部，訓「好也」，引《詩》「靜女其妭」。《集韻》則將
「妭」併入「袾」字條下，以爲或文。許書衣部「裳」下，引《詩》
亦作「靜女其袾」，故嚴章福《校議議》以爲許所據當作袾，妭下引《詩》
者，乃校者依篆改。然惠棟《讀說文記》云：「靜女其姝，此三家《詩》
也，《毛傳》作姝。」吳玉搢《說文引經考》：「今《詩・邶風・靜女》
作姝，女部妭注亦引此《詩》作妭，妭，好也；袾，好佳也；姝亦訓
好，三字音義皆同，當是一字重文。」

蔞 蔞

《集韻》平聲虞韻：「《說文》：艸也。可以烹魚。一曰：艸中之翹翹者。」
《說文》一下艸部：「艸也。可以亨魚。从艸婁聲。」
案：小徐本「亨魚」作「烹魚」，與《集韻》同。然「烹」爲後起俗字，古

祇作「亨」，故以大徐本爲長。「一曰艸中之翹翹者」，非許書原文，《詩·漢廣》「翹翹錯薪，言刈其蔞」，《傳》云：「蔞，草中之翹翹然。」

醹　醹

《集韻》平聲模韻：「《說文》：王德布大歈酒也。」

《說文》十四下酉部：「王德布大歈酒也。从酉甫聲。」

案：小徐「歈」作「飲」，隸寫也。

崪　崪

《集韻》平聲模韻：「《說文》：會稽山。一曰：九江當崪也。引《虞書》：予取崪山。」

《說文》九下屾部：「會稽山。一曰：九江當崪也。民以辛壬癸甲之日嫁娶，从屾余聲。《虞書》曰：予娶崪山。」

案：「當崪」，小徐作「當塗」，俗字也。《說文》無「塗」。

簬　簬

《集韻》平聲模韻：「《說文》：積竹戟矜也。引《春秋國語》：朱儒扶簬。一曰：筐也。大曰簬。小曰籃。」

《說文》五上竹部：「積竹矛戟矜也。从竹盧聲。《春秋國語》曰：朱儒扶簬。」

案：大徐作「矛戟」，小徐「戟」，作「戟」，省文也，《集韻》引亦是。「一曰」者，非引《說文》，《廣雅·釋器》：「簬，筐也。」

奴　奴

《集韻》平聲模韻：「《說文》：奴婢皆古之辠人。引《周禮》：其奴男子入於罪隸，女子入于舂藁。徐鉉曰：又手也。持事者也。古从人（伮）。」

《說文》十二下女部：「奴婢皆古之辠人也。《周禮》曰其奴男子入于辠隸，女子入于舂藁。从女从又。臣鉉等曰：又手也。持事者也。伮，古文奴从人。」

案：「古」下，小徐無「之」字。兩「于」字，二徐竝同。《集韻》皆引作「於」。

湖　湖

《集韻》平聲模韻：「《說文》：大陂也。揚州浸有五湖，浸川澤所仰以灌溉也。」

《說文》十一上水部：「大陂也。从水胡聲。揚州浸有五湖；浸川澤所仰以灌溉也。」

案：兩「浸」字，小徐作「濅」；「溉」下無「也」。

鶇　鶇

《集韻》平聲齊韻：「《說文》：鶇鶘，汙澤也。或从弟（鶇）。」

《說文》四上鳥部：「鶇胡，污澤也。从鳥夷聲。鶇，鶇或从弟。」

案：二徐竝作「鶇胡，污澤也」，「胡」字不从鳥，《集韻》引用後起俗字。許書鳥部無「鶘」字。

鱺　鱺

《集韻》平聲齊韻：「《說文》：魚名。」

《說文》十一下魚部：「魚名。从魚麗聲。」

案：小徐「名」作「也」。

谿　谿

《集韻》平聲齊韻：「《說文》：山瀆無所通也。一曰：水注川曰谿。」

《說文》十一下谷部：「山瀆无所通者。从谷奚聲。」

案：大徐作「山瀆无所通者」，小徐「无」作「無」，《集韻》引同，唯「者」作「也」。「一曰」者，非引許書，《爾雅・釋水》：「水注川曰谿。」

娃　娃

《集韻》平聲佳韻：「《說文》：圜深目兒。一曰：吳楚之間謂好曰娃。」

《說文》十二下女部：「圜深目兒。或曰：吳楚之間謂好曰娃。从女圭聲。」

案：大徐作「或曰：吳楚之閒，謂好曰娃」，小徐「娃」上，無「曰」字。《方言》卷二「娃，美也。吳楚衡淮之間曰娃。」是有「曰」字，意較顯。《集韻》引「或曰」作「一曰」，義得兩通。

櫑　櫑

《集韻》平聲灰韻：「《說文》：龜目酒尊，刻木作雲雷象，象施不窮也。或

从缶（罍），从皿（盨）。」

《說文》六上木部：「龜目酒尊，刻木作雲雷象，象施不窮也。从木畾聲。魯回切。罍，櫑或从缶。盨，櫑或从皿。盨，籀文櫑。」

案：小徐「尊」字作「樽」，俗字也。

枚

《集韻》平聲灰韻：「《說文》：幹也。可爲杖。引《詩》：施于條枚。一曰：枚，箇，凡也。」

《說文》六上木部：「榦也。可爲杖。从木、从攴。《詩》曰：施于條枚。」

案：二徐竝作「榦也」，《集韻》引「榦」作「幹」，俗字也。「一曰」者，非引《說文》，《方言》十二：「箇，枚也。」十三：「枚，凡也。」

罞

《集韻》平聲灰韻：「《說文》：罔也。」

《說文》七下网部：「网也。从网矛聲。」

案：二徐竝作「网也」，《集韻》引「网」作「罔」，重文也。

嬯

《集韻》平聲咍韻：「《說文》：遲鈍也。闟嬯亦如之。」

《說文》十二下女部：「遲鈍也。从女臺聲。闟嬯亦如之。」

案：「如之」，小徐作「如此」。

鮐

《集韻》平聲咍韻：「《說文》：海魚也。」

《說文》十一下魚部：「海魚名。从魚台聲。」

案：小徐作「海魚也」，《集韻》引同。

淶

《集韻》平聲咍韻：「《說文》：水起北地廣昌，東入河，并州浸。」

《說文》十一上水部：「水起北地廣昌，東入河。从水來聲。并州浸。」

案：「浸」字，小徐作「濅」。

偲

《集韻》平聲哈韻：「《說文》：彊力也。引《詩》：其人美且偲。」

《說文》八上人部：「彊力也，从人思聲。《詩》曰：其人美且偲。」

案：小徐「彊」作「強」，借字也。

身

《集韻》平聲眞韻：「《說文》：躬也。象人之身。《爾雅》：我也。」

《說文》八上身部：「躬也。象人之身。从人厂聲。」

案：小徐作「躬也」，《集韻》引同。「躬」爲「躳」之隸變。下引《爾雅》
說，見《釋詁》。

辰

《集韻》平聲眞韻：「《說文》：震也。三月陽氣動。雷電振民。農時也。物
皆生。从乙匕。象芒達厂聲也。辰房星天時也。古作辰。」

《說文》十四下辰部：「震也。三月陽气動，靁電振民。農時也。物皆生。
从乙匕，象芒達厂聲也，辰房星天時也。从二，二古文上字。徐鍇
曰：匕音化，乙艸木萌初出曲卷也。臣鉉等曰：三月陽气成，艸木
生上徹於土，故从上厂非聲。疑亦象物之出。辰，古文辰。」

案：「陽气」二字，大小徐同，《集韻》引「气」作「氣」，俗字也。

儿

《集韻》平聲眞韻：「《說文》：仁人也。古文奇字，象形。引孔子曰：在人
下故詰屈。」

《說文》八下儿部：「仁人也。古文奇字人也，象形。孔子曰：在人下故詰
屈。凡儿之屬皆从儿。」

案：「古文奇字人」下，小徐無「也」字。《集韻》引但云「古文奇字」，非
脫，蓋省。

辛

《集韻》平聲眞韻：「《說文》：秋時萬物成而熟。金剛味辛也。又辛痛即泣
出。从一辛。辛辠也。」

《說文》十四下辛部：「秋時萬物成而孰。金剛味辛。辛痛泣出。从一从辛。
辛辠也。辛承象人股。」

案：「孰」字，小徐作「𤊾」，是也。《集韻》引作「熟」，俗字也。「辛」下，
　　二徐竝無「也」字。大徐作「从一从辛」，小徐作「从一辛」，《集韻》
　　引同。

衄　衄

《集韻》平聲眞韻：「《說文》：氣液也。从血丮聲。」

《說文》五上血部：「气液也。从血丮聲。」

案：二徐竝作「气液也」，《集韻》引「气」作「氣」，借字也。當改從本字
　　爲是。

玭　玭

《集韻》平聲眞韻：「《說文》：珠也。引宋㳊云：淮水中出玭珠。玭珠之有
　　聲者。《夏書》从虫𡩡（蠙）。」

《說文》一上玉部：「珠也。从玉比聲。宋弘云：淮水中出玭珠。玭珠之有
　　聲。𧖄，夏書玭从虫賓。」

案：「宋弘」二字，大小徐同，《集韻》引「弘」作「㳊」，字之別體。「珠
　　之有聲」下，小徐有「者」字，《集韻》引同。

雗　雗

《集韻》平聲諄韻：「《說文》：鶾屬。」

《說文》四上隹部：「鶾屬。从隹𦟜聲。」

案：二徐竝作「雗屬」，《集韻》引「雗」作「鶾」，用籀文也。

蜧　蜦

《集韻》平聲諄韻：「《說文》：蛇屬黑色。潛於神泉。能興風雨。或作蜧。」

《說文》十三上虫部：「蛇屬黑色。潛於神淵，能興風雨。从虫侖聲，讀若
　　戾艸。𧍚，蜦或从戾。」

案：「潛于神淵」，二徐竝同。《集韻》引「于」作「於」，字異義同。

囙　因　㧱　捆

《集韻》平聲諄韻：「《說文》：就也。徐鍇曰：能大者眾圍就之。一曰：仍
　　也。或作捆。」

《說文》六下口部：「就也。从口大。徐鍇曰：《左傳》曰：植有禮，因重固，
　　能大者衆圍就之。」

案：許書「因」字在口部，「抲」字在手部，竝訓「就也」。《集韻》引併「抲」
　　於「因」字條下，以為或文。段本「抲」字注下云：「抲與因音義同，
　　今則因行而抲廢矣。」「一曰」者，非引《說文》，《東京賦》「因秦宮
　　室」，注：「因，仍也。」

洇　洇

《集韻》平聲諄韻：「《說文》：水名。」

《說文》十一上水部：「水也。从水因聲。」

案：二徐竝作「水也」，《集韻》引「也」作「名」。《廣韻》上平十八諄注
　　作「水名」，丁氏或涉此而改。

分　分

《集韻》平聲文韻：「《說文》：別也。从八刀。刀以分別物也。一曰與也。《周
　　禮》作匪。」

《說文》二上八部：「別也。从八从刀。刀以分別物也。」

案：「从八从刀」，二徐竝同，《集韻》引作「从八刀」。「刀」上少一「从」字，
　　段注亦同。「分別物」下，小徐無「也」字。「一曰與也」，非引《說文》，
　　《廣雅・釋詁》：「分，予也。」《集韻》蓋本此也，「予」「與」意同。

轒　轒

《集韻》平聲文韻：「《說文》：淮陽名車隆穹為轒。」

《說文》十四上車部：「淮陽名車穹隆轒。从車賁聲。」

案：「穹隆」，二徐竝同，《集韻》引作「隆穹」，語雖倒，疑古亦有如是作
　　者。《釋名》：「隆強，言體隆而強也。或曰車弓，似弓曲也。」「隆強」
　　與「隆穹」聲近。《漢書・季布傳》「置廣柳車中」，李奇注：「廣柳，
　　大隆穹也。」李注亦曰「隆穹」，而《廣雅》以「轒」為「柳車」，可
　　為佐證。

氛　氛

《集韻》平聲文韻：「《說文》：祥氣也。或从雨（雰）。」

《說文》一上气部：「祥气也。从气分聲。霖，氛或从雨。」

案：「祥气也」，二徐竝同，《集韻》引「气」作「氣」，俗字也。

壎　壎

《集韻》平聲元韻：「《說文》：樂器也。以土爲之，六孔。」

《說文》十三下土部：「樂器也。以土爲之。六孔。从土熏聲。」

案：「以土爲之」，小徐作「以土作」，意同。

繙　燔

《集韻》平聲元韻：「《說文》：宗廟火熟肉。引《春秋傳》：天子有事燔焉，以饋同姓諸侯。」

《說文》十下炙部：「宗廟火𤎭肉。从炙番聲。《春秋傳》曰：天子有事燔焉，以饋同姓諸侯。」

案：「𤎭肉」之「𤎭」，小徐作「熟」，《集韻》引同。「熟」入俗字也。

䰟　䰟

《集韻》平聲魂韻：「《說文》：陽氣也。」

《說文》九上鬼部：「陽气也。从鬼云聲。」

案：「陽气也」，二徐竝同。《集韻》引「气」作「氣」，借字也。

坤　坤

《集韻》平聲魂韻：「《說文》：地也。《易》之卦也。从土从申。土位在申。」

《說文》十三下土部：「地也。《易》之卦也。从土从申。土位在申。」

案：「从土从申」，小徐「申」上少一「从」字。

歕　歕

《集韻》平聲魂韻：「《說文》：吹氣也。」

《說文》八下欠部：「吹气也。从欠賁聲。」

案：小徐作「吹气」，無「也」。《集韻》引「气」作「氣」，借字也。

孫　孫

《集韻》平聲魂韻：「《說文》：子之子曰孫。」

《說文》十二下系部：「子之子曰孫。从子从系。系，續也。」

案：鍇本作「子之子也」，字句與鉉本有異，意仍同。

𡬕 尊

《集韻》平聲魂韻：「《說文》：酒器也。从酋廾以奉之。《周禮》六尊以待祭
　　祀賓客之禮。或从寸。一曰：高稱。」

《說文》十四下酋部：「酒器也。从酋廾以奉之。《周禮》六尊：犧尊、象尊、
　　著尊、壺尊、太尊、山尊，以待祭祀賓客之禮。」𡬕，尊或从寸。
　　臣鉉等曰：今俗以尊作尊卑之尊，別作罇，非是。

案：「《周禮》六尊」下，二徐竝著六尊之名，《集韻》未引，蓋省。「一曰：
　　高稱」，係丁度等所增益，非引《說文》，此謂尊卑之尊也。

嚉 啍

《集韻》平聲魂韻：「《說文》：口氣也。引《詩》：大車啍啍。」

《說文》二上口部：「口气也。从口臺聲。《詩》曰：大車啍啍。」

案：二徐竝作「口气也」，《集韻》「气」作「氣」，借字也。

𨹝 陯

《集韻》平聲魂韻：「《說文》：山阜陷也。」

《說文》十四下𨸏部：「山𨸏陷也。从𨸏侖聲。」

案：「山𨸏陷也」，二徐竝同。《集韻》引「𨸏」作「阜」，隸變也。

𨙹 邗

《集韻》平聲寒韻：「《說文》：國也，今屬臨淮。一曰：本屬吳。」

《說文》六下邑部：「國也。今屬臨淮。从邑干聲。一曰：邗本屬吳。」

案：「一曰：邗本屬吳」，二徐竝同，《集韻》引「本」上無「邗」字，蓋
　　省。

鞌 鞌

《集韻》平聲寒韻：「《說文》：馬鞁具。」

《說文》三下革部：「馬鞁具也。从革从安。」

案：二徐竝作「馬鞁具也」，《集韻》引「鞁」作「鞍」，且無「也」字。段
　　注「鞌」下云：「此為跨馬設也。」桂馥《義證》引〈急就篇〉顏注云：

「鞍所以被馬，取其安也。」朱駿聲《說文通訓定聲》亦云：「此人跨馬所用。」是《集韻》作「鞍」，從俗也。鈕氏《說文解字校錄》云《初學記》引亦作「馬鞁具也」，並云：「《韻會》引『鞁』作『鞍』，非。」《韻會》蓋承《集韻》而誤也。

疤 疤

《集韻》平聲桓韻：「《說文》：丸之孰也。」

《集韻》平聲戈韻：「《說文》：丸之熟也。」

《說文》九下丸部：「丸之孰也。从丸而聲。」

案：《集韻》桓韻下引「丸之孰也」，與二徐同，戈韻下引「孰」作「熟」，俗字也。

莞 莞

《集韻》平聲桓韻：「《說文》：艸也。可以作蓆。」

《說文》一下艸部：「艸也。可以作席。从艸完聲。」

案：二徐竝作「可以作席」，《集韻》「席」作「蓆」，方氏《集韻考正》云：「宋本及《說文》、《類篇》『蓆』竝作『席』，今據正。」「蓆」爲後起俗字，當从二徐爲是。

雚 雚

《集韻》平聲桓韻：「《說文》：雚專，畐蹂，如鵲短尾。射之，銜矢射人。」

《說文》四上鳥部：「雚專、畐蹂，如䧹短尾，射之。銜矢射人。从鳥雚聲。」

案：大徐作「如䧹短尾射之」，小徐「䧹」作「鵲」，《集韻》引同。

鏝 鏝 槾 槾

《集韻》平聲桓韻：「《說文》：鐵杇也。或从木（槾）。」

《說文》十四上金部：「鐵杇也。从金曼聲。槾，鋞鼓。从木。臣鉉等案：木部已有，此重出。」

《說文》六上木部：「杇也。从木曼聲。」

案：許書「槾」字兩見，一在木部，訓「杇也」；一在金部，訓「鐵杇也」，爲「鏝」之或文。《集韻》無訓「杇也」之槾，祇在「鏝」字條下，有訓「鐵杇也」之槾，實則二字雖不同部，義卻近似。

鰻 鰻

《集韻》平聲桓韻：「《說文》：魚名。」

《說文》十一下魚部：「魚名。从魚曼聲。」

案：小徐「名」作「也」。

𠝤 劗

《集韻》平聲桓韻：「《說文》：劖也。或从刀（劗）。」

《集韻》平聲𤎩韻：「《說文》：劖也。或作劗。」

《說文》九上𦣻部：「劖也。从𦣻从斷。劗，或从刀專聲。」

案：「劖」字，小徐作「截」，俗字也。許書戈部曰：「劖，斷也。」

鴧 鷻

《集韻》平聲桓韻：「《說文》：雕也。引《詩》：匪鷻匪鳶。」

《說文》四上鳥部：「雕也。从鳥敦聲。《詩》曰：匪鷻匪鳶。」

案：鍇本「雕」字作「鵰」，俗字也。許書佳部曰：「雕，鷻也。」二篆轉
注。

濟 濟

《集韻》平聲刪韻：「《說文》：涕流皃。引《詩》：濟焉出涕。」

《集韻》去聲諫韻：「《說文》：涕流皃。」

《說文》十一上水部：「涕流皃。从水散省聲。《詩》曰：濟焉出涕。」

案：二徐竝同，有「《詩》曰：濟焉出涕」句，《集韻》刪韻下引之，諫韻
下未引，蓋互見也。

山 山

《集韻》平聲山韻：「《說文》：宣也。宣氣散生萬物。」

《說文》九下山部：「宣也。宣气散生萬物。有石而高。象形。凡山之屬皆
从山。」

案：「宣气」，二徐同，《集韻》引「气」作「氣」，借字也。

嗔 嗔

《集韻》平聲先韻：「《說文》：盛氣也。引《詩》：振旅嗔嗔。」

《說文》二上口部：「盛气也。从口眞聲。《詩》曰：振旅嗔嗔。」

案：二徐竝作「盛气也」，《集韻》作「盛氣也」，「氣」爲「廩餼」字，當用「雲气」之「气」爲宜。

秊 秊

《集韻》平聲先韻：「《說文》：穀熟也。引《春秋傳》：大有秊。」

《說文》七上禾部：「穀孰也。从禾千聲。《春秋傳》曰：大有秊。」

案：小徐作「穀熟也」，《集韻》引同。「熟」爲「孰」之俗，大徐用本字是也。引《春秋傳》，小徐作「大有年」，許君蓋引經證字說也。當用「秊」爲宜。

雃 雃

《集韻》平聲先韻：「《說文》：石鳥。一名：雝𪆫。一曰：精𠛱。引《春秋傳》：秦有士雃。」

《說文》四上隹部：「石鳥。一名雝𪆫。一曰：精𠛱。从隹开聲。《春秋傳》：秦有土雃。」

案：小徐本「𪆫」作「渠」，「𠛱」作「列」。

弲 弲

《集韻》平聲先韻：「《說文》：角弓也。洛陽名弩曰弲。」

《說文》十二下弓部：「角弓也。洛陽名弩曰弲。从弓肙聲。」

案：「洛」字，小徐作「雒」，本字也。

鮮 鮮

《集韻》平聲僊韻：「《說文》：魚名，出貉國。一曰鳥獸新殺曰鮮。又曰善也。」

《說文》十一下魚部：「魚名，出貉國。从魚羴省聲。」

案：小徐「名」作「也」。「一曰」以下，非引《說文》，《書・益稷》：「奏庶鮮食。」《傳》：「鳥獸新殺曰鮮。」《爾雅・釋詁》：「鮮，善也。」

鱻 鱻

《集韻》平聲僊韻：「《說文》：魚名。」

《說文》十一下魚部：「魚名。从魚連聲。」

案：「名」字，小徐作「也」。

川 川

《集韻》平聲僊韻：「《說文》：貫穿通流水也。引《虞書》：濬畎澮距川。言
深畎澮之水會爲川也。」

《說文》十一下川部：「貫穿通流水也。《虞書》曰：濬く巜，距川，言深く
巜之水會爲川也。」

案：「く巜」二字，大小徐同。《集韻》引皆作「畎澮」，蓋因今《書・益稷》
改。

輇 輇

《集韻》平聲僊韻：「《說文》：蕃車下庳輪也。一說：無輻曰輇。」

《說文》十四上車部：「蕃車下庳輪也。一曰無輻也。从車全聲。讀若饌。」

案：「一曰無輻也」，二徐竝同，《集韻》引改「一曰」爲「一說」，且作「無
輻曰輇」。許書「輇」上承「輪」，訓曰「有輻曰輪，無輻曰輇」，丁氏
即本此而私改。

㰥 㰥

《集韻》平聲僊韻：「《說文》：口氣引也。」

《說文》八下欠部：「口气引也。从欠弗聲。讀若車輇。」

案：鍇本作「口气引」，無「也」。《集韻》引「气」作「氣」，借字也。

蝝 蝝

《集韻》平聲僊韻：「《說文》：復陶也。一曰：蚍蜉子。一曰：蝗子。」

《說文》十三上虫部：「復陶也。劉歆說：蝝，蚍蜉子。董仲舒說：蝗子也。
从虫彖聲。」

案：「劉歆說：蝝，蚍蜉也。董仲舒說：蝗子也」，《集韻》引，去「劉歆說」、
「董仲舒說」，竝改作「一曰」也。

瞗 瞗

《集韻》平聲蕭韻：「《說文》：目孰視也。」

《說文》四上目部：「目埶視也。从目鳥聲。讀若雕。」

案：「埶」字，小徐作「熟」，俗字也。

𦬠 苕

《集韻》平聲蕭韻：「《說文》：艸名。」

《說文》一下艸部：「艸也。从艸召聲。」

案：二徐均作「艸也」，《集韻》引「也」作「名」，宜改。《類篇》引亦作「草也」。

𥄉 県

《集韻》平聲蕭韻：「《說文》：倒首也。賈侍中說：此斷首到縣県字。」

《說文》九上県部：「到首也。賈侍中說：此斷首到縣県字。」

案：鍇本作「倒首也」，《集韻》引同，「倒」者，「到」之俗，當改從本字。「到縣」之「到」，鍇本亦作「倒」。

潮 淖

《集韻》平聲宵韻：「《說文》：水斡宗于海。」

《說文》十一上水部：「水朝宗于海。从水朝省。臣鉉等曰：隸書不省。」

案：「水朝宗于海」，二徐竝同，《集韻》引「朝」作「斡」，是也。許書斡部斡下曰：「旦也。」「朝」爲隸寫。又「海」下，小徐有「也」，然《韻會》引無。

繇 繇

《集韻》平聲宵韻：「《說文》：隨從也。一曰：憂也。由也。」

《說文》十二下系部：「隨從也。从系𦈢聲。臣鉉等曰：今俗从䌛。」

案：小徐本作「從隨也」，《韻會》二蕭引作「隨從也」，又同大徐，實二者義得兩通。「一曰」下二義，非引《說文》，丁度等所增。

歊 歊

《集韻》平聲宵韻：「《說文》：歊歊，氣出皃。」

《說文》八下欠部：「歊歊，气出皃。从欠高聲。」

案：「气出皃」，二徐竝同，《集韻》引「气」作「氣」，借字也。

姚　姚

《集韻》平聲宵韻：「《說文》：虞舜居姚虛，因以爲姓。或爲姚嬈也。《史篇》
　　以爲姚易也。」

《說文》十二下女部：「虞舜居姚虛，因以爲姓。从女兆聲。或爲姚嬈也。《史
　　篇》以爲姚易也。」

案：「或」字下，小徐有「以」字。

囂　囂

《集韻》平聲宵韻：「《說文》：聲也。氣出頭上。或省（嚣）。」

《說文》三上䎱部：「聲也。气出頭上。从䎱从頁。頁首也。嚣，囂或省。」

案：「气出頭上」，二徐竝同，《集韻》引「气」作「氣」，借字也。

歊　歊

《集韻》平聲宵韻：「《說文》：炊氣皃。」

《說文》三下高部：「炊气皃。从高歇聲。」

案：「炊气皃」二徐竝同，小徐「皃」下有「也」字。《集韻》引「气」作
　　「氣」，借字也。

驕　驕

《集韻》平聲宵韻：「《說文》：馬高六尺爲驕。引《詩》：我馬唯驕。一曰野
　　馬。文十四。」

《說文》十上馬部：「馬高六尺爲驕，从馬喬聲。《詩》曰：我馬唯驕。一曰
　　野馬。」

案：「六尺」，鍇本作「六赤」，「尺」「赤」古通用。

包　包

《集韻》平聲爻韻：「《說文》：象人裹姙。巳在中，象子未成形也。元氣起
　　於子。子，人所生也。男左行三十，女右行二十，俱立於巳，爲夫
　　婦。裹姙於巳。巳爲子十月而生。男起巳至寅，女起巳至申。故男
　　年始寅，女年始申也。一曰：本也。」

《說文》九上包部：「象人裹妊。巳在中，象子未成形也。元气起於子。子，
　　人所生也。男左行三十，女右行二十，俱立於巳，爲夫婦。裹妊於

巳。巳爲子，十月而生。男起巳至寅，女起巳至申。故男秊始寅，
女秊始申也。」

案：「元气起於子。」二徐竝同。《集韻》引「气」作「氣」，借字也。「一
日本也」，非引《說文》，《易・否》「繫于包桑」，陸注：「包，本也。」

呕　咆

《集韻》平聲爻韻：「《說文》：嘷也。」

《說文》二上口部：「嘷也。从口包聲。」

案：《繫傳》作「嗥也」，段注、桂馥《義證》、王筠《句讀》竝同。「嘷」「嗥」
乃一字之二體。

匏　匏

《集韻》平聲爻韻：「《說文》：瓠也。从包，取其可包藏物。」

《說文》九上包部：「瓠也。从包从夸聲。包，取其可包藏物也。」

案：大徐作「从包从夸聲」，小徐作「从夸包聲」，小徐非，匏字从包，列
包部，不得爲聲。《集韻》引從大徐，唯語有省括，蓋就行文也。

皐　皐

《集韻》平聲豪韻：「《說文》：氣皐白之進也。禮祝曰皐。登歌曰奏。故皐
奏皆从夲。引《周禮》：詔來鼓皐無皐告之也。一日局也。澤也。」

《說文》十下夲部：「气皐白之進也。从夲从白。禮祖曰皐，登謌曰奏。故
皐奏皆从夲。《周禮》曰：詔來鼓皐，舞皐告之也。」

案：「气皐白之進也」，二徐竝同，《集韻》引「气」作「氣」，借字也。「皆
从夲」，小徐「皆」作「同」。「一日」下二義，非引《說文》，「局也」，
見《廣雅・釋言》；《詩》「鶴鳴于九皐」，《傳》云：「皐，澤也。」

樓　樓

《集韻》平聲豪韻：「《說文》：船總名。」

《說文》六上木部：「船總名。从木婁聲。臣鉉等曰：今俗別作艘，非是。」

案：大徐作「船總名」，小徐「總」作「摠」，皆俗字也，《集韻》引作「總」
是也。

市　本

《集韻》平聲豪韻：「《說文》：進趣也。从大十，猶兼十人也。」

《說文》十下本部：「進趣也。从大、从十。十大猶兼十人也。讀若滔。」

案：大徐作「从大从十。大十猶兼十人也」，小徐作「从大十。大十猶兼十人」，《集韻》引「从大十」下，直云「猶兼十人也。」節之以就行文也。

哿 哥

《集韻》平聲歌韻：「《說文》：聲也。通作謌。」

《說文》五上可部：「聲也。从二可。古文以爲謌字。」

案：二徐云「古文以爲謌字」者，《集韻》引作「通作謌」。段注《說文敘》曰：「原夫叚借放於古文無其字之時；許書有言『以爲』者，有言『古文以爲』者，……，凡言『以爲』者，用彼爲此也。」《集韻》卷前韻例明揭：凡經史用字假借者，但言通作某。此其一例也。

鵝 鵝

《集韻》平聲歌韻：「《說文》：鳴鵝也。」

《說文》四上鳥部：「䳘鵝也。从鳥我聲。」

案：二徐竝作「䳘鵝也」，《集韻》引「䳘」作「鳴」，宜改。

科 科

《集韻》平聲戈韻：「《說文》：程也。从禾从斗。斗者量也。」

《說文》七上禾部：「程也。从禾从斗。斗者量也。」

案：「从禾从斗」，小徐作「从禾斗」。

多 多

《集韻》平聲戈韻：「《說文》：重也。从重夕。夕者，相繹也。故爲多。重夕爲多。重日爲疊。古作𦊈。成書作𢁘。」

《說文》七上多部：「重也。从重夕。夕者相繹也。故爲多。重夕爲多。重日爲疊。𣲾，古文多。」

案：「夕者，相繹也」，小徐「夕」下無「者」字。古文多，大徐作「𣲾」；小徐作「𢁘」，其下云：「古文竝夕。」是也，此別於上「从重夕」而言，與「棗」「棘」下之「重束」「竝束」，其屬詞正同，惟當增一「从」

字較宜。《集韻》引云「古作𦧅」，又云「或書作𦥑」，是也。

它

《集韻》平聲戈韻：「《說文》：蟲也。从虫而長，象冤曲垂尾形。上古艸居患它。故相問無它乎。或从虫（蛇）。」

《說文》十三下它部：「虫也。从虫而長，象冤曲垂尾形。上古艸居患它。故相問無它乎。𧉚，它或从虫。臣鉉等曰今俗作食遮切。」

案：二徐竝作「虫也」，《集韻》引「虫」作「蟲」，俗字也。

袤

《集韻》平聲麻韻：「《說文》：裛也。謂不正。」

《說文》八上衣部：「裛也。从衣牙聲。」

案：鍇本作「紕也」，嚴氏《校議》曰：「《韻會》六麻、《六書故》卷卅一引蜀本作紕也。按系部：紕，氐人繼也。此蓋繼文之袤者。交部：裛，袤也。則大徐亦長。」許書「裛」篆下曰「从交韋聲」，是「裛」字亦作「裛」，大徐作「裛」，《集韻》「袤」作「袤」，其下誤作衣，宜改。「謂不正」三字，非許書本有，乃丁度等申釋之語。

車

《集韻》平聲麻韻：「《說文》：輿輪之總名。夏后時奚仲所造。籀作𨌥。」

《說文》十四上車部：「輿輪之總名。夏后時奚仲所造。象形。𨌥，籀文車。」

案：「名」下，小徐有「也」字，又「造」字作「作」，玄應《音義》卷六引亦云「奚仲所作」。「作」與「造」，義得兩通。

魦

《集韻》平聲麻韻：「《說文》：魚名。出樂浪潘國。」

《說文》十一下魚部：「魚名，出樂浪潘國。从魚沙省聲。」

案：小徐「名」作「也」。

碬

《集韻》平聲麻韻：「《說文》：厲石也。引《春秋傳》：鄭公孫碬字子石。」

《說文》九下石部：「厲石也。从石叚聲。《春秋傳》曰：鄭公孫碬字子石。」

案：小徐「厲」作「礪」，俗字也。

窊 窊

《集韻》平聲麻韻：「《說文》：污衺，下也。」

《說文》七下穴部：「污衺，下也。从穴瓜聲。」

案：大徐作「污衺，下也」，《玉篇》、《廣韻》下平九麻、《集韻》引竝同。小徐「污」作「汙」，「衺」作「邪」，俗字也。

邡 邡

《集韻》平聲陽韻：「《說文》：竹邡，廣漢縣。」

《說文》六下邑部：「什邡，廣漢縣。从邑方聲。」

案：小徐「縣」下有「名」字。

㵾 㵾

《集韻》平聲陽韻：「《說文》：酢㵾也。古作㵾。」

《說文》十一上水部：「酢㵾也。从水將省聲。㵾，古文㵾省。」

案：「酢㵾」之「㵾」，小徐作「漿」，俗字也。

翔 翔

《集韻》平聲陽韻：「《說文》：回飛也。」

《說文》四上羽部：「回飛也。从羽羊聲。」

案：小徐「回」作「廻」，俗字也。

良 良

《集韻》平聲陽韻：「《說文》：善也。一曰：甚也。古作目𣊟良。」

《說文》五下畗部：「善也。从畗省，亡聲。徐鍇曰：良，甚也。故从畗，呂張切。目，古文良。𣊟，亦古文良。良，亦古文良。」

案：《集韻》引「善也。一曰：甚也」，與二徐同。唯依《集韻》語例，「一曰」當改作「徐鍇曰」。「甚也」之說，非許書本有，乃楚金按語。

香 香 馫 蘜

《集韻》平聲陽韻：「《說文》：芳也。一曰：穀气也。引《春秋傳》黍稷馨香，亦作蘜。」

《說文》一下艸部：「穀气也。从艸鄉聲。」

案：《集韻》引「芳也」及引《春秋傳》，竝與二徐同。中屬入「一日：穀气也」，非許書本有，此大徐新附字「薌」下之訓也，丁氏以「薌」音義同「香」，而當作或文也。

穅 穅

《集韻》平聲唐韻：「《說文》：穀皮也。古作康。」

《說文》七上禾部：「穀皮也。从禾从米庚聲。𥠏，穅或省。」

案：小徐「穀」下有「之」字。

汪 汪

《集韻》平聲唐韻：「《說文》：深廣也。一日：池也。」

《說文》十一上水部：「深廣也。从水㞷聲，一日：汪池也。」

案：「一日：汪，池也」，二徐同，《集韻》引不重「汪」字，蓋省。

祊 祊

《集韻》平聲庚韻：「《說文》：門內祭先祖，所以徬徨，引《詩》：祝祭于祊。或作祊。」

《說文》一上示部：「門內祭先祖，所以徬徨，从示彭聲。《詩》曰：祝祭于祊。祊，祊或从方。」

案：小徐本「徬徨」作「彷徨」。田吳炤《二徐箋異》云：「許書有徬無彷徨，旁方古通，故小徐作彷，彷徨蓋皆漢時俗字，許或用之。」《經典釋文·詩·楚茨·音義》、《爾雅·釋宮·音義》引皆作「門內祭先祖所徬徨也」，段注乃依二者所引，刪「以」字，補「也」字。

勍 勍

《集韻》平聲庚韻：「《說文》：彊也，引《春秋傳》：勍敵之人。」

《說文》十三下力部：「彊也。《春秋傳》曰：勍敵之人。从力京聲。」

案：「彊」字，小徐作「強」，借字也。

情 情

《集韻》平聲清韻：「《說文》：人之陰氣有欲者。」

《說文》十下心部：「人之陰气有欲者，从心青聲。」

案：「陰气」二字，大小徐同，《集韻》引「气」作「氣」，借字也。

名

《集韻》平聲清韻：「《說文》：自命也。从口从夕。夕者，冥也。冥不相見，故从口自名。」

《說文》二上口部：「自命也。从口，从夕。夕者，冥也。冥不相見，故从口自名。」

案：「从口从夕」，小徐作「从口夕」。

鯹

《集韻》平聲清韻：「《說文》：魚名。」

《說文》十一下魚部：「魚名。从魚坙聲。」

案：「名」字下，小徐作「也」。

胜

《集韻》平聲青韻：「《說文》：犬膏臭也。一曰：不熟。」

《說文》四下肉部：「犬膏臭也。从肉生聲。一曰：不孰也。」

案：大徐作「一曰：不孰也」，小徐「孰」作「熟」，《集韻》引同，此後起俗字也，宜改從本字。又《集韻》引「熟」下無「也」字，宜補。

蔓

《集韻》平聲清韻：「《說文》：茅蕾也。一曰：蕦也。」

《說文》一下艸部：「茅蕾也。一名蕦。从艸夐聲。」

案：「一名蕦」，二徐竝同，《集韻》引改「一名」為「一曰」，義得兩通；唯「蕦」下衍「也」字。

甹

《集韻》平聲青韻：「《說文》：甤詞也。一曰：甹，俠也。三輔謂輕財者曰甹。」

《說文》五上丂部：「甤詞也。从丂，从由。或曰：甹，俠也。三輔謂輕財者為甹。臣鉉等曰：由，用也。任俠用乞也。」

案：「或曰：甹，俠也」，二徐竝同，《集韻》引「或曰」作「一曰」，義同。

蚈 蚈

《集韻》平聲青韻：「蟲名。《說文》：螺蟥也。」

《說文》十三上虫部：「螺蟥，以翼鳴者。从虫幵聲。」

案：二徐註作「螺蟥，以翼鳴者」，《集韻》引止作「螺蟥也」，蓋節取也，非完文。

鈴 鈴

《集韻》平聲青韻：「《說文》：令丁也。」

《說文》十四上金部：「令丁也。从金，从令，令亦聲。」

案：小徐作「鈴釘也」，竝後起字也。

囹 囹

《集韻》平聲青韻：「《說文》：獄名。」

《說文》六下囗部：「獄也。从囗令聲。」

案：二徐注作「獄也」，《集韻》引「也」作「名」，宜改。《玉篇》：「囹圄，獄也。」

荊 荊

《集韻》平聲青韻：「《說文》：罰罪也，从井刀。引《易》：井，法也。」

《說文》五下井部：「罰辠也。从井，从刀。《易》曰：井，法也。井亦聲。」

案：二徐竝作「罰辠也」，《集韻》引「辠」作「罪」，借字也，當改從本字。

興 興

《集韻》平聲蒸韻：「《說文》：起也。从舁，从同。同力也。」

《說文》二上舁部：「起也。从舁从同。同力也。」

案：「从舁从同」，小徐作「从舁同」，大小徐之異，每多類此，無礙於義也。

兢 兢

《集韻》平聲蒸韻：「《說文》：競也。从二兄。二兄競意。一曰：敬也。」

《說文》八下兄部：「競也。从二兄。二兄競意。从丰聲，讀若矜。一曰：兢，敬也。」

案：「一曰：競，敬也」，二徐竝同，《集韻》引作「一曰：敬也」，「競」字
　　非脫，蓋省。

沇　沇

《集韻》平聲尤韻：「《說文》：水名。」

《說文》十一上水部：「水也。从水㕠聲。」

案：二徐竝作「水也」，《集韻》引「也」作「名」。《廣韻》下平十八尤注
　　作「水名，在高密」，《集韻》或涉此而改。

肍　肍

《集韻》平聲尤韻：「《說文》：孰肉醬也。」

《說文》四下肉部：「孰肉醬也。从肉九聲。讀若舊。」

案：《繫傳》「孰」作「熟」，俗字也。

卥　卥

《集韻》平聲尤韻：「《說文》：氣行皃。」

《說文》五上乃部：「气行皃。从乃卥聲。讀若攸。」

案：二徐竝作「气行皃」，《集韻》引「气」作「氣」，用通假字也。

鯈　鯈

《集韻》平聲尤韻：「《說文》：魚名。一曰：魚子。」

《說文》十一下魚部：「魚名，从魚攸聲。」

案：「名」字，小徐作「也」。「一曰」者，非引《說文》，《淮南‧覽冥》「若
　　觀鯈魚」，高注：「鯈，小魚也。」「小魚」即「魚子」也。

漱　漱

《集韻》平聲尤韻：「《說文》：腹中有水氣也。」

《說文》十一上水部：「腹中有水气也。从水从愁，愁亦聲。」

案：「腹中有水气也」，二徐竝同，《集韻》引「气」作「氣」，借字也。

侯　侯

《集韻》平聲侯韻：「《說文》：春饗所躲侯也。从人，从厂，象張布，矢在
　　其下。天子躲熊虎豹，服猛也。諸侯躲熊豕虎，大夫躲麋麋惑也，

士躲鹿豕，爲田除害也。其祝曰：毋若不寧侯，不朝於王所，故伉而躲汝也。一曰：猴也。維也。古作庆。」

《說文》五下矢部：「春饗所躲侯也。从人，从厂，象張布，矢在其下。天子躲熊虎豹，服猛也。諸侯躲熊豕虎，大夫躲麋麋惑也。士躲鹿豕，爲田除害也。其祝曰：毋若不寧侯，不朝于王所，故伉而躲汝也。庆，古文侯。」

案：「伉而躲汝」，《繫傳》「伉」作「抗」。「其祝曰」以下見《考工記·梓人》祭侯之詞，而微有不同，故許不稱經。許書人部「伉」訓「人名」，「抗」訓「扞」，則「抗」爲正，「伉」爲借字。今本亦作「抗」。「一曰」以下，非引《說文》，方氏《考正》云：「猴，當从《類篇》改候。」《周禮·大司馬》「庆幾」，《疏》「庆之言候也」。《詩·六月》「庆誰在矣」，《傳》：庆，維也。」

溝　溝

《集韻》平聲庆韻：「《說文》：水瀆廣四尺深四尺。」

《說文》十一上水部：「水瀆廣四尺，深四尺，从水冓聲。」

案：小徐兩「尺」字，皆作「赤」，古通用。

涑　涑

《集韻》平聲侯韻：「《說文》：瀚也。一說以手曰涑，以足曰瀚。一曰：涑，水名，在河東。」

《說文》十一上水部：「瀚也。从水束聲。河東有涑水。」

案：大徐作「河東有涑水」，小徐作「一曰：河東涑水」，依許書句例應作「一曰：河東有涑水」，《集韻》引作「一曰：涑，水名，在河東」，係經丁氏等所改易。「一說」云云，非引許書。《內則》云「冠帶垢和灰請漱，衣裳垢和灰請瀚」，鄭注：「手曰漱，足曰瀚。」玄應《音義》：「濯生練曰涑。去舊垢曰浣。一云：以手曰涑，以足曰浣也。通作漱。」《集韻》引本此也，而玄應說又本鄭注。

邨　邨

《集韻》平聲侯韻：「《說文》：恒農縣庾地。」

《說文》六下邑部：「弘農縣庾地。从邑豆聲。」

案:「弘農縣」,二徐竝同,《集韻》引「弘」作「恆」,避諱故也。

䲂 鷜

《集韻》平聲侯韻:「《說文》:魚名,一名鯉,一名鰊。」

《說文》十一下魚部:「魚名,一名鯉,一名鰊。从魚婁聲。」

案:「魚名」,小徐作「魚也」。

鱏 鱏

《集韻》平聲侵韻:「《說文》:魚名。」

《說文》十一下魚部:「魚名,从魚簪聲。」

案:小徐「名」作「也」。

醰 醰

《集韻》平聲侵韻:「《說文》:孰籀也。」

《說文》十四下酉部:「孰籀也。从酉甚聲。」

案:「孰」字,小徐作「熟」,俗字也。

鱏 鱏

《集韻》平聲侵韻:「《說文》:魚名。引《傳》曰:伯牙鼓琴,鱏魚出聽。」

《說文》十一下魚部:「魚名,从魚覃聲。《傳》曰:伯牙鼓琴,鱏魚出聽。」

案:「名」字,小徐作「也」。

歆 歆

《集韻》平聲侵韻:「《說文》:神食氣也。」

《說文》八下欠部:「神食气也。从欠音聲。」

案:小徐作「神食气」,無「也」字。《集韻》引「气」作「氣」,借字也。

婪 婪 惏

《集韻》平聲覃韻:「《說文》:貪也。杜林說:卜者黨相詐驗為婪,或作惏。」

《說文》十二下女部:「貪也。从女林聲。杜林說:卜者黨相詐驗為婪,讀若潭。」

《說文》十下心部:「河內之北謂貪曰惏,从心林聲。」

案:許書婪、惏訓同,然各為二字,《集韻》則以「惏」為「婪」之或文。

段氏「婪」注曰：「此與心部之惏音義同。」王筠《句讀》亦曰：「字與惏同。」

涵　涵

《集韻》平聲覃韻：「《說文》：水澤多也。引《詩》：僭始既涵。」

《說文》十一上水部：「水澤多也。从水函聲。《詩》曰：僭始既涵。」

案：引《詩》，二徐竝作「僭始既涵」，《集韻》引「涵」作「涵」，隸省字也。

擊　擊

《集韻》平聲談韻：「《說文》：暫也。」

《說文》十二上手部：「暫也，从手斬聲。」

案：小徐作「蹔也」，「蹔」為「暫」之別體，見《廣韻》下平二十三談引亦作「暫也」。

鹽　鹽

《集韻》平聲談韻：「《說文》：鹹也。古者宿沙初作煑海鹽。」

《說文》十二上鹽部：「鹹也。从鹵監聲。古者宿沙初作煑海鹽。」

案：「宿沙」，小徐作「夙沙」。《急就篇》「蕪荑鹽豉酢醬」，顏注：「古者夙沙氏初煮鹽。」《太平御覽》引《世本》曰：「宿沙作煮鹽。」王應麟《困學紀聞》引魯連子曰：「宿沙瞿子善煮鹽。使煮漬沙，雖十宿沙不能得也。」古「宿」「夙」通用，難斷孰是孰非。

擨　擨

《集韻》平聲談韻：「《說文》：好手兒。」

《集韻》平聲咸韻：「《說文》：好手兒。引《詩》：擨擨女手。」

《說文》十二上手部：「好手兒。《詩》曰：擨擨女手。从手籤聲。」

案：二徐竝有「《詩》曰：擨擨女手」六字，《集韻》談韻未引，而咸韻引之，蓋互見也。

溓　溓

《集韻》平聲談韻：「《說文》薄水也。一曰：中絕小水。」

《說文》十一上水部：「薄水也。一曰：中絕小水，从水兼聲。」

案：「一曰」，小徐作「或曰」，義同。

𡥈 孔

《集韻》平聲董韻：「《說文》：通也。从乙从子，乙，請子之候鳥也。乙至而得子，嘉美之也。古人名嘉，字子孔。一曰：甚也。」

《說文》十二上乙部：「通也。从乙从子。乙，請子之候鳥也。乙至而得子，嘉美之也。古人名嘉，字子美。」

案：「从乙从子」，小徐作「从乙子」。「一曰：甚也」，非引《說文》，見《爾雅・釋言》。

𡩺 宄

《集韻》上聲腫韻：「《說文》：散也。从宀，人在屋下，無田事。引《周書》：宮中之宄食。」

《說文》七下宀部：「楸也。从宀，人在屋下。無田事。《周書》曰：宮中之宄食。」

案：小徐作「散也」，《集韻》引同，「散」為「楸」之俗。

𡍄 塗

《集韻》上聲腫韻：「《說文》：塗也。」

《說文》十三下土部：「涂也。从土𤄷聲。臣鉉等案：水部已有，此重出。」

案：小徐作「塗也」，《集韻》引同。「塗」「涂」古今字。

𨢑 酏

《集韻》上聲紙韻：「《說文》：黍酒也。一曰：甜也。賈侍中說：酏為鬻清。」

《說文》十四下酉部：「黍酒也。从酉也聲。一曰：甜食。賈侍中說：酏為鬻清。」

案：「賈侍中」云云，小徐作「賈侍中以為鬻清。」

𠂕 矢

《集韻》上聲旨韻：「《說文》：弓弩矢也。从入，象鏑括羽之形，古者夷牟初作矢。一曰：陳也。」

《說文》五下矢部：「弓弩矢也。从入，象鏑栝羽之形，古者夷牟初作矢，

　　凡矢之屬皆从矢。」

　　案：《繫傳》「栝」作「括」，《集韻》引同，竝誤。許書「栝」字後一解云：「一曰：矢栝築弦處。」「栝」即「栝」字，「昏」下注：「凡昏聲字隸變皆爲舌。」「一曰：陳也」，非引《說文》，《爾雅·釋詁》：「戾，陳也。」《廣雅·釋詁》二亦同，朱氏《通訓定聲》以爲「戾」即古文「矢」，當補於「矢」篆下。

水　水

　　《集韻》上聲旨韻：「《說文》：準也。北方之行，象眾水並流，中有微陽之氣也。」

　　《說文》十一上水部：「準也。北方之行，象眾水並流，中有微陽之气也。凡水之屬皆从水。」

　　案：「微陽之气」，二徐竝同，《集韻》引「气」作「氣」，借字也。

藟　藟

　　《集韻》上聲旨韻：「《說文》：木名，《爾雅》：山藟似葛，虎藟有毛刺。籀作藟。」

　　《說文》六上木部：「木也。从木畾聲。藟，籀文。」

　　案：二徐竝作「木也」，《集韻》引「也」作「名」。下曰：《爾雅》云云，非許書本有，乃隓栝郭璞注，非引《爾雅》原文。《釋木》：「諸慮，山藟。」郭注：「今江東呼藟爲藤，似葛而大。」《釋木》又云：「櫐，虎藟。」郭注：「今虎豆纏蔓林樹而生，莢有毛刺。」

楑　楑

　　《集韻》上聲旨韻：「《說文》：木也。一曰：度也。」

　　《說文》六上木部：「木也。从木癸聲。又：度也。」

　　案：二徐竝作「又：度也」，《集韻》引「又」作「一曰」。段氏亦改「又」爲「一曰」，而未言其故，王筠《句讀》亦作「一曰」，明言依《集韻》改。實則，許書用語有「又」字之例，亦謂別義也，不勞更改。

軌　軌

　　《集韻》上聲旨韻：「《說文》：車轍也。」

《說文》十四上車部：「車徹也。从車九聲。」

案：二徐並作「車轍也」，《集韻》引「徹」作「轍」，乃以後起字易古字
也。段云：「支部曰：徹者，通也。車轍者，謂輿之下兩輪之間空中
可通，故曰車轍。是謂之車軌。」《說文》無「轍」，古皆以「徹」爲
之，如《漢書・文帝紀》：「結徹於道。」〈陳平傳〉：「門外多長者車
徹。」

米 疕

《集韻》上聲止韻：「《說文》：止也。从宋，盛而一橫止之也。」

《說文》六下宋部：「止也。从宋，盛而一橫止之也。」

案：「一橫止之也」上，小徐有「从」字。

應 悠

《集韻》上聲止韻：「《說文》：痛聲。」

《集韻》上聲尾韻：「《說文》：痛聲也。引《孝經》：哭不悠。」

《說文》十下心部：「痛聲也。从心依聲。《孝經》曰：哭不悠。」

案：二徐竝有「《孝經》曰：哭不悠」句，《集韻》上聲止韻未引，而於尾
韻下引之，蓋互見也。

弖 己

《集韻》上聲止韻：「《說文》：中宮也。象萬物辟藏詘形也。古作㠯。」

《說文》十四下己部：「中宮也。象萬物辟藏詘形也。已承戊衆人腹，㠯，
古文己。」

案：「詘」下，小徐有「之」字。

屄 尾

《集韻》上聲尾韻：「《說文》：微也。从到毛在尸後。古人或飾系尾，西南
夷亦然。」

《說文》八下尾部：「微也。从到毛在尸後。古人或飾系尾，西南夷亦然。」

案：鍇本「到」作「倒」，俗字也。「亦然」之「亦」小徐作「皆」。

韡 韡

《集韻》上聲尾韻：「《說文》，盛也。引《詩》：萼不韡韡。」

《說文》六下羍部：「盛也。从羍韋聲。詩曰：鞾不韗韗。」

案：小《徐》引《詩》「鞾」字作「咢」，段氏從之，注云：「咢，各本作鞾，俗字也，今正。今《詩》作鞾，亦非。」據此，則大徐、《集韻》引「鞾」字竝當去艸頭。

卉 卉

《集韻》上聲尾韻：「《說文》：艸之總名。」

《說文》一下艸部：「艸之總名也。从艸屮。」

案：小徐「總」作「總」，正字也。大徐、《集韻》引宜改。又「名」下，《集韻》無尾詞「也」。

鄦 鄦

《集韻》上聲語韻：「《說文》：炎帝太嶽之後，甫侯所封，在潁川。」

《說文》六下邑部：「炎帝太嶽之胤，甫侯所封，在潁川。从邑無聲。讀若許。」

案：「嶽」小徐作「岳」，古文也。「胤」字，小徐缺筆作「胤」，《集韻》引作「後」，帝諱故也。

鱮 鱮

《集韻》上聲語韻：「《說文》：魚名。」

《說文》十一下魚部：「魚名。从魚與聲。」

案：「名」字，小徐作「也」。

眝 眝

《集韻》上聲語韻：「《說文》：長眙也。一曰：張目。」

《說文》四上目部：「長眙也。一曰：張目也。从目宁聲。」

案：「一曰：張目也」，小徐本作「一曰：張眼」，《廣韻》上聲八語引亦作「張眼」，然《玉篇》注作「張目也」。「目」與「眼」義得兩通，毋須斷是非也。

甫 甫

《集韻》上聲噳韻：「《說文》：男子美稱也。从父用。甫，一曰：大也，始也。」

《說文》三下用部：「男子美稱也。从用父，父亦聲。」

案：「从用父」二徐同，《集韻》引作「从父用」，雖無礙於義也，然許君例多以所從部首之字置於前。《廣韻》上聲九麌引作「字从父用」，《集韻》或承襲於此。「一曰」下二義，皆非引《說文》，「大也」，見《爾雅・釋詁》。《周禮・小宗伯》：「甫竁亦如之。」注：「甫，始也。」

醹 醹

《集韻》上聲噳韻：「《說文》：酒厚也。引《詩》：酒醴惟醹。」

《說文》十四下酉部：「厚酒也。从酉需聲。《詩》曰：酒醴惟醹。」

案：引《詩》，「惟」字小徐作「維」，與今《大雅・行葦》合。

鱸 鱸

《集韻》上聲姥韻：「《說文》：魚名，出樂浪潘國。」

《說文》十一下魚部：「魚名。出樂浪潘國。从魚盧聲。」

案：小徐「名」字作「也」。

戶 戶

《集韻》上聲姥韻：「《說文》：護也。半門曰戶。一曰止也。古从木。」

《說文》十二上戶部：「護也。半門曰戶。象形。戶，古文戶从木。」

案：「半門曰戶」，小徐「曰」字作「為」，義得兩通。「一曰：止也」，非引《說文》，見《小爾雅・廣詁》。

鮆 鮆

《集韻》上聲薺韻：「《說文》：歠而不食，刀魚也。」

《說文》十一下魚部：「飲而不食，刀魚也。九江有之。从魚此聲。」

案：「飲而不食」，二徐竝同，《集韻》引「飲」作「歠」，是也。「刀魚也」下，二徐竝有「九江有之」四字，《集韻》無，或省。

體 體

《集韻》上聲薺韻：「《說文》：總十二屬也。」

《說文》四下骨部：「緫十二屬也。从骨豊聲。」

案：小徐作「總十二屬也」，《集韻》引同。大徐「緫」作「緫」，俗。

醴　醴

《集韻》上聲薺韻：「《說文》：酒一宿熟。」

《說文》十四下酉部：「酒一宿孰也。从酉豊聲。」

案：「孰」字，小徐作「熟」，《集韻》引同，俗字也。

澥　澥

《集韻》上聲蟹韻：「《說文》：勃澥，海之別也。一曰：澥谷也。」

《說文》十一上水部：「勃澥，海之別也。从水解聲。一說澥即澥谷也。」

案：「一說：澥即澥谷也」，二徐竝同。《集韻》引作「一曰：澥谷也」，字有省易。

箇　箇

《集韻》上聲準韻：「《說文》：箇籆也。一曰：博棊。」

《說文》五上竹部：「箇籆也。从竹囷聲。一曰：博棊也。」

案：「箇籆也」，二徐竝同，《集韻》引「籆」作「籆」，「籆」爲古文。許書「箇」下即次「籆」，亦訓「箇籆也」，「籆」字宜改。

坋　坋

《集韻》上聲吻韻：「《說文》：塵也。一曰：大防。」

《說文》十三上土部：「塵也。从土分聲。一曰：大防也。」

案：「大防上」，小徐複舉「坋」字。

薹　薹

《集韻》上聲隱韻：「《說文》：盎也。一曰：瓢也。」

《說文》五上豆部：「蠡也。从豆烝省聲。」

案：二徐竝作「蠡也」，《集韻》引「蠡」作「盎」。許書瓠部曰：「瓢，蠡也。」是薹爲瓢也。《廣韻》上平十二齊：「盎，以瓢爲飲器也。」然則「蠡」「盎」同物也。惟《說文》無「盎」，終不如用「蠡」爲宜。「一曰：瓢也」，非引許書，見《廣雅・釋器》。

晚　晚

《集韻》上聲阮韻：「《說文》：莫也。」

《說文》七上日部：「莫也。从日免聲。」

案：鍇本「莫」作「暮」，俗字也。

隴　隒

《集韻》上聲混韻：「《說文》：大阜也。」

《說文》十四下自部：「大自也。从自穌聲。」

案：二徐竝作「大自也」，《集韻》引「自」作「阜」，隸變也。

｜　｜

《集韻》上聲混韻：「《說文》：上下通也。引而上行讀若囟，引而下行讀若退。」

《說文》一上｜部：「上下通也。引而上行讀若囟，引而下行讀若逻。」

案：大徐作「讀若逻」，小徐「逻」作「復」，《集韻》引作「退」，實則皆一字也。許書彳部「復」下曰：「卻也。从彳日夂。」又曰：「遌，古文从辵。」是以小徐用本字爲宜，大徐用重文也，《集韻》則用隸變字。

膞　膞

《集韻》上聲混韻：「《說文》：切熟肉內於血中和也。」

《說文》四下肉部：「切孰肉內於血中和也。从肉員聲。讀若遜。」

案：大徐作「孰肉」，小徐「孰」作「熟」，俗字也，《集韻》引亦是，當改從本字。

罕　罕

《集韻》上聲旱韻：「《說文》：罔也。一曰：希也。」

《說文》七下网部：「网也。从网干聲。」

案：二徐竝作「网也」，《集韻》「网」作「罔」，用或文，當改從本字。「一曰：希也」，非引《說文》，《爾雅·釋詁》：「希，罕也。」《集韻》蓋本此。

輨　輨

《集韻》上聲緩韻：「《說文》：轂端沓也。」

《說文》十四上車部：「轂耑沓也。从車官聲。」

案：「耑」字，二徐竝同，《集韻》引作「端」，後起字也。「沓」字，小徐
　　作「錯」，「錯」訓以金有所冒也，則「錯」當不誤。

㪒　揮

《集韻》上聲緩韻：「《說文》：提荷也。」

《說文》十二上手部：「提持也。从手單聲。讀若行遲驒驒。」

案：二徐並作「提持也」，《集韻》引「持」作「荷」。桂氏《義證》曰：「荷
　　當爲何。《太玄》：何福滿肩，提禍揮揮。」丁度當有所據，然非許氏
　　之舊。

鯇　鯇

《集韻》上聲濟韻：「《說文》：魚名。」

《說文》十一下魚部：「魚名。从魚完聲。」

案：小徐「名」作「也」。

堅　堅

《集韻》上聲銑韻：「《說文》：牛很不从牽也。一曰：大皃。」

《說文》二上牛部：「牛很不從引也。从牛，从臤，臤亦聲。一曰：大皃。
　　　　讀若賢。」

案：二徐並作「牛很不從引也」。《廣韻》上聲二十六產「堅」下注曰「牛堅
　　很不從牽」，《集韻》或涉此而作「牽」。段注本「引」亦作「牽」；未
　　云何據。唯「牽」與「引」，義得兩通。

垷　垷

《集韻》上聲銑韻：「《說文》：塗也。」

《說文》十三下土部：「涂也。从土見聲。」

案：鍇本作「塗也」，《集韻》引同。「涂」「塗」古今字。

〈　〈

《集韻》上聲銑韻：「《說文》：水小流也。《周禮》：匠人爲溝洫，耜廣五寸。
　　　　二耜爲耦，一耦之伐，廣尺，深尺謂之〈。倍〈謂之遂。倍遂曰
　　　　溝。倍溝曰洫。倍洫曰〈〈。古从田川（甽），篆从田犬聲（畎）。

六畎爲一畝。」

《說文》十一下く部：「水小流也。《周禮》：匠人爲溝洫，枱廣五寸。二枱爲
耦。一耦之伐，廣尺，深尺謂之く，倍く謂之遂，倍遂曰溝。倍溝
曰洫。倍洫曰巜。凡く之屬皆从く。𭝤，古文く，从田从川。𭝤，
篆文く，从田犬聲（畎），六畎爲一畝。」

案：「廣尺」「深尺」之「尺」，小徐竝作「赤」，古「尺」「赤」通用。重文
「𭝤」下，大徐云：「古文く，从田从川。」小徐作「古文く，从田巜，
𭝤之川也」，《集韻》引從大徐，少一「從」字。重文「畎」下，小徐
「六畎」下，有「而」字。《集韻》引從大徐。

繯 繯

《集韻》上聲銑韻：「《說文》：絡也。」

《說文》十三上糸部：「落也。从糸睘聲。」

案：二徐竝作「落也」，《玉篇》引同，《後漢書·馬融傳》：「繯橐四野之飛
征。」李注引《說文》：「繯，落也。」段云：「落者，今之絡也。古叚
落，不作絡，謂包絡也。《莊子》：落馬首；《漢書》：虎落，皆作落。」
是可知《集韻》引作「絡」，乃後起俗字。

徶 徯

《集韻》上聲薺韻：「《說文》：迹也。」

《說文》二下彳部：「迹也。从彳𢆉聲。」

案：《繫傳》「迹」作「跡」，俗字也。

隥 隥

《集韻》上聲薺韻：「《說文》：水阜也。」

《說文》十四下自部：「水自也。从自𢆉聲。」

案：二徐竝作「水自也」，《集韻》引「自」作「阜」，隸變也。

鱓 鱓

《集韻》上聲薺韻：「《說文》：魚名。皮可爲鼓。一曰：蛇鱓，黃質黑文。」

《說文》十一下魚部：「魚名。皮可爲鼓。从魚單聲。」

案：小徐「名」字作「也」，「可」下有「以」字。「一曰」者，非引《說文》，

丁度等增。《山海經‧北山經》：「鱓，魚似蛇。」

縔 繛

《集韻》上聲獼韻：「《說文》：衣纖也。」

《說文》十三上糸部：「衣戚也。从糸叜聲。」

案：二徐竝作「衣戚也」，段云：「戚，今之蹙字也。《玉篇》：「繛，衣蹙也。縮也。」鄭注《鄉飲酒禮》：「古文縮作蹙。」《廣雅‧釋詁》三：「繛，縮也。」徐鍇《韻譜》「繛」訓「衣襹」。《集韻》、《類篇》引作「衣纖也」。「襹」「纖」二字，《說文》無，蓋後起也，宜改作「戚」。

㴓 沔

《集韻》上聲獼韻：「《說文》：沔水出武都沮縣東狼谷，東南入江。一曰：入夏水。一曰：流滿皃。」

《說文》十一上水部：「水出武都沮縣東狼谷，東南入江。或曰入夏水，从水丏聲。」

案：「水出武都」上，二徐不複舉「沔」字。大徐「或曰：入夏水。」小徐作「或以爲」，《集韻》引作「一曰」，義竝同。「一曰：流滿皃」，非引《說文》，《詩‧沔水》：「沔彼流水。」《傳》：「沔，水流滿也。」

鮸 鮸

《集韻》上聲獼韻：「《說文》：魚名，出薉邪頭國。」

《說文》十一下魚部：「魚名。出薉邪頭國，从魚免聲。」

案：小徐「名」作「也」。

輦 輦

《集韻》上聲獼韻：「《說文》：輓車也。从扶，在車前引之。」

《說文》十四上車部：「輓車也。从車，从扶，在車前引之。」

案：「扶」上，小徐無「从」。

鮡 鮡

《集韻》上聲小韻：「《說文》：魚名。大鮎也。」

《說文》十一下魚部：「魚名。从魚兆聲。」

案：「名」下，小徐有「也」字。「大鮎也」，非引《說文》，《廣韻》上聲三
十小注：「魦，魚名，似鮎而大。」丁氏等蓋本此也。

撟　撟

《集韻》上聲小韻：「《說文》：舉手也。一曰：擅也，正曲也。」

《說文》十二上手部：「舉手也。从手喬聲。一曰：撟，擅也。」

案：「一曰：撟，擅也」，二徐竝同，《集韻》引作「一曰：擅也」。「撟」字
蓋省。「正曲也」非許書之文，丁度等所附益。《漢書・諸侯年表》：「可
謂撟枉過其正矣。」丁氏蓋謂此意也。

飽　飽

《集韻》上聲巧韻：「《說文》：厭也。或从采（餥）从卯（餍）。」

《說文》五下食部：「猒也。从食包聲。餥，古文飽从采。餍，亦古文飽，
　　从卯聲。」

案：二徐竝作「猒也」，《集韻》引「猒」作「厭」，後起字也。

暭　暭

《集韻》上聲晧韻：「《說文》：暭旰也。」

《說文》七上日部：「皓旰也。从日皋聲。」

案：小徐本作「暭旰也」，嚴氏《校議》云《韻會》十九晧引亦同。《集韻》
引作「暭旰也」，暭即暭之俗體。段氏注曰：「《漢書・上林賦》『采色
澔汗』，《史記》作『澔旰』，〈靈光殿賦〉『澔澔涆涆』，曹植《七啓》
云『丹旗耀野，戈殳晧旰』，此可證『晧旰』之爲古語。」王筠《句讀》
云：「小徐本作暭旰，《集韻》《類篇》因之。暭晧固通用，而以之說暭，
自當作晧。晧旰雙聲，形容之詞，蓋盛明之皃，不用其本義也。」如
是，則以大徐作「晧」爲宜。

顥　顥

《集韻》上聲晧韻：「《說文》：白皃。引《楚詞》：天白顥顥。商山四顥。白
　　首人也。」

《說文》九上頁部：「白皃。从頁从景。《楚詞》曰：天白顥顥。南山四顥，
　　白首人也。臣鉉等曰：景日月之光明白也。」

案：「南山四顥」，二徐竝同，《集韻》引「南」作「商」，《廣韻》上聲三十二晧引同。段云：「《詩傳》曰：終南，周之名山，中南也。《左傳》作中南，《史》《漢》謂之南山。揚雄《解嘲》曰：四晧采榮於南山。《說文》作南山，不誤。《張良傳》注：商山四晧。宋時浙本作南山。」然則宜依二徐作「南山」為是。

塿 埽

《集韻》上聲晧韻：「《說文》：弃也。」

《說文》十三下土部：「棄也。从土从帚。」

案：二徐竝作「棄也」，《集韻》引「棄」作「弃」，古文也。

懆 懆

《集韻》上聲晧韻：「《說文》：愁不安也。引《詩》：念子懆懆。」

《集韻》上聲感韻：「《說文》：愁不申也。」

《說文》十下心部：「愁不安也。从心喿聲。《詩》曰：念子懆懆。」

案：《集韻》晧韻下引「愁不安也」及引《詩》，竝與二徐同。又《詩·小雅·白華》「念子懆懆」，《釋文》引作「愁不申也」，《集韻》感韻下引同。「不安」與「不申」，義得兩通，然未知許氏之舊究如何也？

我 我

《集韻》上聲哿韻：「《說文》：施身自謂也。一曰：我頃頓也。」

《說文》十二下我部：「施身自謂也。或說我頃頓也。从戈从才，才或說古垂字。一曰：古殺字。徐鍇曰：从戈者，取戈自持也。㦰，古文我。」

案：「或說：我，頃頓也」，二徐同，《集韻》引「或說」作「一曰」，義得兩通。

姐 姐

《集韻》上聲馬韻：「《說文》：蜀謂母曰姐。淮南謂之社。」

《說文》十二下女部：「蜀謂母曰姐，淮南謂之社。从女且聲。」

案：「蜀」下，小徐有「人」字。

閜 閜

《集韻》上聲馬韻：「《說文》：玉爵也。夏曰琖，商曰斝，周曰爵，一說：斝受六升。」

《說文》十四上斗部：「玉爵也。夏曰琖，殷曰斝，周曰爵，从吅从斗，日象形。與爵同意。或說斝受六升。」

案：「琖」字，小徐作「醆」。「琖」「醆」二字，《說文》並無，《周禮・量人》注引《明堂位》「夏后氏以琖」，《釋文》云劉昌宗本作「湔」，知古借湔爲之。「或說：斝受六升」，二徐同，《集韻》引改「或說」爲「一說」，義得兩通。

兩　兩

《集韻》上聲養韻：「《說文》：二十四銖爲兩，从一从㒳，平分。」

《說文》七下㒳部：「二十四銖爲一兩。从一㒳平分，亦聲。」

案：大徐作「从一㒳平分」，小徐作「從一從㒳。㒳，平分也」，《集韻》作「从一从㒳，平分」，互有出入，然皆視爲會意，無礙於義也。

痙　痙

《集韻》上聲靜韻：「《說文》：彊急也。」

《說文》七下疒部：「彊急也。从疒巠聲。」

案：小徐「彊」作「强」，借字也。

潁　潁

《集韻》上聲靜韻：「《說文》：水出潁川陽城乾山，東入淮，豫州浸。」

《說文》十一上水部：「水出潁川陽城乾山，東入淮，从水頃聲。豫州浸。」

案：「浸」字，小徐作「濅」。

壬　壬

《集韻》上聲廻韻：「《說文》：善也。從人士。士，事也。一曰：象物出地挺生也。」

《說文》八上壬部：「善也。从人士。士，事也。一曰：象物出地挺生也。臣鉉等曰：人在土上，壬然而立也。」

案：「挺」下，小徐有「而」字，作「挺而生也」。

等　等

《集韻》上聲等韻：「《說文》：齊簡也。从竹，从寺，寺官曹之等平也。」

《說文》五上竹部：「齊簡也。从竹，从寺，寺官曹之等平也。」

案：大徐「从竹从寺」，小徐作「从竹寺」。

齫　齫

《集韻》上聲有韻：「《說文》：老人齒如臼也。一曰：馬八歲齒臼也。」

《說文》二下齒部：「老人齒如臼也。一曰：馬八歲齒臼也。从齒，从臼，臼亦聲。」

案：小徐本作「老人齒如臼。從齒臼聲。馬八歲齒臼也」，蓋「老人」句脫「也」字，「馬八歲」上脫「一曰」二字。二徐異處似此者甚多，又文每多顛倒，然無害於義也。

牖　牖

《集韻》上聲有韻：「《說文》：穿壁以木為交窻也。譚長以為甫上日也。非戶也。牖所以見日。」

《說文》七上片部：「穿壁以木為交窻也。从片戶甫。譚長以為甫上日也。牖所以見日。」

案：「窻」字，小徐作「窗」，本字也。說見「恖」字考。

酒　酒

《集韻》上聲有韻：「《說文》：就也。所以就人性之善惡。一曰：造也，吉凶所造也。古者儀狄作酒醪，禹嘗之而美，遂疏儀狄。杜康作秫酒。」

《說文》十四下酉部：「就也。所以就人性之善惡。从水，从酉，酉亦聲。一曰：造也，吉凶所造也。古者儀狄作酒醪，禹嘗之而美，遂疏儀狄。杜康作秫酒。」

案：「吉凶所造」下，小徐有「起」字。

𦣻　百　𦣽　𦣽

《集韻》上聲有韻：「《說文》：頭也。古文作𦣽。巛象髮，謂之鬊。鬊即巛也。」

《說文》九上𦣻部：「頭也。象形。」

《說文》九上𦣽部：「𦣻同。古文𦣻也。巛，象髮，謂之鬊。鬊即巛也。」

案：許書「百」「𩑋」分爲兩部，「百」下訓「頭也。」，「𩑋」下云：「百同。古文百也。」《集韻》引則併爲同一字組，語句略有簡省。

浚 浚

《集韻》上聲有韻：「《說文》：浸沃也。」

《說文》十一上水部：「浸沃也。从水夋聲。」

案：「浸」字，小徐作「濅」，宜作「濅」爲是。又「沃」字，小徐作「沃」，隷變字也。

肘 肘

《集韻》上聲有韻：「《說文》：臂節也。从肉，从寸，寸，手寸口也。」

《說文》四下肉部：「臂節也。从肉从寸。寸，手寸口也。」

案：「从肉从寸」，小徐作「从肉寸」。

籠 籠

《集韻》上聲厚韻：「《說文》：篅笼也。」

《說文》五上竹部：「萠爰也。从竹部聲。」

案：二徐作「篅爰也」，均未加竹頭。段注云：「《廣雅》曰：篅笼，籠也。曹憲上音滿，下音緩。《廣韻》曰：篅笼，簡也。籠，牘也。《玉篇》曰：籠，竹牘也。按萠爰，漢人語，俗字加竹。」是《集韻》引用俗字也。

鮋 鮋

《集韻》上聲黝韻：「《說文》：魚名。」

《說文》十一下魚部：「魚名。从魚幼聲，讀若幽。」

案：「名」字，小徐作「也」。

瞫 瞫

《集韻》上聲㯲韻：「《說文》：深視也。一曰：下視。一曰：竊見。」

《說文》四上目部：「深視也。一曰：下視也。又竊見也。从目覃聲。」

案：「竊見」上，二徐並作「又」字，段云此謂又一義也。《集韻》引改「又」爲「一曰」，義同。

飪 飪

《集韻》上聲寑韻：「《說文》：大孰也。或作胜烓。」

《說文》五下食部：「大孰也。从食壬聲。𦜻，古文飪。𠊾，亦古文飪。」

案：小徐「孰」作「熟」，用後起字也。

亶 亩

《集韻》上聲寑韻：「《說文》：穀所振入，宗廟粢盛，倉黃亩而取之，故謂之亩。从入回，象屋形中有戶牖。或作廩。」

《說文》五下亩部：「穀所振入，宗廟粢盛，倉黃亩而取之，故謂之亩。从入回。象屋形中有戶牖。廩，亩或从广从禾。」

案：「从入回」，小徐作「从入从回」。

錦 錦

《集韻》上聲寑韻：「《說文》：襄邑織文。」

《說文》七下帛部：「襄邑織文，从帛金聲。」

案：小徐「邑」作「色」，非。《御覽》八百十五引作「襄邑織文也」，與大徐同，《集韻》亦是。《漢志》陳留郡襄邑縣有服官。《書》曰：「厥匪織文。」《正義》曰：「漢世，陳留襄邑縣置服官，使制作衣服，是兗州綾錦美也。」陳留屬《禹貢》兗州。

蔪 蔪

《集韻》上聲琰韻：「《說文》：艸相蔪苞。引《書》：艸木蔪苞。或从木（槧）。」

《說文》一下艸部：「艸相蔪苞也。从艸斬聲。《書》曰：艸木蔪苞。槧，蔪或从槧。」

案：小徐作「艸相蔪苞」，無「也」字，《集韻》引同。引《書》小徐作「艸木漸包」，今《書·禹貢》作「草木漸包」，後人或據今本改。

奄 奄

《集韻》上聲琰韻：「《說文》：覆也。大有餘也。一曰：欠也。同也。从大，从申，申，展也。」

《說文》十下大部：「覆也，大有餘也。又欠也。从大从申。申，展也。」

案：「又欠也」，二徐並同，《集韻》引改「又」為「一曰」。「从大从申」，

小徐作「从大申」。「同也」之義，非引《說文》，《詩‧執競》：「奄有
四方。」《傳》云：「奄，同也。」

斬　斬

《集韻》上聲踐韻：「《說文》：戳也。从車从斤。斬法車裂也。」

《說文》十四上車部：「戳也。从車从斤。斬法車裂也。」

案：「斤」上，小徐無「从」字。

櫪　櫪

《集韻》去聲送韻：「《說文》：小杯也。或作櫝。」

《說文》十二下匚部：「小桮也。从匚贛聲。櫝，櫪或从木。」

案：大徐作「小桮也」，小徐作「小杯也」，許書木部曰：「桮，櫪也。」二
篆為轉注，故知大徐是也。《集韻》引作「小杯」，蓋俗字也。

癮　癮

《集韻》去聲送韻：「《說文》：寐而有覺也。」

《說文》七下㝱部：「寐而有覺也。从宀，从疒，夢聲。《周禮》：以日月星
辰占六癮之吉凶：一曰正癮，二曰咢癮，三曰思癮，四曰悟癮，五
曰喜癮，六曰懼癮。凡癮之屬皆从癮。」

案：小徐作「寐而覺者也」，然《玉篇》引作「寐而有覺也」，同大徐，《集
韻》引亦同大徐。又二徐竝引《周禮》六夢之說，丁氏未引，蓋無關
於義也。

鳳　鳳

《集韻》去聲送韻：「《說文》：神鳥也。引《天老》曰：鳳五色備舉，出於
東方君子之國。見則天下大安寧。古作㸰，象形。鳳飛羣鳥從以萬
數。故亦以為朋黨字。」（鳳字下）

《集韻》平聲登韻：「《說文》：為古鳳字。鳳飛羣鳥從以萬數。故以為朋黨
字。」（朋字下）

《集韻》平聲登韻：「《說文》：亦以為古鳳字。」（鵬字下）

《說文》四上鳥部：「神鳥也。《天老》曰：鳳之象也。鴻前麐後，蛇頸魚尾，
鸛顙鴛思，龍文虎背，燕頷雞喙，五色備舉。出於東方君子之國。

翱翔四海之外，過崐崘，飲砥柱，濯羽弱水，莫宿風穴，見則天下
大安寧。从鳥凡聲。多，古文鳳，象形。鳳飛羣鳥從以萬數。故以
爲朋黨字。鵬，亦古文鳳。」

案：許書鳳、朋、鵬爲一字之三體，《集韻》送韻下三體竝列一處，登韻下
多、鵬又各自另列。送韻下所引字義，頗有簡省。「羣鳥」下，小徐作
「從萬數」，無「以」字。「故以爲朋黨字」，二徐竝同，《集韻》「故」
下私加「亦」字。另登韻「多」下「爲古鳳字」之「爲」；「鵬」下「亦
以爲古鳳字」之「以爲」，皆丁氏自加也，蓋就行文，且爲使人易曉也。

用　用

《集韻》去聲用韻：「《說文》：可施行也。从卜从中。衛宏說：古作用。」

《說文》三下用部：「可施行也。从卜，从中。衛宏說。臣鉉等曰：卜中乃
可用也。用，古文用。」

案：「从卜从中」，小徐作「从卜中」。

啻　啻

《集韻》去聲寘韻：「《說文》：語時不啻也。一曰：諟也，餘也。」

《說文》二上口部：「語時不啻也。从口帝聲。一曰：啻，諟也。讀若鞮。」

案：二徐「一曰」以下，均作「啻，諟也」，《集韻》引省「啻」字，《韻會》
引亦無「啻」字。「餘也」，非引《說文》，丁氏等所增。

瑞　瑞

《集韻》去聲寘韻：「《說文》：以玉爲信也。徐鍇曰：从耑，諦也。」

《說文》一上玉部：「以玉爲信也。从玉耑。徐鍇曰：耑，諦也。會意。」

案：《繫傳》「从王耑」下有「臣鍇曰：耑音端。端，諦也」等語，徐鉉約
取其詞作「耑，諦也」，《集韻》從鉉之節引，復增一「从」字，以就
行文也。

眦　眦

《集韻》去聲寘韻：「《說文》：目匡也。」

《說文》四上目部：「目匡也。从目此聲。」

案：二徐竝作「目匡也」，《集韻》兩引「匡」作「眶」，避太祖諱也。

昜 傷

《集韻》去聲寘韻：「《說文》：輕也。一曰：交易。」

《說文》八上人部：「輕也。从人昜聲。一曰：交傷。」

案：第二義，大小徐竝作「一曰：交傷」，《集韻》引「傷」作「易」，《周易・繫辭》曰：「交易而退。」《公羊》莊公十三年「公齊侯盟于柯」，《傳》曰：「何以不日易也。」何注：「易猶佼易也。」是作「易」亦通，非許氏之舊。

貤 貤

《集韻》去聲寘韻：「《說文》：重次第物也。」

《說文》六下貝部：「重次弟物也。从貝也聲。」

案：「重次弟物也」，二徐同，《集韻》引「弟」作「第」，俗字也。

羛 羛

《集韻》去聲寘韻：「《說文》：羊相羛也。」

《說文》四上羊部：「羊相羛。从羊委聲。」

案：鍇本作「羊相積也」，「積」字亦通，然《玉篇》作「羊相羛羛也」，是仍以作「羛」為佳。

季 季

《集韻》去聲至韻：「《說文》：少稱也。」

《說文》十四下子部：「少偁也。从子从稚省。稚亦聲。」

案：「偁」字二徐竝同。《集韻》引「偁」作「稱」，宜改。又「偁」下，小徐無「也」字。

墍 墍

《集韻》去聲至韻：「《說文》：仰涂也。」

《說文》十三下土部：「仰涂也。从土既聲。」

案：「涂」字，小徐作「塗」，古今字也。

饐 饐

《集韻》去聲至韻：「《說文》：飰傷溼也。」

《說文》五下食部：「飯傷溼也。从食壹聲。」

案：「飯傷溼也」，二徐竝同，《集韻》引「飯」作「飰」，俗字也。

𦋆　罻

《集韻》去聲未韻：「《說文》：補鳥網也。」

《集韻》去聲至韻：「《說文》：捕鳥罔也。」

《說文》七下网部：「捕鳥网也。从网尉聲。」

案：二徐竝作「捕鳥网也」，《集韻》至韻下引「网」作「罔」，或文也；未韻下引作「網」，後起字也。

鼻　鼻

《集韻》去聲至韻：「《說文》：引氣自畀也。」

《說文》四上鼻部：「引气自畀也。从自畀。」

案：二徐竝作「引气自畀也」，《集韻》引「气」作「氣」，借字也。

痹　痹

《集韻》去聲至韻：「《說文》：足氣不至也。」

《說文》七下疒部：「足气不至也。从疒畢聲。」

案：二徐竝作「足气不至也」，《集韻》引「气」作「氣」，借字也。

吏　吏

《集韻》去聲志韻：「《說文》：治人者也。徐鍇曰：吏之治人，心主於一，故从一。」

《說文》一上一部：「治人者也。从一从史。史亦聲。徐鍇曰：吏之治人，心主於一，故从一。」

案：《繫傳》「臣鍇曰」下，云「吏之理人，心主於一也」，徐鉉引頗有改易，《集韻》引從鉉改。

異　異

《集韻》去聲志韻：「《說文》：分也。从廾，从畀，予也。」

《說文》三上異部：「分也。从廾，从畀。畀，予也。徐鍇曰：將欲與物先分異之也。《禮》曰：賜君子小人不同日。」

案:「从廾从畀」,小徐作「从廾畀」,「畀」上無「从」字。

畁 异

《集韻》去聲志韻:「《說文》:舉也。引《虞書》:岳曰异哉。」

《說文》三上廾部:「舉也。从廾呂聲、《虞書》曰:岳曰异哉。」

案:鍇本「岳」作「嶽」。「嶽」為本字,「岳」為古文,乃一字也。今《書·堯典》作「岳」,《史記·五帝本紀》引作「獄」,第不知許氏所據,本作何字也?

憙 憙

《集韻》去聲志韻:「《說文》:說也。」

《說文》五上心部:「說也。从心,从喜,喜亦聲。」

案:小徐「說」作「悅也」,後起字也。

毅 毅

《集韻》去聲未韻:「《說文》:妄怒也。一曰:有決也。」

《說文》三下殳部:「妄怒也。一曰:有決也。从殳豙聲。」

案:鍇本「一曰」下有「毅」字。

渭 渭

《集韻》去聲未韻:「《說文》:水出隴西首陽渭首亭南谷,東入河。杜林說。《夏書》:以為出鳥鼠山,雝州浸也。」

《說文》十一上水部:「水出隴西首陽渭首亭南谷,東入河。从水胃聲。杜林說。《夏書》:以為出鳥鼠山,雝州浸也。」

案:「浸」字,小徐作「濅」,《繫傳》「浸」如此作,乃本篆隸定字也。

醢 醢

《集韻》去聲御韻:「《說文》:私燕飲也。」

《說文》十四下酉部:「私宴歙也。从酉區聲。」

案:大徐作「私宴歙也」,小徐「歙」作「飲」。《集韻》引「宴」作「燕」,音義同,亦用隸寫「飲」。

−269−

助　助

《集韻》去聲御韻：「《說文》：左也。」

《說文》十三力部：「左也，从力且聲。」

案：小徐「左」作「佐」，後起字也。

耡　耡

《集韻》去聲御韻：「《說文》：商人七十而耡，助耤稅也。引《周禮》：以興耡利甿。」

《說文》四下耒部：「商人七十而耡，耡耤稅也。从耒助聲。《周禮》曰：以興耡利萌。」

案：二徐引《周禮》竝作「以興耡利萌」，今《地官·遂人職》「萌」作「甿」，《集韻》引同今本，蓋因俗改也。

屨　屨

《集韻》去聲遇韻：「《說文》：履也。一曰：鞮屬。」

《說文》八下履部：「履也。从履省婁聲。一曰：鞮也。」

案：小徐作「履」，無「也」字。「一曰」之義，小徐「鞮」下亦無「也」字。《集韻》引作「鞮屬」，「屬」字，恐丁氏等所增，許書革部「鞮」下曰「屨也」，二字轉注。然王筠《句讀》「一曰：鞮也」下云：「也，一作屬。鞮，革履也。」或《集韻》所據本不同。

赴　赴

《集韻》去聲遇韻：「《說文》：趣越皃。」

《說文》二下足部：「趣越皃。从足卜聲。」

案：小徐「趣」作「趨」。許書「赴」下曰「趨也」，王筠《句讀》以爲「赴」與「赴」同，故从小徐作「趨越皃」，然《玉篇》注作「趣越皃」，同大徐，段注亦從大徐，或「趣」「趨」二字，義得兩通。

付　付

《集韻》去聲遇韻：「《說文》：與也。从寸，持物對人。」

《說文》八上人部：「与也。从寸，持物對人。臣鉉等曰：寸，手也。」

案：小徐作「予也」，「与」「予」二字本同，《集韻》作「與」，蓋以後世俗

字改也。《玉篇》：「書云：皇天既付。付，与也。」「从寸」下，小徐作「持物以對人」，多一「以」字。

鮒　鮒

《集韻》去聲遇韻：「《說文》：魚名。」

《說文》十一下魚部：「魚名。从魚付聲。」

案：「名」字，小徐作「也」。

璐　璐

《集韻》去聲莫韻：「《說文》：玉名。」

《說文》一上玉部：「玉也。从玉路聲。」

案：二徐竝訓「玉也」，不曰「玉名」，《廣韻》去聲十一暮韻「璐」注云「玉名」，《集韻》或沿襲之。

汙　汙

《集韻》去聲莫韻：「《說文》：穢也。一曰：小池爲汙。一曰：涂也。」

《說文》十一上水部：「薉也。一曰：小池爲汙。一曰：涂也，从水亏聲。」

案：「薉也」，二徐竝同，《集韻》引「穢也」，薉穢，古今字也。《廣韻》去聲十一暮亦作「穢」。「涂」字，小徐作「塗」，後起字也。

壻　壻

《集韻》去聲霽韻：「《說文》：夫也，引《詩》：女也不爽，士二其行。士者，夫也。或从女（婿）。」

《說文》一上士部：「夫也。从士胥聲。《詩》曰：女也不爽，士貳其行。士者，夫也。讀與細同。婿，壻或从女。」

閉　閉

《集韻》去聲霽韻：「《說文》：闔門也。從門。才，所以距門也。」

《說文》十二上門部：「闔門也。从門，才所以距門也。」

案：大徐作「距門」，小徐「距」字作「距」，《集韻》引同。「距」爲流俗用字，當作「距」爲宜。

𡁠　嚔

《集韻》去聲霽韻：「《說文》：悟解氣也。引《詩》：願言則嚔。」

《說文》二上口部：「悟解气也。从口㖒聲。《詩》曰：願言則嚔。」

案：二徐竝作「悟解气也」，《集韻》「气」作「氣」，「氣」原爲「廩餼」字，宜改從「气」。

𩠹　頻

《集韻》去聲霽韻：「《說文》：伺人也。一曰：恐也。」

《說文》九上頁部：「司人也。一曰：恐也。从頁契聲。讀若禊。」

案：「司人也」下，段注云：「司者，今之伺字。」王筠《句讀》亦謂「司，今作伺」，然則，小徐、《集韻》引作「伺人」，乃後起俗字。

𩎑　𩎨

《集韻》去聲霽韻：「《說文》：櫜紐也。一曰：盛餲囊。」

《說文》五下韋部：「櫜紐也。从韋惠聲。一曰：盛虜頭櫜也。徐鍇曰：謂戰伐以盛首級。」

案：「櫜紐也」，二徐並同，《集韻》引「櫜」作「橐」。《說文》「櫜」訓「車上大橐」，「橐」訓「囊也」，則「櫜」字有專義也。惟「一曰」之義，大徐作「盛虜頭櫜也」，小徐「櫜」作「橐」，然則二字又可互通。「𩎨」之第二訓，《集韻》引作「盛餲囊」，文字與二徐殊異，隱栝大意，非引其詞也。

𣪠　繫

《集韻》平聲齊韻：「《說文》：繫褫也。今惡絮。」

《集韻》去聲霽韻：「《說文》：繫褫也。一曰：惡絮。一曰：維也。」

《說文》十三上糸部：「繫褫也。一曰：惡絮。从糸𣪊聲。」

案：「繫褫也。一曰：惡絮。」二徐並同，《集韻・齊韻》下引，「一曰」作「今」，丁氏私改也。霽韻下有「一曰：維也」，非引《說文》，丁氏等所增。

𦏾　羍

《集韻》去聲霽韻：「《說文》：羽之翚風。」

《說文》四上羽部：「羽之翚風，亦古諸侯也。一曰：射師，从羽开聲。」

案：「翚風」下，二徐並有，「亦古諸侯也，一曰：射師」等語，《集韻》未
引，蓋省。

餲 餲

《集韻》去聲祭韻：「《說文》：飰餲也。引《論語》：食饐而餲。」

《說文》五下食部：「飯餲也。从食曷聲。《論語》曰食饐而餲。」

案：二徐並作「飯餲也」，《集韻》引「飯」作「飰」，俗字也。

灡 灡

《集韻》去聲祭韻：「《說文》：井一有水一無水謂之瀱汋。」

《說文》十一上水部：「井一有水一無水謂之瀱汋。从水罽聲。」

案：小徐「謂之」二字作「曰」，義同。

軎 軎

《集韻》去聲祭韻：「《說文》：車軸耑也。从車。象形。杜林說。或从彗（轊）。」

《說文》十四上車部：「車軸耑也。从車。象形。杜林說。徐鍇曰：指事。
轊，軎或从彗。」

案：「从車」下，小徐作「象軎之形」。

鱥 鱥

《集韻》去聲祭韻：「《說文》：魚名。」

《說文》十一下魚部：「魚名。从魚厥聲。」

案：小徐「名」作「也」。

槸 槸

《集韻》去聲祭韻：「《說文》：木相磨也。或从艸（槸）。」

《說文》六上木部：「木相摩也。从木埶聲。𣜩，槸或从艸。」

案：「木相摩也」，二徐並同，《集韻》引「摩」作「磨」。《爾雅釋木》：「木
相磨，槸。」是古「摩」「磨」通用。

貝　貝

《集韻》去聲夳韻：「《說文》：海介蟲也。居陸名猋，在水名蜬。象形。古者貨貝而寶龜。周而有泉，至秦廢貝行錢。」

《說文》六下貝部：「海介蟲也。居陸名猋。在水名蜬，象形。古者貨貝而寶龜。周而有泉，至秦廢貝行錢。」

案：「象形」下，小徐有「也」字；「至秦」作「到秦」，義得兩通。

鮬　鮬

《集韻》去聲夳韻：「《說文》：魚名，出樂浪潘國。」

《說文》十一下魚部：「魚名，出樂浪潘國，从魚夘聲。」

案：小徐「名」作「也」。

穢　稽

《集韻》去聲夳韻：「《說文》：糠也。」

《說文》七上禾部：「穅也，从禾會聲。」

案：二徐並作「穅也」，《集韻》引「穅」作「糠」，俗字也。玄應《音義》卷二引《字書》作「粗穅」。

噧　噧

《集韻》去聲怪韻：「《說文》：高氣多言也，引《春秋傳》噧言。」

《說文》二上口部：「高气多言也。从口蠆省聲。《春秋傳》曰噧言。」

案：二徐均作「高气多言也」，《集韻》「气」作「氣」，借字也。

喝　喝

《集韻》去聲怪韻：「《說文》：濊也。」

《說文》二上口部：「濊也。从口曷聲。」

案：《繫傳》作「渴也」，玄應《一切經音義》卷十一引亦作「渴也」，「濊」「渴」古字通用，《音義》所據本，容有異同。

邁　邁

《集韻》去聲夬韻：「《說文》：遠行也。从辵蠆省聲。或不省（躉）。」

《說文》二下辵部：「遠行也。从辵蠆省聲。躉，邁或不省。」

案：釋字之形，大徐本作「从辵蠆省聲」，重文「邁」下云「邁或不省」；小徐本作「從辵萬聲」，重文「邁，邁或從蠆」。蠆固協萬聲，大徐「蠆省聲」「或不省」較爲易識，小徐亦通。

佩

《集韻》去聲隊韻：「《說文》：大帶佩也。从人从凡从巾，佩必有巾，巾謂之飾。」

《說文》八上人部：「大帶佩也。从人从凡从巾，佩必有巾，巾謂之飾。臣鉉等曰：今俗別作珮，非是。」

案：「从人从凡从巾」，小徐作「從人凡巾」。

瓶

《集韻》去聲隊韻：「《說文》：破也。」

《說文》十二下瓦部：「破也。从瓦卒聲。」

案：小徐作「碎也」，《廣韻》十八隊引同。然《玉篇》引作「破也」，同大徐，《集韻》引亦同。「破也」、「碎也」義得兩通，唯不知許氏之舊究如何也。

劾

《集韻》去聲代韻：「《說文》：法有罪也。」

《說文》十三下力部：「法有辠也。从力亥聲。」

案：二徐並作「法有辠也」，《集韻》引「辠」作「罪」，俗字也。

儐

《集韻》去聲稕韻：「《說文》：導也。」

《說文》八上人部：「導也。从人賓聲。擯，儐或从手。」

案：小徐作「道也」，《玉篇》引作「導也」，同大徐，《集韻》亦是。二徐並有或文「擯」，《集韻》引脫，宜補。

酳

《集韻》去聲稕韻：「《說文》：少少飲也。」

《說文》十四下酉部：「少少歓也。从酉匀聲。」

案：大徐作「少少歠也」，小徐「歠」作「飲」，《集韻》引亦同，「飲」爲隸寫字。

墐 墐

《集韻》去聲稕韻：「《說文》：塗也。」

《說文》十三下土部：「涂也。从土堇聲。」

案：小徐作「塗也」，《集韻》引同。「涂」、「塗」古今字也。

饉 饉

《集韻》去聲稕韻：「《說文》：蔬不熟爲饉。」

《說文》五下食部：「疏不孰爲饉。从食堇聲。」

案：小徐「孰」作「熟」，俗字也，《集韻》引同，宜改從本字。

諑 諑

《集韻》去聲願韻：「《說文》：徐語也。引《孟子》源源而來。」

《說文》三上言部：「徐語也。从言原聲。《孟子》曰故源源而來。」

案：二徐引《孟子》，並作「故源源而來」，《集韻》引無「故」字，蓋省，此〈萬章篇〉文。

獻 獻

《集韻》去聲願韻：「《說文》：宗廟犬名羹獻，犬肥者以獻之。」

《說文》十上犬部：「宗廟犬名羹獻，犬肥者以獻之。从犬鬳聲。」

案：「獻」下，小徐無「之」字。

奰 奰

《集韻》去聲願韻：「《說文》：大皃。一曰：拳勇字。」

《說文》十下大部：「大皃。从大嬰聲。或曰拳勇字，一曰讀若傿。」

案：「或曰拳勇字」，二徐並同，《集韻》引「或」作「一」，義同。

齹 齹

《集韻》去聲願韻：「《說文》：酒疾熟也。一曰：不擇木而釀。」

《說文》十四下酉部：「酒疾孰也。从酉弁聲。」

案：「孰」字，小徐作「熟」，《集韻》引同，「熟」爲「孰」之俗。「一曰：

不擇木而釀。」非引《說文》，丁度等增，方氏《考正》云「木」宋本《集韻》作「米」。

圂　圂

《集韻》去聲圂韻：「《說文》：廁也。从口，象豕在口中也。」

《說文》六下口部：「廁也，从口，象豕在口中也。會意。」

案：「象豕在口中」，《繫傳》「在」下有「其」字。

館　館

《集韻》去聲換韻：「《說文》：館舍也。《周禮》：五十里有市，市有館，館有積，以待朝聘之客。」

《說文》五下食部：「客舍也。从食官聲。《周禮》五十里有市，市有館，館有積，以待朝聘之客。」

案：「客舍也」，二徐並同，《集韻》引「客」作「館」，蓋涉正文改，然義得兩通。

忨　忨

《集韻》去聲換韻：「《說文》：貪也，引《春秋傳》：忨歲而潡日。」

《說文》十下心部：「貪也。从心元聲。《春秋傳》曰：忨歲而潡日。」

案：「潡」字，小徐作「愒」，音義並同。

半　半

《集韻》去聲換韻：「《說文》：物中分也。从八从牛。牛爲物大，可以分也。」

《說文》二上半部：「物中分也。从八从牛，牛爲物大，可以分也。」

案：「从八从牛」，小徐作「从八牛」。

贊　贊

《集韻》去聲換韻：「《說文》：見也。从貝从兟。徐鉉曰：兟，進也，執贊而進，有司贊相之。」

《說文》六下貝部：「見也。从貝从兟。臣鉉等曰：兟音詵，進也。執贊而進，有司贊相之。」

案：徐鉉原文作「兟音詵，進也」，《集韻》引作「兟，進也」，非脫，蓋

－277－

節引也。

饡 饡

《集韻》去聲換韻：「《說文》：以羹澆飰。一曰：以膏煎稻爲酏也。」

《說文》五下食部：「以羹澆飯也。从食贊聲。」

案：「以羹澆飯也」，二徐並同，《集韻》引「飯」作「飰」，俗字也，又奪「也」
　　字。「一曰」者，非引《說文》，丁度等增。

爤 爤

《集韻》去聲換韻：「《說文》：孰也。从閒从柬。」

《說文》十上火部：「孰也。从火蘭聲。爛，或从閒。」

案：「孰」，小徐作「熟」，俗字也。

稤 稤

《集韻》去聲換韻：「《說文》：沛國謂稻曰稤。」

《說文》七上禾部：「沛國謂稻曰稤。从禾奐聲。」

案：小徐「曰」字作「爲」。

罥 罥

《集韻》去聲霰韻：「《說文》：罔也。一曰：繛也。」

《說文》七下网部：「网也。从网繯，繯亦聲，一曰：繛也。」

案：「网也」，二徐並同，《集韻》引「网」作「罔」，或文也，當改用本字。

衒 衒

《集韻》去聲綫韻：「《說文》：迹也。」

《說文》二下行部：「迹也。从行㦰聲。」

案：《繫傳》：「迹」作「跡」，俗字也。

釣 釣

《集韻》去聲嘯韻：「《說文》：鈎魚也。」

《說文》十四上金部：「鈎魚也。从金勺聲。」

案：「鈎魚也」，二徐並同，《集韻》引「鈎」作「鉤」，俗字也。

屃　尿

《集韻》去聲嘯韻：「《說文》：人小便也。从尾水。」

《說文》八下尾部：「人小便也。从尾从水，奴弔切。」

案：鍇本作「从尾水」，《集韻》引同。

歗　欨

《集韻》去聲嘯韻：「《說文》：所歌也。」

《說文》八下欠部：「所謌也。从欠嘄省聲。讀若叫呼之叫。」

案：小徐作「所謌」，無「也」。《集韻》引「謌」作「歌」，用本字。

釃　醶

《集韻》去聲笑韻：「《說文》：飲酒盡也。」

《說文》十四下酉部：「歠酒盡也。从酉嚼省聲。」

案：大徐作「歠酒盡也」，小徐「歠」作「飲」，《集韻》引同，「飲」為隸體。

郙　郙

《集韻》去聲效韻：「《說文》：國甸大夫稍稍所食邑。引《周禮》：任削地在天子三百里之內。」

《說文》六下邑部：「國甸大夫稍稍所食邑。从邑肖聲。《周禮》曰：任郙地在天子三百里之內。」

案：引《周禮》二徐並作「任郙地在天子三百里之內」，《集韻》引「郙」作「削」。今《周禮·地官載師》作「稍」，鄭注：「故書稍或作削。」賈疏：「天子大夫受采地二十五里，在三百里之內名為稍者，以地少稍稍給之，故云稍也。」故字義當以許氏从邑作「郙」為正，稍稍其訓也，「削」者借字也。

瘍　瘍

《集韻》去聲禡韻：「《說文》：目病。一曰惡气著身。一曰蝕創。」

《說文》七下疒部：「目病。一曰：惡气箸身也。一曰：蝕創。从疒馬聲。」

案：第三訓，小徐作「蝕瘡」，「瘡」即「創」之俗。

䮷 䮷

《集韻》去聲禡韻：「《說文》：郍䮷犍爲縣。」

《說文》六下邑部：「存䮷犍爲縣。从邑馬聲。」

案：「存䮷」二字，大小徐並同，《集韻》引「存」作「郍」，俗字也。

㴟 㴟

《集韻》去聲禡韻：「《說文》：水出北囂山，入邔澤。」

《說文》十一上水部：「水出北囂山，入邔澤。从水舍聲。」

案：小徐「囂」作「囂」，《集韻》引同，此乃一字之二體也。

蟅 蟅

《集韻》去聲禡韻：「《說文》：蟲名。一曰：蝗類。一曰：鼠婦。」

《說文》十三上虫部：「蟲也。从虫庶聲。」

案：二徐並作「蟲也」，《集韻》引「也」作「名」。兩「一曰」義，非引《說
　　文》，《方言》曰：「蟒，……南楚之外，謂之蟅蟒。」郭注：「即蝗也。」

䲉 䲉

《集韻》去聲禡韻：「《說文》：魚名。」

《說文》十一下魚部：「魚名。从魚夃聲。」

案：小徐「名」作「也」。

晄 晄

《集韻》去聲漾韻：「《說文》：光美也。」

《說文》七上日部：「光美也。从日往聲。」

案：《繫傳》作「美光也」，段注從大徐作「光美也」，而未言其故。《廣韻》
　　去聲四十一漾：「旺，美光。」下收「晄」字，云「上同」。王筠《句
　　讀》引《廣韻》爲証，作「美光也」，《集韻》引則從大徐作「光美也」，
　　未知何者爲是，然二義可互通。

倞 倞

《集韻》去聲映韻：「《說文》：彊也。」

《說文》八上人部：「彊也。从人京聲。」

案：小徐「彊」作「強」，借字也。

勁

《集韻》去聲勁韻：「《說文》：彊也。」

《說文》十三下力部：「彊也。从力巠聲。」

案：「彊」，小徐作「強」，借字也。

孕

《集韻》去聲證韻：「《說文》：裹子也。」

《說文》十四下子部：「裹子也。从子从几。徐鍇曰：取象於裹妊也。」

案：「裹子也」，二徐並同，《集韻》引「裹」作「裹」，義近。

右

《集韻》去聲宥韻：「《說文》：助也。一曰手口相助也。徐鍇曰：言不足以
　　　左，復手助之。」

《說文》二上口部：「助也。从口从又。徐鍇曰：言不足以左，復手助之。」

案：「右」字，許書重出，一在二上口部，訓「助也」；一在二下又部，訓
　　「手口相助也」，《集韻》引則併寫一條。

𢿘

《集韻》去聲宥韻：「《說文》：揉屈也。从攴从𠧪。𠧪，古更字。徐鍇曰：𠧪，
　　　小謹也，亦屈服之意。」

《說文》三下攴部：「揉屈也。从攴从𠧪。𠧪，古文更字，廄字从此。臣鉉等
　　　曰：𠧪，小謹也，亦屈服之意。」

案：「从攴从𠧪」，小徐作「从攴𠧪」。

就

《集韻》去聲宥韻：「《說文》：就高也。从京从尤。尤，異於凡也。」

《說文》五下京部：「就高也。从京从尤。尤，異於凡也。𡱋，籀文就。」

案：「从京从尤」小徐作「从尤京」。

殠

《集韻》去聲宥韻：「《說文》：腐氣也。」

《說文》四下歺部：「腐气也，从歺臭聲。」

案：大徐作「腐气也」，小徐「气」作「氣」，《集韻》引同，借字也。

瞉　瞉

《集韻》去聲候韻：「《說文》：乳也。一曰：瞉，瞀也。」

《說文》十四下子部：「乳也。从子瞉聲。一曰：瞉，瞀也。」

案：「一曰」，小徐作「或曰」。

豆　豆　桓　桓

《集韻》去聲候韻：「《說文》：古食肉器也。古作𣅀。或从木。」

《說文》五上豆部：「古食肉器也，从口，象形。𠁁，古文豆。」

《說文》五上豆部：「木豆謂之桓，从木豆。」

案：許書「豆」、「桓」各爲二字，一訓「古食肉器也」，一訓「木豆謂之桓」，《集韻》則將「桓」併入「豆」字條下，以爲或文。玉篇亦以「桓」爲「豆」之或體。古文豆，大徐作「𠁁」，小徐作「𠁁」，《玉篇》作「𣅀」，《集韻》作「𣅀」，段本作「𠁁」，衆形雜出。

霸　霸

《集韻》去聲黠韻：「《說文》：寒也。一曰：早霜而寒，謂之霸。」

《說文》十一下雨部：「寒也。从雨執聲。或曰：早霜。讀若《春秋傳》：墊阨。」

案：大徐作「或曰：早霜」，小徐「霜」下有「也」字。《集韻》引「或曰」作「一曰」，下云「早霜而寒，謂之霸」，語較二徐頗有增益，未知所據本有異，抑丁氏以意自加耶？

鮎　鮎

《集韻》去聲陷韻：「《說文》：魚名。」

《說文》十一下魚部：「魚名。从魚臽聲。」

案：小徐「名」作「也」。

牘　牘

《集韻》入聲屋韻：「《說文》：牒也。」

《說文》十二下女部：「媟嬻也。从女賣聲。」

案：二徐並作「媟嬻也」，《集韻》引作「媟也」，許書「嬻」上承「媟」篆，訓「嬻也」，二字轉注，《集韻》引當亦不誤。王筠《句讀》曰：「媟嬻，同義，可單可雙。媟下云：嬻也。謂其單字各成義，本字下則舉複語。」

鰈

《集韻》入聲屋韻：「《說文》：魚名，出樂浪潘國。」

《說文》十一下魚部：「魚名，出樂浪潘國。从魚樂聲。」

案：小徐「名」作「也」。

複

《集韻》入聲屋韻：「《說文》：重衣也。一曰：褚衣。」

《說文》八上衣部：「重衣皃。从衣复聲。一曰：褚衣。」

案：大徐本作「重衣皃」，《集韻》引「皃」作「也」。《釋名》曰：「有裏曰複，無裏曰單。」是作「也」為長。嚴氏《校議》曰：「宋本也作皃，蓋誤。」小徐止作「重衣」。

艮

《集韻》入聲屋韻：「《說文》：治也。从又卪。卪，事之節也。」

《說文》三下又部：「治也，从又从卪。卪，事之節也。」

案：大徐作「从又从卪」，小徐作「从又卪」，《集韻》引同小徐。

敊

《集韻》入聲屋韻：「《說文》：醜也。一曰：老女。」

《說文》十二下女部：「醜也。一曰：老嫗也。从女酋聲。讀若蹴。」

案：「一曰老嫗也」，二徐並同，《集韻》引作「一曰：老女」，意雖同，究非許氏之舊。

六

《集韻》入聲屋韻：「《說文》：易之數，陰變於六，正於八。从入从八。」

《說文》十四下六部：「《易》之數，陰變於六。正於八。从入从八。」

案：「从入从八」，小徐作「從入八」。

𦥑 業

《集韻》入聲沃韻：「《說文》：瀆業也。从𦥑从廾。徐鉉曰：瀆讀爲煩瀆之瀆。𦥑，衆多也。兩手奉之是煩瀆。」

《說文》三上業部：「瀆業也。从𦥑从廾，廾亦聲。臣鉉等曰：瀆讀爲煩瀆之瀆。一本注云：𦥑，衆多也。兩手奉之是煩瀆也。」

案：《集韻》引「瀆業也」，與二徐同。下引徐鉉說，「𦥑」上，省「一本注云」四字。

醯 醯

《集韻》入聲質韻：「《說文》：飲酒俱盡也。」

《說文》十四下酉部：「歙酒俱盡也。从酉㚣聲。」

案：大徐作「歙酒俱盡也」，小徐「歙」作「飲」，《集韻》引同，「飲」爲隸寫。

壹 壹

《集韻》入聲質韻：「《說文》：專一也。」

《說文》十下壹部：「專壹也。从壺吉聲。」

案：「專壹也」，二徐並同，《集韻》引「壹」作「一」，以俗字改也。

ㄣ 乙

《集韻》入聲質韻：「《說文》：象春艸木冤曲而出，陰气尙彊，其出乙乙也。」

《說文》十四下乙部：「象春艸木冤曲而出，陰气尙彊，其出乙乙也。與丨同意，乙承甲。象人頸。」

案：「彊」字，小徐作「強」，借字也。

醯 醯

《集韻》入聲術韻：「《說文》：醬也。」

《說文》十四下酉部：「牆也。从酉矞聲。」

案：小徐作「醬也」，《集韻》引同，然「醬」非許氏之舊，大徐作「牆」是也。

釴 釳

《集韻》入聲迄韻:「《說文》:乘輿馬頭上防釳,插以翟尾鐵翩象角,所以防網羅。」

《說文》十四上金部:「乘輿馬頭上防釳,插以翟尾鐵翩象角,所以防網羅。釳,从金气聲。」

案:「網」字,小徐作「网」,本字也。

㠣 㟄

《集韻》平聲陽韻:「《說文》:山峻也。」

《說文》九下山部:「山㝵也。从山戕聲。」

案:二徐竝作「山㝵也」,《集韻》引「㝵」作「峻」。方氏《集韻考正》云:「㝵即峻本字。」

孑 孑

《集韻》入聲月韻:「《說文》:無左臂也。一曰:孑孑,短也。」

《說文》十四下了部:「無左臂也。从了丿。象形。」

案:「臂」下,小徐有「也」字。「一曰」者,非引《說文》,見《廣雅‧釋詁》二。唯〈釋詁〉不重「孑」字。

鷢 鷢

《集韻》入聲月韻:「《說文》:白鷢,王睢也。」

《說文》四上鳥部:「白鷢,王鴡也。从鳥厥聲。」

案:二徐竝作「白鷢,王鴡也」,《集韻》引「鴡」作「睢」。段本亦作「王睢」。《爾雅‧釋鳥》:「鴡鳩,王睢。」《詩》「關關睢鳩」,《毛傳》:「睢鳩,王睢也。」是《集韻》作「睢」亦通。實則,「从鳥」、「从隹」之字,義多無別,如鷄、雞乃一字也。

罰 罰

《集韻》入聲月韻:「《說文》:辠之小者,从刀从詈,未以刀有所賊,但持刀罵詈則應罰。」

《說文》四下刀部:「辠之小者。从刀从言,未以刀有所賊,但持刀罵詈則應罰。」

案：「从刀从罔」，小徐作「从刀罔」。

𠫓 ㄊ

《集韻》入聲沒韻：「《說文》：不順忽出也。从倒子。引《易》：突如其來，如不孝子，突出不容於內也。或从到（𡱣）。古文子，即《易》突字。」

《說文》十四下ㄊ部：「不順忽出也。从到子。《易》曰：突如其來，如不孝子，突出不容於內也。𡱣，或从到，古文子，即《易》突字。」

案：「到」字，小徐作「倒」，俗字也。

闟 闕

《集韻》入聲曷韻：「《說文》：遮攤。」

《說文》十二上門部：「遮攤也。从門於聲。」

案：「攤」字，小徐作「壅」，俗字也。

達 達

《集韻》入聲曷韻：「《說文》：行不相遇也。引《詩》：佻兮達兮。一曰通也。一曰迭也。或作达。」

《說文》二下辵部：「行不相遇也。从辵羍聲。《詩》曰：佻兮達。𧺢，達或从大。或曰迭。」

案：「遇」下，小徐無「也」字。引《詩》，岩崎氏本「達」下，少一「兮」字，蓋脫。重文「达」下，二徐竝云：「或曰：迭。」《集韻》引「或曰」作「一曰」，義得兩通。中屬入「一曰：通也。」非引許書，見《廣雅·釋詁》一。

刺 刺

《集韻》入聲曷韻：「《說文》：戾也。从束、从刀。刀者刺之也。徐鍇曰：刺，乖違者，莫若刀。一曰：𦱤也。」

《說文》六下束部：「戾也。从束、从刀。刀者刺之也。徐鍇曰：刺，乖違也。束而乖違者，莫若刀也。」

案：《繫傳》徐鍇案語曰：「刺，乖違也。束而相乖害者，莫若束刀。」首句徐鉉引同，次句括引作「束而乖違者，莫若刀也」，《集韻》引作「刺，

乖違者，莫若刀」。「一曰」者，非引《說文》，「菜」字誤，方氏《考正》據《廣雅‧釋詁》二正為「衰」。

斡 斡

《集韻》入聲末韻：「《說文》：蠡柄也。揚雄杜林說：皆以為輕車輪斡。」

《說文》十四上斗部：「蠡柄也。从斗倝聲，揚雄杜林說：皆以為輻車輪斡。」

案：「揚雄、杜林說皆以為輻車輪斡」，二徐竝同，段云：「輻車者，小車也。小車之輪曰斡，亦取善轉運之意，亦本義之引申也。」《集韻》引「輻車」作「輕車」，意近是，然恐非原貌也。

戛 戛

《集韻》入聲黠韻：「《說文》：戟也。一曰：櫟之也。」

《說文》十二下戈部：「戟也。从戈从百。讀若棘。」

案：「戟也」，二徐竝同，《集韻》引「戟」作「戟」，俗寫。「一曰」者，非引《說文》，《虞書》「戛擊鳴球」，馬、鄭竝注曰：「戛，櫟也。」丁氏曰「櫟之也」，蓋本此義也。櫟，今俗作轢。

詧 詧

《集韻》入聲黠韻：「《說文》：言微親詧也。」

《說文》三上言部：「言微親詧也。从言察省聲。」

案：「親詧」之「詧」，鍇本作「察」，借字也。

轄 轄

《集韻》入聲鎋韻：「《說文》：車聲也。一曰：鍵也。」

《說文》十四上車部：「車聲也。从車害聲。一曰：轄，鍵也。」

案：「一曰：轄，鍵也」，二徐竝同，《集韻》引「鍵」上，不複舉「轄」字，蓋省。

迭 迭

《集韻》入聲屑韻：「《說文》：更迭也。一曰：迭。」

《說文》二下辵部：「更迭也。从辵失聲。一曰：达。」

案：「一曰：达」，小徐本作「一曰：迭」，《集韻》引同。然《說文》「達」

篆下云：「達或从大（达），或曰迭。」據此，則各互通也。

夦　夦

《集韻》入聲屑韻：「《說文》：頭衺骫夦態也。」

《說文》十下矢部：「頭衺骫夦態也。从矢圭聲。」

案：「衺」字，小徐作「斜」，俗字也。

陧　陧

《集韻》入聲屑韻：「《說文》：危也。徐巡以爲陧凶也。賈侍中說：陧法度也。班固說：不安也。引《周書》：邦之阢陧。」

《說文》十四下𨸏部：「危也。从𨸏从毀省。徐巡以爲陧凶也。賈侍中說：陧法度也。班固說：不安也。《周書》曰：邦之阢陧。讀若虹蜺之蜺。」

案：「班固說」下，小徐複舉「陧」字。

潏　潏

《集韻》入聲屑韻：「《說文》：涌出也。一曰：水中坻人所爲爲潏。一曰：水名，在京兆杜陵。」

《說文》十一上水部：「涌出也。一曰：水中坻人所爲爲潏。一曰：潏；水名，在京兆杜陵。从水矞聲。」

案：大徐作「一曰：潏，水名。在京兆杜陵」，小徐作「一曰：潏水在京兆杜陵」，意同而字異。《集韻》引同大徐，「水名」上，不重「潏」字。

瞥　瞥

《集韻》入聲屑韻：「《說文》：過目也。一曰：目翳。一曰：財見也。」

《說文》四上目部：「過目也。又目翳也。从目敝聲。一曰：財見也。」

案：「又目翳也」，二徐竝同，《集韻》引改「又」爲「一曰」，義得兩通。

偰　偰

《集韻》入聲薛韻：「《說文》：高辛氏之子，堯司徒，殷之先。」

《說文》八上人部：「高辛氏之子，堯司徒，殷之先。从人契聲。」

案：小徐「堯」下有「之」字，「先」下有「也」字。

齛　齛

《集韻》入聲薛韻：「《說文》：羊粻也。」

《說文》二下齒部：「羊粻也。从齒世聲。」

案：二徐竝作「羊粻也」，《集韻》引「粻」作「粮」。許書米部無「粻」字，食部「餦」下引「峙乃餱粻」。《爾雅·釋言》「粻，糧也」，《集韻》引作「粮」，即「糧」之別體。

畷　畷

《集韻》入聲薛韻：「《說文》：兩陌間道也。廣六尺。」

《說文》三下田部：「兩陌間道也。廣六尺。从田叕聲。」

案：「尺」字，小徐作「赤」，古通。

威　威

《集韻》入聲薛韻：「《說文》：滅也。从火戌，火死於戌，陽氣至戌而盡。引《詩》：赫赫宗周，褒姒滅之。」

《說文》十上火部：「滅也。从火戌，火死於戌，陽氣至戌而盡。《詩》曰：赫赫宗周，褒似滅之。」

案：大徐作「褒似滅之」，小徐作「褒姒威之」。《說文》女部無「姒」，蓋古用假借，後易女旁，故當從大徐作「似」。《小雅·正月》「褒姒威之」下《毛傳》云：「威，滅也。」此以今字釋古字，且許引《詩》證字說也，當從小徐作「威」。《集韻》引，「姒」當改作「似」，「滅」當改作「威」。

瀗　瀗

《集韻》入聲薛韻：「《說文》：議罪也。」

《說文》十一上水部：「議皋也。从水獻，與法同意。」

案：小徐作「議罪也」，《集韻》引同。然「罪」為俗字，大徐作「皋」是也。

蟞　蟞

《集韻》入聲薛韻：「《說文》：甲介蟲也。」

《說文》十三下黽部：「甲蟲也。从黽敝聲。」

案：二徐竝作「甲蟲也」，《集韻》引「甲」下有「介」字。《藝文類聚》卷

九十六〈鱗介部〉引作「介蟲也」，是《集韻》亦有所本。沈濤《古本考》以爲古本蓋如《類聚》所作，又云經典皆言介，不言甲。沈說亦不盡然。《月令》「其蟲介」鄭注：「介，甲也。龜鼈之屬。」

溺 溺

《集韻》入聲藥韻：「《說文》：水自張掖刪丹，西至酒泉、合黎餘波，入於流沙。桑欽所說。」

《說文》十一上水部：「水自張掖刪丹，西至酒泉。合黎餘波，入于流沙。從水弱聲，桑欽所說。」

案：「入」下，小徐無「于」，《韻會》引有，同《集韻》作「於」，知小徐舊有。

釄 釄

《集韻》入聲藥韻：「《說文》：會歓酒也。或从巨（酟）。」

《說文》十四下酉部：「會歓酒也。從酉慮聲。酟，釄或从巨。」

案：小徐「歓」作「飲」，隸寫也。

錯 錯

《集韻》入聲鐸韻：「《說文》：金涂也。一曰：雜也。乖也。鑢也。」

《說文》十四上金部：「金涂也。從金昔聲。」

案：「涂」，小徐作「塗」，後起字也。「一曰」下數義，非引《說文》，《小爾雅·廣訓》：「錯，襍也。」《後漢書·第五種傳》注：「錯猶乖也。」

稓 稓

《集韻》入聲鐸韻：「《說文》：禾搖皃。」

《說文》七上禾部：「禾搖皃。從禾乍聲，讀若昨。」

案：小徐「搖」作「䌛」，用古字也。

胳 胳

《集韻》入聲鐸韻：「《說文》：腋下也。」

《說文》四下肉部：「亦下也。從肉各聲。」

案：大徐作「亦下也」，《集韻》引「亦」作「腋」，「亦」「腋」古今字，宜

改從本字為是。小徐作「掖下也」，乃音同之借字也。

堊　堊

《集韻》入聲鐸韻：「《說文》：白涂也。」

《說文》十三下土部：「白涂也。从土亞聲。」

案：「涂」，小徐作「塗」，古今字也。

鄂　鄂

《集韻》入聲鐸韻：「《說文》：江夏縣名。」

《說文》六下邑部：「江夏縣，从邑咢聲。」

案：小徐「縣」下有「也」字，《集韻》引「也」作「名」。

蜥　蜥

《集韻》入聲鐸韻：「《說文》：似蜥蜴。長一丈，水潛，吞人即浮。出日南。」

《說文》十三上虫部：「似蜥易。長一丈，水潛，吞人即浮。出日南。从虫咢聲。」

案：「似蜥易」，二徐竝同，《集韻》引「易」作「蜴」，後起字也。

椁　椁

《集韻》入聲鐸韻：「《說文》：葬有木章也。」

《說文》六上木部：「葬有木章也。从木章聲。」

案：「木章」之「章」，小徐作「郭」，「章」「郭」古今字，宜用「章」為是。

蠖　蠖

《集韻》入聲鐸韻：「《說文》：尺蠖，屈伸蟲也。」

《說文》十三上虫部：「尺蠖，屈申蟲。从虫蒦聲。」

案：「屈申」二字，大小徐同，《集韻》引「申」作「伸」，後起字也。

鮊　鮊

《集韻》入聲陌韻：「《說文》：海魚名。」

《說文》十一下魚部：「海魚名。从魚白聲。」

案：小徐「名」作「也」。

澤 澤

《集韻》入聲陌韻：「《說文》：光澤也。」
《說文》十一上水部：「光潤也。从水睪聲。」
案：二徐竝作「光潤也」，《集韻》引作「光澤也」，義雖兩通，疑筆誤也。

耤 耤

《集韻》入聲昔韻：「《說文》：帝耤千畝也。古者使民如借，故謂之耤。」
《說文》四下耒部：「帝耤千畝也。古者使民如借，故謂之耤。从耒昔聲。」
案：「千畝」之「畝」，二徐同，《集韻》引「畝」作「𤱔」，俗字也。

攫 攫

《集韻》入聲陌韻：「《說文》：擊攫也。一曰：布攫也。一曰：握也。」
《說文》十二上手部：「擊攫也。一曰：布攫也。一曰：握也。从手矍聲。」
案：《繫傳》尚有「一曰：搤也」之訓。許書：「搤，捉也。」「捉，搤也。一曰：握也。」「握」下云：「搤持也。」許書「攫」下已云：「一曰：握也。」是有無「搤也」，皆通。然玄應《音義》卷十三：「攫，亦搤也。」《韻會》十一陌引亦有「一曰：搤也」四字，似許書舊本有此一訓也。

縠 縠

《集韻》入聲陌聲：「《說文》：麤葛也。亦从巾（帢）。」
《說文》十三上糸部：「粗葛也。从糸谷聲。帢，縠或从巾。」
案：大徐作「粗葛也」，小徐「粗」作「麤」，《集韻》引同。

薂 薂

《集韻》入聲麥韻：「《說文》：以穀餧馬，置莝中。」
《說文》一下艸部：「以穀萎馬，置莝中。以艸敊聲。」
案：《繫傳》作「以穀餧馬」，《集韻》引同，然許書「萎」篆下云：「食牛也。」段注：「下文（即薂篆）云：『以穀萎馬』，則牛馬通偁萎。」段氏此處從大徐，又可據知「萎」「餧」乃古今字，故仍以大徐爲是。

貖 貖

《集韻》入聲麥韻：「《說文》：鼠屬。或从豸（貖）。」

《說文》十上鼠部：「鼠屬。从鼠益聲。貖，或从豸。」
案：小徐「鼠」下有「之」字，又「屬」下有「也」字。

鱭　鱭

《集韻》入聲帖韻：「《說文》：魚名。」
《說文》十一下魚部：「魚名。从魚齊聲。」
案：「名」字，小徐作「也」。

夕　夕

《集韻》入聲帖韻：「《說文》：莫也。从月半見。」
《說文》七上夕部：「莫也。从月半見。」
案：「莫」，小徐作「暮」，俗字也。

適　適

《集韻》入聲帖韻：「《說文》：之也。宋、魯語。」
《說文》二下辵部：「之也。从辵啻聲。適，宋、魯語。」
案：「適，宋、魯語」，二徐竝同，《集韻》引略去「適」字，義仍可通。

赤　赤

《集韻》入聲帖韻：「《說文》：南方色也。从大从火。古从炎土（烾）。」
《說文》十下赤部：「南方色也。从大从火。烾，古文从炎土。」
案：「从大从火」，小徐作「從大火」。

貏　貏

《集韻》入聲帖韻：「《說文》：上谷名豬。」
《說文》九下豕部：「上俗名豬，貏。从豕役省聲。」
案：大徐作「上谷名豬，貏。」小徐「貏」作「貏」，是也。此謂上谷呼豬
　　曰貏，《御覽》九百三〈豇部〉引作「上谷名豬曰貏」可證。《集韻》
　　引止作「上谷名豬」，「貏」字當非脫，蓋省。

淅　淅

《集韻》入聲錫韻：「《說文》：汰米也。」
《說文》十一上水部：「汰米也。从水析聲。」

-293-

案：二徐竝作「汰米也」，《集韻》引「汰」作「汰」，俗。

㴛 僻

《集韻》入聲錫韻：「《說文》：避也。引《詩》：宛如左僻。一曰：从旁牽。」

《說文》八上人部：「避也。从人辟聲。《詩》曰：宛如左僻。一曰：从旁牽也。」

案：引《詩》，小徐「如」作「然」，與今《魏風‧葛屨》合，或後人據今《詩》改。「从旁牽」下，二徐竝有「也」字，《集韻》引奪。

翟 翟

《集韻》入聲錫韻：「《說文》：山雉尾長者。」

《說文》四上羽部：「山雉尾長者，从羽从隹。」

案：小徐作「山雉也，尾長」，文與大徐小異，義仍同。

鬲 鬻

《集韻》入聲錫韻：「《說文》：鼎屬。實五觳。斗二升曰觳。象腹交文三足。或作䰠歷。古作鬻，象孰飪五味气上出。」

《說文》三下鬲部：「鼎屬。實五觳。斗二升曰觳。象腹交文三足。䰠，鬲或从瓦。鬵，漢令。鬲，从瓦厤聲。」

《說文》三下鬻部：「歷也。古文亦鬲字，象孰飪五味气上出也。」

案：「鬲」、「鬻」，許書分屬二部，各為部首字，《集韻》引則將二字併而為一。「古作鬻」下，省「歷也」二字，蓋就行文也。「气上出」下，小徐無「也」字，《集韻》引同。

愵 愵

《集韻》入聲錫韻：「《說文》：飢餓也。一曰：憂也。引《詩》：愵如調飢。」

《說文》十下心部：「飢餓也。一曰：憂也。从心叔聲。《詩》曰：愵如朝飢。」

案：引《詩》，二徐竝作「愵如朝飢」，《集韻》引「朝」作「調」。調从周聲，朝从舟聲，聲近義通，故《毛詩》作「調飢」，《韓詩》作「朝飢」。今《周南‧汝墳》作「調」，《爾雅‧釋言》：「愵，飢也。」郭璞注引《詩》亦作「調」。

繶 織

《集韻》入聲職韻：「《說文》：作布帛之總名也。樂浪《挈令》：从糸从式（紕）。
徐鉉曰：《挈令》，蓋律令之書也。」

《說文》十三上糸部：「作布帛之總名也。从糸戠聲。綍，樂浪《挈令》：織，
从系从式。臣鉉等曰：《挈令》，蓋律令之書也。」

案：「樂浪《挈令》：織，从糸从式」，《集韻》引無「織」字，非脫，蓋省。

劦 力

《集韻》入聲職韻：「《說文》：筋也。象人筋之形。治功曰力，能圉大災。」

《說文》十三下力部：「筋也。象人筋之形，治功曰力，能圉大災。」

案：「能圉大災」，小徐作「能禦大災」，蓋依今《禮記》改。

盡 盡

《集韻》入聲職韻：「《說文》：傷痛也。引《周書》曰：民冈不盡傷心。」

《說文》五下血部：「傷痛也。从血聿聶聲。《周書》曰：民冈不盡傷心。」

案：大徐引《周書》作「民冈不盡傷心」，小徐「冈」作「罔」，《集韻》入
聲引同。然「冈」為本字，當作「冈」為宜。

翐 翐

《集韻》入聲緝韻：「《說文》：捷也。」

《集韻》入聲洽韻：「《說文》：捷也。飛之疾也。一曰：俠也。」

《說文》四上羽部：「捷也。飛之疾也。从羽夾聲。讀若濇。一曰：俠也。」

案：「捷也。飛之疾也（小徐無『也』）。一曰：俠也」，二徐竝同，《集韻》
緝韻下止引「捷也」一義，洽韻下，則三訓竝出，蓋詳略互見也。

皀 皀

《集韻》入聲緝韻：「《說文》：穀之馨香也。象嘉穀在裹中之形。匕所以扱
之。一曰：一粒也。」

《說文》五下皀部：「穀之馨香也。象嘉穀在裹中之形。匕所以扱之。或說：
皀，一粒也。又讀若香。」

案：「或說：皀，一粒也」，二徐竝同，《集韻》引「或說」作「一曰」，且
省「皀」字。

蠢 螜

《集韻》入聲合韻：「《說文》：蜃屬。有三，皆生於海。千歲化爲螜，秦謂
之牡厲。一曰：百歲燕所化魁蛤。一名復累，老服翼所化。」

《說文》十三上虫部：「蜃屬。有三，皆生於海。千歲化爲螜。秦謂之牡厲。
又云百歲燕所化魁蛤。一名復累，老服翼所化。从虫合聲。」

案：「又云：百歲燕所化……」，二徐竝同，《集韻》引「又云」改「一曰」，
義得兩通。

㬎 㬎

《集韻》入聲合韻：「《說文》：眾微杪也。从日中視絲。古以爲顯字。一曰：
眾口兒。或从爲繭，繭者，絮中往往有小繭也。」

《說文》七上日部：「眾微杪也。从日中視絲。古文以爲顯字。或曰：眾口
兒。讀若唫唫。或从爲繭，繭者，絮中往往有小繭也。」

案：大徐作「或曰：眾口兒」，小徐「或曰」作「或以爲」，《集韻》引作「一
曰」，義竝同，唯字有異耳。

碏 碏

《集韻》入聲合韻：「《說文》：舂已復擣之曰碏。」

《說文》九下石部：「舂已復擣之曰碏。从石沓聲。」

案：「擣」字，小徐作「搗」，俗字也。

鰼 鰼

《集韻》入聲盍韻：「《說文》：鱸鰼也。」

《說文》十一下魚部：「虛鰼也。从魚眔聲。」

案：二徐竝作「虛鰼也」，《集韻》引「虛」作「鱸」，後起字也。許書魚部
無「鱸」字。

鮻 鮻

《集韻》入聲葉韻：「《說文》：魚名，出樂浪潘國。」

《說文》十一下魚部：「魚名。出樂浪潘國。从魚妾聲。」

案：小徐「名」作「也」。

燅 燅

《集韻》入聲帖韻:「《說文》:大熟也。从又持炎辛。辛者物熟味也。」

《說文》十上炎部:「大熟也。从又持炎辛。辛者物熟味也。」

案:「大熟也」,二徐、《集韻》引竝同。《說文》無「熟」,祇作「孰」,「熟」
　　後起字也,故竝當改作「孰」。

屈 屈

《集韻》入聲洽韻:「《說文》:从後相臿也。」

《說文》八上尸部:「從後相臿也。从尸从臿。」

案:「從後相臿」,二徐竝同,《集韻》引「從」作「从」。許書「从」訓「相
　　聽也」,「從」訓「隨行也」,故宜依二徐作「從」。

霅 霅

《集韻》入聲狎韻:「《說文》:霅霅,震雷皃。一曰:眾言。」

《說文》十一下雨部:「霅霅,震雷皃,一曰:眾言也。从雨譶省聲。」

案:「一曰」下,小徐複舉「霅」字。

蓂 蓂

《集韻》入聲陌韻:「《說文》:宋也。」

《說文》七上夕部:「宋也。从夕莫聲。」

案:鍇本作「寂也」,「寂」為「宋」之俗。